品位男人的礼仪书

李 飞 ◎编著

品位高雅的男人绝不会容忍细节的不完美。

你的品位体现了你是什么样的人，体现了你的社会地位与自我形象，品位影响和指导着人类行为的方方面面。

天津出版传媒集团

天津科学技术出版社

图书在版编目（CIP）数据

品位男人的礼仪书 / 李飞编著 . —天津：天津科
学技术出版社，2015.7
ISBN 978 - 7 - 5576 - 0092 - 1

Ⅰ . ①品… Ⅱ . ①李… Ⅲ . ①男性—礼仪—基本知识
Ⅳ . ① K891. 26

中国版本图书馆 CIP 数据核字（2015）第 190556 号

责任编辑：石　崑
责任印制：兰　毅

天津出版传媒集团 ————出版
天津科学技术出版社

出版人：蔡　颢
天津市西康路 35 号　邮编 300051
电话（022）23332369（编辑室）
网址：www. tjkjcbs. com. cn
新华书店经销
北京溢漾印刷有限公司印刷

开本 710×1000　1/16　印张 17　字数 220000
2015 年 9 月第 1 版第 1 次印刷
定价：32. 80 元

前 言
PREFACE

走在街上，我们常常能够看到这样一些男人，他们形象气质俱佳，举止谈吐温文尔雅，纵然是同样身为男人的我们，也忍不住多看两眼。同样，我们也会遇到这样一些男人，他们衣冠不整、邋里邋遢，举止粗鲁、出口成"脏"，看似不拘小节，实则俗不可耐，这样的男人同样会惹人侧目，只是人们看他们的眼神似乎不那么友善了。那么，同样是男人，为什么差别那么大呢？是品位使然，品位是一个男人最基本的也是最核心的，最灵魂、最人性的东西，品位决定了男人的层次。

男人的品位来源于他对礼仪的认知与掌握，有品位的男人无论人前人后，总能保持彬彬有礼的翩翩风度。

他们注重形象塑造。衣着打扮端庄得体，纵使并不名贵，但一定落落大方；他们不会不修边幅，即使相貌平平，但一定精致整洁，给人一种外在的美感。

他们谈吐优雅，措辞清晰、深刻、得体；他们知道什么话该说，什么话不能说，一言一语都是那么稳重而富有智慧，充分显示了他们的见识、思想和风度修养。

他们人情练达，知深知浅，能够迅速与周围的人打成一片，能够与上上下下都建立起良性互动的关系。他们留给别人的印象，总是那么大方得体，难以忘记。

他们的优雅充斥在生活的每一个层面上，无论是职场上还是应酬中，他们都能将言行举止把握得恰到好处，以自己丰富的内涵、大气的气质，吸引着无数人的目光，赢得了无数人的认同。

能够做一个彬彬有礼的品位男人，不知道是多么令人欢喜的事情。你可以不像比尔·盖茨那样富有，也不必如莱昂纳多那样帅气，但你绝对不能没有品位，因为品位可以让你彬彬有礼，让你优雅脱俗，让你成为别人眼中不一样的男人。

目 录
CONTENTS

第一篇　精于形象工程，让人一见钟情

一、形象——"见面礼"定要拿得出手 / 2

蓬头垢面——最无礼的表现 / 2

打造魅力男人形象 / 5

着装上的礼仪讲究 / 7

仪容修饰要干净整洁 / 12

别忽视卫生上的细节 / 16

做男人就要彬彬有礼 / 18

视线接触中的形象礼仪 / 19

站要有站相，坐要有坐相 / 22

二、修养——塑造礼仪魅力的根基 / 26

做个"雅"男人 / 26

始终保持你的君子风度 / 28

越随和，越有品位 / 31

内秀——不可忽视的力量 / 34

做男人就要——其诚可嘉 / 36

虚心请教是一种美德 / 40

忘却是一种超凡的洒脱 / 43

责任感，最受人关注的男性魅力 / 45

放宽你的度量 / 48

缔造一种安全感 / 51

别做"怒火金刚" / 53

我们是情绪的主人，而不是情绪的奴隶 / 54

第二篇　说话说出水平，始终别忘尊重

一、你需了解，什么话人最爱听 / 58

用礼貌的话语装点自己的品位 / 58

良好的谈吐，魅力的体现 / 62

始终将尊重放在第一位 / 66

顾忌他人自尊，为自己的品位加分 / 69

真诚的话语能打动人心 / 71

赞美——这世间最好的语言 / 74

批评有礼也悦耳 / 77

聪明人，说"不"也不得罪人 / 79

做到幽默而不俗套 / 83

二、你要知道，什么话最招人烦 / 87

揭人伤疤，最是无礼 / 87

拂人面子，必招记恨 / 89

散播是非，人见人烦 / 92

口舌之快不要逞 / 95

切忌拿人隐私开玩笑 / 101

这样说，会毁掉男人的品位 / 102

言谈中易招人烦的7个毛病 / 105

第三篇　细节把握到位，从容不迫社交

一、社交礼仪一点通 / 110

别轻视"门面功夫" / 110

恰当地称呼初次见面的人 / 113

寒暄是一种重要的礼节 / 116

得体的自我介绍是与陌生人沟通的开始 / 118

把握分寸，言谈得体 / 122

记住对方的名字 / 125

用微笑感染你身边的每一个人 / 127

握手的礼仪讲究 / 130

递烟奉茶的门道 / 133

送礼要让人能够接受 / 136

二、无礼社交大盘点 / 139

故作清高，不喜应酬 / 139

自以为是，摆臭架子 / 141

乖张霸道，唯我独尊 / 144

无视别人，兀自表现 / 147

个性张扬，特立独行 / 150

言而无信，自食其言 / 152

社交中要戒掉的六个错误 / 154

第四篇　谙熟职场礼仪，提升个人素质

一、不得不说的面试规矩 / 160

面试时的基本礼仪 / 160

应针对行业选择面试着装 / 163

外企面试的规矩 / 165

迟到——绝对不可原谅 / 167

接受电话面试应做好准备 / 169

要保持足够的真诚 / 172

狂妄自大要不得 / 174

面试结束，怎样提问才合适？ / 176

二、不得不提的推销礼仪 / 178

你的形象价值百万 / 178

约见客户大有讲究 / 180

衣着得体，才受客户欢迎 / 185

举手投足，要表现出你的修养 / 188

名片上的门道 / 191

措辞有礼，满足客户被尊重的需求 / 193

一定要表现出你的亲和力 / 196

没有好脾气，就干不了推销 / 200

给客户值得相信的感觉 / 202

倾听也是一种尊重 / 206

这些话会让客户觉得你无礼 / 211

第五篇　掌握餐饮礼仪，主宾其乐融融

一、请客做东，你要心中有数 / 216

如何正式发出邀请？ / 216

对邀请做出得体的回应 / 220

拒绝一定要委婉 / 221

应邀赴宴着装务必得体 / 224

请客吃饭也要分档次 / 226

熟知男女口味差异 / 228

懂一些西方饮食文化 / 231

吃西餐必知的规矩 / 234

点菜需遵循的规则 / 237

排座上的讲究 / 239

二、觥筹交错，不要失了体面 / 243

吃要有吃相 / 243

学会正确地使用中餐餐具 / 244

学会使用西餐餐具 / 248

斟酒的讲究 / 253

喝好酒宴上的第一杯酒 / 255

西餐中的饮酒礼仪 / 257

容易让人失去体面的小细节 / 259

酒桌上最惹人反感的五种人 / 261

第一篇

精于形象工程，让人一见钟情

　　男人的形象不是小事，往往一个细节就可能让人认定你的无礼，从而直接影响别人对你的印象。所以，请不要固执地以为"打扮"是女人的专利，有品位的男人绝不会让自己不修边幅。男人的品位更在于他的修养，修养是一种迷人的风度，是一种高雅的情调，有修养的男人诠释着男人的魅力。

一、形象——"见面礼"定要拿得出手

☞ 蓬头垢面——最无礼的表现

形象是一个人最真实的名片，因此男人应当注重自己的形象与打扮，如果自我形象随意、不修边幅甚至蓬头垢面，那么在社会活动中、在与别人的交往中，你的个人魅力和交际效果就会大打折扣，因为这是一种很无礼的表现，对方会认为你并不重视。

软件英雄比尔·盖茨深知这一点，他很注重自己的形象，曾经请专家对自己的形象进行设计、包装与宣传。尽管人们已熟悉了比尔·盖茨平时随意甚至不修边幅的形象，但在重要的场合和时刻，比尔·盖茨会特别注意自己的形象。

有一次，他将要在拉斯维加斯发表演讲。但是，演讲并不是盖茨的长项。为了使自己以更好的形象出场，使自己的演讲产生更大的影响力与传播力，比尔·盖茨专门请来了演讲博士杰里·韦斯曼为自己的演讲做指导。

韦斯曼在演讲辅导方面是一位专家，经验非常丰富，曾经帮助几个电脑公司的高层经理克服对演讲的恐惧感。他对盖茨的演讲稿和手势、表情都做了重新设计，他们在一起排练了12个小时。盖茨演讲时，熟悉盖茨的人都非常吃惊。只见盖茨一改往日懒散随意的形象，穿了一套昂贵的黑西服。他那尖锐的嗓音虽然无法改变，但丝毫没有影响到他的演讲。结果，这场主题为"信息在你的指尖上"的演讲传遍美国，获得了巨大的成功，而盖茨的形象魅力值也迅速得到提升。

可见，一个人的外貌对于自身有很大的影响，穿着得体的人给人的印象就是在说"这是一个重要的人物，聪明、成功、可靠。大家可以尊敬、仰慕、信赖他。他自重，我们也尊重他。"

试想，一个衣冠不整、邋邋遢遢的人和一个装束典雅、整洁、利落的人在其他条件差不多的情况下，同去办一样的事情，恐怕前者很可能受到冷落，而后者更容易得到善待。特别是到一个陌生的地方办事，怎样给别人留下一个美好的第一印象十分重要。世上早有"人靠衣装马靠鞍"之说，一个人若有一套好衣服配着，仿佛把自己的身价都提高了一个档次，而且在心理上和气势上增强了自己办事的信心。聪明的人切莫怪世人"以貌取人"，人皆有眼，人皆有貌，衣貌出众者，谁不另眼相看呢？着装艺术不仅给人以好感，同时还直接反映出一个人的修养、气质与情操，往往能在尚未认识你或你的才华之前，向别人透露出你是何种人物。因此，在这方面稍下一点功夫，你就会事半功倍。

衣冠不整、蓬头垢面马上会让人联想到失败者的形象。而完美无缺的修饰和高雅的举止，能使你在任何团体中的形象大大提升。有些人从来没有真正养成过一个良好的自我保养的习惯，这可能是由于不修边幅的学生时代留下的后遗症，或者父母的影响不好，或者他们对自己的重视不够造成的。这些人往往"三天打渔，两天晒网"，只要基本上还算干净，没有人瞧不起，能走得出去便了事了。如果你注重自己的形象，良好的修饰习惯很快就能形成。如果你天生一张胡子脸，那也没有办法，但至少你要给人一种你能打点好自己的印象，牙齿、皮肤、头发、指甲的状况和仪态都一一表明你的自重程度。

别人对你的第一印象，往往是从服饰和仪表上得来的，因为穿着服饰往往可以表现一个人的身份和个性。毕竟，要对方了解你的内在美，需要长久的过程，只有仪表能一目了然。

在日常生活中，我们常常听到这样的劝告：不要以貌取人。但是经验告诉我们，人们很难不以貌取人。从人的审美眼光出发，爱美之心人皆有之，人们对美的认识，很多时候是从第一印象中产生的，而人的外在形象恰好承载了这一任务。

美国的心理学者雷诺·毕克曼做了一个有趣的实验。在纽约机场和中央火车站的电话亭里，在任何人都可以看到的地方，放了一角钱，等到有人进入电话亭约 2 分钟后便敲门说："对不起，我在这里放了一角钱，不知道你有没有看到？"结果退还硬币的比例，询问者服装整齐时占 77%，而询问者衣服较寒酸时则占 38%。

进入电话亭里的人在被服装整齐的人询问时，可能会察觉服装整齐的人可能跟自己说了很重要的话；而面对衣着寒酸的人，因为在不想接触的念头下，不想去理会对方的问题，所以根本没有听清楚他说的话，就开口回答"没有"，企图赶走对方。

一位美国社会学家也做了类似的一个实验：一名实验者被安插进"纽约城公司"总部，他穿着一双黑色的、饰有大白鞋扣、鞋跟磨坏的皮鞋，一件俗丽的青绿色上衣和一条印花棉布领带。到了总部之后，这名实验者先让前 50 名秘书把他的公文箱取回来，结果这 50 名秘书中只有 12 个人听从了他的吩咐。在后来的实验中，他穿上了华贵的蓝上衣、白衬衫，系着一条圆点丝质领带，脚上穿着一双高档皮鞋，发型整齐。在后面的 50 个秘书中，有 42 个人提供了他要求的服务。

英国一位心脏病医学专家认为，整洁的外观和干净利落的外表对心脏外科医师来说是极为重要的。"你可称其为虚荣，但是我认为，那却是有关自尊心的问题。"他说道，"我认为，如果我打算给我的病人诊视，告诉他们如何料理自己，而在与他们谈话时，他们看到我身体短粗肥胖、嘴角衔着根香烟，他们肯定会对我失去信任……没有谁想让一位外表邋遢、不修边幅的外科医生给自己做手术。"

对新入职的推销人员来说，他们可进行的最行之有效的投资，就是给自己买两件值钱的衣服。这两件衣服的价格要超过一小衣橱式样、风格平平的二流服装。如果预算吃紧，宁可买下这两身衣服，在每周的工作中交替来穿，也不去多买几身廉价服装，因为它们不利于建立你所希望的那种形象。

形象是一个人仪表、气质、性格、内心世界的综合反映，人们通常是通过你的外在形象去了解你这个人的。因此，男人要重视对自己形象的包装修饰，这样才能让自己出彩，在众人当中鹤立鸡群，显现自己。而且，这更是在向你的社交对象展示你的重视与尊敬。

☞ 打造魅力男人形象

男人应该注意打造自己的魅力形象，这是品位与礼仪的需要。那么，怎样做才能塑造男人的潇洒和风采呢？

1. 男人风度的自我培养

何谓风度？风度包括人的言谈、举止、态度，是人的心灵、性格、气质、涵养与外在体态的综合表现。男人的风度各异，有的文质彬彬、温文尔雅；有的敏捷聪慧、飘逸潇洒；有的坦率豪放、坚毅果敢；有的气度恢弘、深沉练达。

在我们这个社会上，人们羡慕优美健康的风度，向往和追求风度美，已经成为生活中的潮流。然而，要使自己拥有优雅的风度，并非一朝一夕便可养成，它需要持久而艰苦的自我磨砺。

男人良好的习惯是风度美的条件，保持站、坐、走的优美姿势和良好的生活习惯是必要的。人们通常认为，只要有美的相貌就具备美的形象，殊不知，这种美是不完全的。从审美角度看，"在美方面，相貌美高于色泽美，而文雅合适的动作美又高于相貌美。"一个男人长得再帅气，如果动作粗鲁，他的帅气也会黯然失色。在日常生活中，我们经常可以看到一些男人的不良习惯，如屁股坐在椅子上，脚却蹬在桌子上，走起路来没精打采，随地吐痰等，极不雅观，更谈不上什么风度了。男人要想具有优美的风度，就要下功夫培养自己各方面的良好习惯。言谈举止、动静坐行都要符合规范，如走路要昂首挺胸，步履轻捷，体态端庄，欣然而来，飘然而去，给人留下健康向上的风度美的印象。在培养风度的过程中，锻炼身体，注重体形的健美，也是很重要的。

内心世界与外部神态的有机统一，才能构成一个男人真正独特的风度。风度是一种内在气质的天然流露。言为心声，行为神使。难以想象一个心灵龌龊的男人会有优雅的风度，精神面貌直接影响到人的外观表现。所以，单一的外形体态是决定不了风度美的。只有具有美德，风度美才有价值。

所以我们应该知道美好的风度，靠盲目模仿是不行的。中年男人留长发、叼烟卷，装出一副潇洒样子给别人看，矫揉造作，反而弄巧成拙，显得轻浮粗俗，更没什么风度可言。只有从提高自身素质、养成各种良好习惯开始，男人优雅的风度才会慢慢养成。

2. 男人需要不断学习

男人要使自己的气质高贵，首先必须掌握渊博的知识；而要拥有渊博的知识，就需要通过长期努力的学习。

如果说最初的学习是生存的一种需要，那么男人的学习则是发展的动力。在现代社会里，学习已成为人生的伴侣，成为提高人们思想境界和生活质量的必由之路。凡是善于学习、自觉学习的男人，往往因有知识、有才华，气质显得高贵；而那些不愿学习、不善于学习的男人，则因他们的无知而毫无气质可言。如今，学习能力已成为衡量现代男人的标志之一，学习不仅是学生的事，而且已成为当代每一个男人求生存、求发展的重要途径。

培根说过，"知识就是力量"，但知识本身并不能成为力量，所以男人只有灵活地掌握知识的实际运用，使知识内化为主体素质，内化为主体的学识和能力，才能显示出无穷的力量，高贵的气质和人格的力量才能体现出来。

尽管风度和魅力不能取代性格和能力，但却是一支高附加值的金箭，会让你更加自信，也会使别人觉得你谙熟礼仪，从而对你投入更多的注意力。

☞ 着装上的礼仪讲究

男人的着装如果有问题，不仅自己尴尬，还会引起别人的侧目，导致社交障碍。着装问题主要体现在不符合年龄特点、不合体，与当时的社交场合不相宜、搭配错误等，这里仅就经常出现问题的着装常识做一下介绍。

与工作环境不相适应的着装可能是叛逆的标志。一家公司有位年轻、帅气的职员，自从他开始与女摇滚乐手约会以后，便逐渐改变了庄重的穿衣风格，为的是在下班后会女友时不必再换衣服。而不幸的是，正当他在事业上渐具竞争力时，却破坏了自己的职业形象。无疑，他的优势地位也伴随着职业形象一起消失了。

公然违背着装规则会被视为对权威的挑战。譬如，男人经常敞着衬衫领口，穿运动夹克衫，给人留下的印象可能都是："我对工作不严肃"。不过，即使是办公楼里着装最佳人士也要避免给人留下仅仅对衣服感兴趣的印象。

要以着装向人传达这样的信息为原则："我属于这里""我有独特的判断力和高雅的品位"。

一套服装是否适合所处环境受许多因素的影响，如工作性质、居住的地区、气候以及特定的场合。

很自然，衣着是否合适主要决定于工作性质，常与别人打交道的工作一般需要着装更加职业化一些。与广告、软件开发或娱乐业人员相比，领导者应该选择较为保守的服装，衣服应让你安全、自如地完成工作中的各种活动。

在许多情况下，当地的气候决定着服装是否合适。衣服的面料要符合天气的情况，如果你在深圳温暖的冬天穿着厚厚的羊皮夹克，人们就会认为你连一些基本的常识都不懂。气候不仅影响服装的选择，还影响着鞋和外衣。

环境和场合对衣着也起着决定性的影响。比如，如果你在星期六下午盘点时穿西服就显得有点儿不合适了。一家财务公司的合伙人清楚地记得，有一天他穿了一双带有流苏的鞋去办公室。路上不断有人问他，"你要去打高尔夫球吗？"

衣服上的饰物和其他细节也要与你的职位相称。有一位刚提升为管理人员的工程师穿着背带裤，系着一条领带，还配了块手帕。他的领带和手帕图案虽不完全相同，但是很相配。

不论是去适应一个新的工作环境，还是迁居到一个陌生的地区，你都可以从周围的人们那里获得着装是否合适的提示。

就颜色的搭配而言。服装的色彩在人际知觉中是最领先、最敏感的。在人们认知能力、审美意识以及服装文化的发展过程中，不同的色彩被赋予了许多社会含义，人们对色彩的情感、礼仪等心理效应有了共同的认识，并通过教育、传统习惯等方式代代相传。青年人只有按照这种共同的认识标准去选择适当的色彩认同和搭配方式，才能适应和满足公众的审美要求，才算符合着装的礼仪标准。

1. 不同的色彩有不同的象征意义

红色：象征兴奋、热情、快乐。在感觉上给人以十分强烈的刺激作用，显示着浪漫、活泼与热烈。因此，红色的服装更显朝气和青春活力。

黄色：象征华贵、明快。但它是一种过渡色，能使兴奋的人更兴奋，活跃的人更活跃，也能使焦虑和抑郁的情绪更糟糕。

蓝色：象征宁静、智慧和深远。是一种比较柔和的颜色，能使人联想到天空和海洋，给人以高远、深邃的感觉。

橙色：象征活力与温暖。是一种明快、富丽的色彩，能引起人的兴奋与欲求，使人联想到阳光。

绿色：象征生命与和平。是一种清爽宁静的色彩，能使人想到青春、活力与朝气。所以，着绿色装显得年轻和富有朝气。

黑色：既可象征深刻、沉着、庄重与高雅，也可以代表哀伤、恐怖、黯淡与恫吓，是一种庄重、肃穆的色彩。能使人们产生凝重、威严、阴森等不同感觉。

紫色：象征高贵和财富，给人以富丽堂皇、高雅脱俗的感觉，是一种华贵、充盈的色彩。

白色：象征纯洁、高尚、坦荡。是一种纯净、祥和、朴实的色彩，给人以明快、无华的感觉。

灰色：象征朴实、庄重、大方和可靠。是一种柔弱、平和的色彩，给人以平易、脱俗、大方的感觉。

2. 选择服装颜色要注意

①选择服装时不但要注意服装颜色的内涵，更要注意服装颜色搭配的协调。

②色彩要与体型协调。体胖者宜深不宜浅，体瘦者则相反，宜浅不宜深。

③色彩要与肤色协调。肤色苍白者，宜选暖色调；肤色较黑者，宜选柔和明快的中性色调。

④色彩要与个性协调。热情活泼者宜选浓艳的活跃的色系，内向文静的才可以选温雅平和的色系，老成稳重者则首选蓝灰基调的色彩。

⑤色彩要与环境协调。衣色与所处的自然环境、社会环境都要协调，比如参加葬礼时不可着大红大紫之类艳色服装等。

3. 西装礼仪的要求

就西装的穿法而言。男士在穿着西装时，不能不对其具体的穿法备加重视。根据西装礼仪的基本要求，男士在穿西装时，要特别注意以下七个方面。

（1）要拆除衣袖上的商标

在西装上衣左边袖子上的袖口处，通常会缝有一块商标。有时，那里还同时缝有一块纯羊毛标志。在正式穿西装之前，一定将它们先行拆除。

（2）要熨烫平整

欲使一套穿在自己身上的西装看上去美观而大方，就要使其显得平整而挺括，线条笔直。要做到这点，除了要定期对西装进行干洗外，还要在每次正式穿着前，对其进行认真的熨烫。

（3）要系好纽扣

穿西装时，上衣、背心与裤子的纽扣，都有一定的系法。在三者之中，又以上衣纽扣的系法讲究最多。一般而言，站立之时，特别是在大庭广众之前起身站立时，西装上衣的纽扣应当系上，以示郑重其事。就座之后，西装上衣的纽扣则要解开，以防其走样。当西装内穿背心或羊毛衫，外穿单排扣上衣时，才允许站立之际不系上衣的纽扣。

通常系单排两粒扣式的西装上衣的纽扣时，讲究"扣上不扣下"，即只系上边那粒纽扣。系单排三粒扣式的西装上衣的纽扣时，正确的做法则有二：要么只系中间那粒纽扣，要么系上面那两粒纽扣。而系双排扣西装上衣的纽扣时，则可以系上的纽扣一律都要系上。

穿西装背心，不论是单独穿着，还是同西装上衣配套，都要认真地系上纽扣。在一般情况下，西装背心只能与单排扣西装上衣配套。纽扣数目有多有少，但大体上可被分为单排扣式与双排扣式两种。根据西装的着装惯例，单排扣式西装背心最下面的纽扣应当不系，而双排式西装背心的全部纽扣则必须统统系上。

目前，在西裤的裤门上"把关"的，有的是纽扣，有的则是拉锁。一般认为，前者较为正统，后者则使用起来更加方便。不管穿着何种方式"关门"的西裤，都要时刻提醒自己，将纽扣全部系上或是将拉锁认真拉好，西裤上的挂钩亦应挂好。

（4）要不卷不挽

穿西装时，一定要悉心呵护其原状。在公共场所里，无论如何都不可以将西装上衣的衣袖挽上去，否则极易给人以粗俗之感。在一般情况下，随意卷起西裤的裤管也是一种不符合礼仪的表现。

（5）要慎穿毛衫

要打算将一套西装穿得有"型"有"味"，那么除了衬衫与背心之外，在西装上衣之内，最好就不要再穿其他衣物。在冬季寒冷难忍时，只宜暂作变通，穿上一件薄型"V"领的单色羊毛衫或羊绒衫。这样既不会显得过于花哨，也不会妨碍自己打领带。不要去穿色彩、图案十分繁杂的羊毛衫或羊绒衫，也不要穿扣式的开领羊毛衫或羊绒衫，否则会使西装鼓涨不堪、变型走样。

（6）要巧配

西装的标准穿法是衬衫之内不穿棉纺或毛织的背心、内衣。至于不穿衬衫，而以T恤衫直接与西装配套的穿法，则更是不符合规范的。

（7）口袋内要少装东西

为保证西装在外观上不走样，应当在西装的口袋里少装东西，或者不装东西，对待上衣、背心和裤子均应如此。具体而言，在西装上，不同的口袋发挥着各不相同的作用。在西装上衣上，左侧的外胸袋除可以插入一块用以装饰的真丝手帕外，不准再放其他任何东西，尤其不应当别钢笔、挂眼镜。内侧的胸袋，可用来别钢笔、放钱夹或名片夹，但不要放过大过厚的东西或无用之物。外侧下方的两只口袋，原则上以不放任何东西为佳，在西装背心上，口袋多具装饰功能。除可以放置怀表外，不宜再放别的东西。

在西装的裤子上，两只侧面的口袋只能放纸巾、钥匙包或者零钱包。后侧的两只口袋，则大都不放任何东西。

☞ 仪容修饰要干净整洁

妆扮也就是对仪容的修饰。一些男人认为，男人穿着时尚一点无可厚非，但如果修饰仪容就有点太女子气了。这其实是一种该摈弃的过时说法，成功的妆扮会使男人看上去干净精神，让别人看着也舒服。因此，男人修饰仪容也并无不可。

成功、健康、有魅力的男人应该具有以下特征。

（1）多洒男人香

电影《闻香识女人》中，艾尔·帕西诺凭着女人身上的香水气味，虽然双目失明，竟也能道出对方的外形，甚至头发、眼睛以及嘴唇的细节，仿佛男人对香水特别的敏感，会被女人深深迷倒。

遗憾的是，只有少部分男人能够清楚地分辨香水味，女人却是香水的敏感者，她们拥有细致的嗅觉，从原始的本能上是个彻底的侦探专家。

（2）洁白男人齿

恋爱中的男女，如果能拥有健康的牙齿与清新的口气，那么他们肯定能享受纯洁并且热烈的爱之吻。如果一个男性，五官不算太英俊，但他有一个灿烂笑容和一口整洁的牙齿，那么他也会打动女士的芳心，而且无论男或女，只有牙齿整齐清洁，才能尽情去恋爱，否则口中的气味会吓倒对方。

（3）健康男人色

都市中的男人脸色苍白，他肯定羡慕那些有机会度假把皮肤晒得黝黑的人们。不过晒太阳易引起色斑、皱纹、灼伤等老化现象，男性要避免太阳下的暴晒，即使是日光浴也要选择阳光较弱的早上十点以前、下午四点以后。

你具有以上三种魅力男人的特征吗？没有的话，你就要多努力了。

（1）适当地使用男性香水

香水对提高男人的形象会有意想不到的作用，但男人如果使用的香水不恰当，将会给人留下不好的印象。所以，男人要选择一种适合自己体味的香水，不要总是受广告的影响。

男人很可能对各类香水不是非常熟悉，但也许曾经试用过其中几种，并发现了自己特别钟爱的香水品牌。但身为男人的你是否知道其他人对它如何评价？不适当的香水会给你的同事传递错误的信息。

一般说来，适合于办公场合用的修面液和香水应该是清幽而又淡薄的，并且应该有一种清爽的味道。所以，当男人决定购买某种香水前最好是先试用一下，如果仍然拿不定主意，那就请别人帮你出谋划策。

尽管如此，为了保险起见，男人不要在出席重要会议前试用新的香水，以免招致别人的反感。其实我们大家都知道，没有什么味道比刚洗完澡后新鲜、净爽的气味更无懈可击。所以，即便是一块好的除臭肥皂也能够使男人留下足够美好的香味，使周围的人感到愉快。

（2）精心修饰面部

男人应该精心维护自己的皮肤。每天需要对自己的脸进行清洗、着色和湿润两次，以去除积累在脸上的灰尘和污垢。这里给男人提供如下的参考意见。

①最好选择温和的泡沫型洗面液，在温水中会起泡沫，可以帮助男人洗除尘垢和汗水。作为一个男人，特别要注意清洗两颊、鼻子和前额，这些地方通常会像胡须一样不易洗净。

②刮完胡子后，用一种柔和、没有酒精成分的增色液或粉底来洗除遗留在脸上的修面液和洗面液。

③用一种没有香料的、含有 UVA 和 UVB 防晒成分的保湿液来湿润皮肤，就像在混浊的空气中把皮肤密封起来一样。保湿液在 3 ~ 5 分钟内就会被皮肤吸收。如果身为男人的你以前从未使用过保湿液，那就记住，用少量的保湿液就能使你的皮肤保持长时间的湿润。保湿液就像覆盖在你皮肤表面的一层极薄的面膜。假如你让保湿液充分发挥作用的话，你的皮肤将能更高效吸收保湿营养。

如果面色暗沉，那就考虑一下饮食。食用更多生的、未加工过的蔬菜和新鲜水果，另外每日饮用一升苏打水会使皮肤在短期内有非常明显的改善。任何能使你大量排汗的方式都有助于对皮肤毛孔的深层清洗，皮肤也会比人为的或日晒的棕褐色皮肤更加容光焕发。

（3）眉毛的修饰

如果一个男人的眉毛非常浓密，那么将其浓密程度控制在一定程度以下才会使自己的形象更加美好。

另外，如果男人的眉毛延伸得太长或者杂乱，就应该考虑修剪一下。修剪的目的在于既能保持双眉的丰满，又能最大程度地改变眉毛存在的缺陷——多余的毛或不规则的形状。身为男人的你可以模仿女人通常所做的，用一把精巧的梳子和一把锋利的剪子修眉；如果你自己不精于此道，这也没有关系，一名优秀的理发师或美发师都会十分乐意在你需要的时候为你提供这项服务。

（4）外露的鼻毛和耳毛的修剪

当身为男人的你看到这个标题时，心里是不是腻烦？事实上，外露的鼻毛和耳毛非常让人厌烦。这个问题在男人步入中年后变得尤为明显，也许你现在就有这样的烦恼，那么就买一把修剪鼻毛的专用剪刀，并学着自己修剪，因为修剪鼻毛并不是美发师和理发师的工作。

作为男人，我们或许会注意修饰自己的面孔，但绝不会太关心自己的耳朵。假如你的耳朵上长了"绒毛"，也许并不会烦扰你，因为这不在你的视线范围内，但在别人看来就不那么雅观了，甚至会感到恶心。彻底清洗一下你的耳朵，再让妻子或母亲用精巧的剪刀来帮你修剪。

（5）胡须的修理

生活中有一些长有络腮胡子的男人，无论他们如何勤于修刮，他们的下颌总没有那些胡须相对少的男士看上去干净。

其实，有修饰常识的男人通常会选穿白色或粉红色衬衫，这可以将络腮胡子的影响减少到最低，而蓝色衬衫只会把络腮胡子衬托得更为明显。

勤于修面的男人必然有更多的机会得到更好的工作，而他们在工作中也能更为广泛、更容易地被他人接纳。日常生活中，人们一般对蓄须的男人没有好感。

如果你很有权威或是位德高望重的男人，而你喜欢或有蓄须的习惯。那么就没有必要刮掉你心爱的胡子，不必理会那些不问实际情况总是反对蓄须的人的指手画脚。即使如此，身为男人的你仍然不可忘记经常对它们进行修剪，特别是要把脖子上的"胡须"修理干净，并把胡须的范围限制在下巴上。但是，如果你的胡须长得稀疏而又不均匀，那么你最好将它们修刮干净，免得给人别扭的感觉。

（6）脸部痣的处理

男人的脸越洁净，给人的视感就越好。如果男人的脸上长了肉疣或痣，这肯定会影响到自己的形象，可以采取医疗手段处理。咨询一下医生，他会给你开一些治疗肉疣和痣的洗液或软膏，或介绍你去医院对它们做外科切除手术。例外的情况是，有的痣普遍被认为是"漂亮的标志"，这并不是因为它们的漂亮，而是因为它们长得小巧，也没有长得太出格。

在这种情况下，你就让它留在那儿。既然它的存在对你有好处，你何必将它去除呢？

（7）牙齿的保洁

对一个男人来说，保持牙齿和齿龈健康是你在每日的妆饰中要优先考虑的事宜。你每天必须刷三次牙，尤其是在午餐后。很多男人在下午都有着令人反感的口臭就是由于他们没有及时刷牙，像大蒜、咖喱、乳酪、鱼、酒、咖啡等都是导致口臭的最重要原因。男人在刷牙后，每天至少一次用牙用枝棒或木棉清理牙齿，以保证你确实刷除了所有牙刷刷不到的食物残渣；同时，这也能帮助你保持牙龈的牢固，并使牙龈保持健康的粉红色。

男人或许对自己的牙齿都不太在意。其实每个男人每年至少要拜访三次牙科的卫生专家，以便对自己的牙齿进行专业性的清洗和刷亮处理。

总之，你要明白，妆饰并非女人的专利，男人也应该精心修饰自己。而且男人的妆饰并不用花费太多时间，却会因此让自己精神百倍。

☞ 别忽视卫生上的细节

一些男人虽然很注意自己的衣着打扮，但却常常忽略了一些卫生细节。因此，尽管他们衣着得体，脸上挂着灿烂的微笑，但仍然被人视为是不礼貌的。由此可见，养成良好的卫生习惯也是非常重要的。发生在推销员小王身上的事情，就很好地说明了这一点。

小王是一家日化用品推销员。有一次，她赶去某位夫人家里做产品演示，去的时候小王充满自信，因为这位夫人是一个老客户介绍的，而且对小王公司的产品颇有兴趣，但是不到半个小时，小王就垂头丧气地从那位夫人家中出来了。因为她犯了一个错误：当她做演示时，发现自己右手的指甲缝里沾了不少油污——可能是做家务时留下的痕迹。这些平时不太引人注目的油污，此刻却变得格外刺眼，她感到那位夫人一直在盯着这只手，于是她只好手忙脚乱地做完了演示，结果不言自明，那位夫人婉转地拒绝了推销，而最让小王难过的是对方看她的眼神，那分明是在告诉她："你不是一个合格的推销员"。

由此可见，不修边幅、不注重个人卫生就会给别人留下恶劣的印象，直接影响我们的社会活动，甚至导致事业的最终失败。所以，注意卫生细节对于男人而言，是非常必要的。

我们应该时常自测一下，头发是否有讨厌的头屑？当你穿着深色的衣服时，那些白色的头屑是很恶心的。经常洗头，确保自己的头发看起来是健康亮泽的，关键是没有头屑！

眼睛。如果刚刚睡醒，一定好好洗洗脸，特别注意自己的眼角，不要留下昨晚的痕迹。更不要等到你的客户提醒你："你的眼角有东西"。

口气。无论男女，就算不能呼气如兰，至少应该保证没有异样的气味。一口的臭气或大蒜味会让客户避你如瘟疫。你可以自己用手轻捂住嘴，张嘴吐气试试看看，有没有其他味道，见客户前，可多嚼口香糖，既清新口气，又清洁牙齿。

颈部。这是另一个容易忽略的地方。请你仔细看看，或者请亲近的人帮你看看，你的颈部，尤其是后颈和耳后的位置是不是和脸一个颜色。略黑？那你就应该反省自己洗脸的方式了。洗脸的时候记住顺便洗洗脖子，当然如果你天天洗澡，那实在是一个好习惯，你也不需要担心这个了。

注意手指甲。不要把自己那双指甲里全是污垢的手放在客户面前，那只能告诉你的客户你有多么不讲卫生。

最后，请确认自己的身上没有令人不愉快的味道散发出来。一定要养成勤换内衣裤的习惯，可怕的气味有时候会从里面散发出来，那实在是太尴尬了。如果发现有的话，就赶快换衣服、洗澡，然后用点香水或者香体液。千万不要直接用香水，难闻的体味和香水一旦混合，那是更加可怕的事情。试想，当对方面对着一个浑身散发着臭气的交际对象时，他心中会做何感想？他一定是避之唯恐不及。所以一定要常洗澡，保持身体干净无异味。更应注意的是腋臭，有腋臭的人本身并没有错，他们也有权利和别人一样进行社会活动。但不幸的是，他的腋臭可能会给别人带来不愉快的感觉。

其实对于个人卫生的注意，再多也不过分，男人一定要养成良好的卫生习惯，这样才能获得别人的信任和好感。

☞ 做男人就要彬彬有礼

社交场合见面时有其他人在场，主人为你介绍时，你应当如何表示才算合乎礼节呢？一般说来，介绍时彼此微微点头，互道一声：某某先生（小姐）您好！或称呼之后再加一句"久仰"便可以了。介绍时坐着的应该站起来，互相握手。但如果相隔太远不方便握手，互相点头示意即可。随身带有名片时也可交换，交换时应双手奉上，并顺便说一声"请多多指教"之类的客套话。接名片时也应用双手，并礼貌地说一声"不敢当"等，自己若带着也应随后立刻递交对方。如果你是介绍人，介绍时务必清楚明确，不要含糊其辞。比如，介绍李先生时最好能补上一句"木子李"或介绍张先生时补一句"弓长张"等等，这样使对方听起来更明确，不容易发生误会。如果被介绍的一方或双方有一定的职务时，最好能连同单位、职务一起简单介绍，像"这位是某某公司的业务经理某某同志"，这样可使对方加深印象，也可以使被介绍者感到满意。

外出、旅游或者初到一个陌生的地方，可能会有地址不清或对当地的风俗习惯不了解，这就需要询问别人。要想使询问得到满意的答复，就要做到这样两点：一要找对知情人，主要是指找当地熟悉情况的人，比如问路可以找民警、司机、邮递员、老年人等。二是要注意询问的礼节，要针对不同的被询问者和所问问题区别对待。比如，询问老年人的年龄时可适当地说得年轻一些，而询问孩子的年龄时则应当大一些；询问文化程度时最好用"你是哪里毕业的？""你是什么时候毕业的？"等较模糊的问句等。注意询问时不要用命令性的语气，当对方不愿回答时就不要追根问底，以免引起对方不快。

请求别人的帮助时，应当语气恳切。向别人提出请求，虽无须低声下气，但也绝不能居高临下、态度傲慢。无论请求别人干什么，都应当"请"字当头，即使是在自己家里，当你需要家人为你做什么事时，也应当多用"请"字。向别人提出较重大的请求时，还应当把握恰当的时机。比如，对方正在聚精会神地思考问题或操作实验、对方正遇到麻烦或心情比较沉重时，最好不要去打扰他。如果你的请求一旦遭到别人的拒绝，也应当表示理解，而不能强人所难，更不能给人脸色看，不能让人觉得自己无礼。

☞ 视线接触中的形象礼仪

"眼是心灵之窗"，眼睛的奥秘在于它会毫无保留地反映出人的喜、怒、哀、乐，反映人的思维活动。所以说，从一个人的眼睛中通常能够反映出他的整个内心世界。

一个良好的个人形象，其目光是坦然、亲切、和蔼、有神的。特别是在与人交谈时，目光应该注视对方，不应该躲闪或者游移不定。在整个谈话过程中，目光要注意对方，专心、温和、充满热情。

人际交往中诸如疲倦、冰冷、呆滞、漠然、轻蔑、惊慌、敌视、左顾右盼的目光都是应该避免的，更不要对人上下打量、挤眉弄眼。

还有一种眼神叫"凝视"，各种凝视都有不同的作用。在洽谈、磋商、谈判等场合，凝视对方给人一种严肃、认真的感觉。注视的位置在对方双眼或双眼与额头之间的区域。各种社交场合使用的注视方式也是一种凝视，注视的位置在对方唇心到双眼之间的三角区域。亲密凝视是亲人之间、恋人之间、家庭成员之间使用的注视方式，凝视的位置在对方双眼到胸之间。

有一位男记者在对女性做采访时，常有这种体验：对注视他的女性要比不注视他的女性更有好感。而且经过在面试时候的测验，也表明如何选择候选人也与是否注视着主考人有着很大的关系。注视，或是看一个人，在心理学中被称为"视线接触"。这种视线接触越频繁，对方也越会产生好感。我们应该学会被对方注视，把自己和对方换一个位置的话就会明白。如果是讨厌的人，也不会想去看他一眼。

相反，如果是自己喜欢的人，就总会去盯着他看。所以注视着你的人，也对你抱有一定的好感。用温柔、亲切的目光注视对方的话，对方也会产生"他为什么这样看着我呢？""有机会的话，和他聊聊看！"之类的想法。如果遇到了你喜欢的人，先从注视他开始。

社交中一双真诚而热情的眼睛能够拉近双方的心理距离。眼睛会说人们内心深处的话，表明了你对人家的好感。充满善意的眼睛不一定是一双美丽的大眼睛，但只要真诚，同样可以赢得人们的好感，让人难忘。

有人说"眼斜心不正"，其实不准确，应该说"眼邪心不正"。心术不正的人不光是喜欢斜视，而是"邪"视，就是眼神中透出邪恶的光。

孟子说过，看人胸中正与不正，要看他的"眸子"，正直的人眼光是光明坦然的，不正的人眼光是怯懦而灰暗的。曾国藩也说过：一个人目光闪烁不定，这个人定非善类。这些说法都是有一定道理的。

我们如果遇到一个人，眼睛急速地躲开你的目光而闪烁不定，你心里就会很不舒服。我们相信自己的人品，但从仪态上也不要染上这些坏毛病。

眼神不能滥用。自然眼神是语言表达的得力助手，眼睛是一种无声的语言，能表达比言语更深切、更微妙的含义。许多动物不会说话，却会瞪眼，目的是向对手发出威胁的信号。蝴蝶经过长期进化，翅膀上的斑纹越来越醒目，这种斑纹会使其他动物误认为是猛兽的怒目，从而不敢轻举妄动。

眼神可以显示出人的喜悦或冷漠，每一种眼神都有特定的含义：明亮的眼神表示心情愉快，平静的目光表示温和善良，灵秀的目光表示聪明智慧等。可见，在交际活动中注意眼神是非常重要的。

我们的眼神应该智慧、诚恳、明亮、平静、友好、坦然、专注、坚定。切忌挑逗、仇恨、轻佻、卑琐、轻蔑、奸诈、愤怒、凶狠、阴沉、游离、茫然的眼神。

眼神是一种在社交中通过视线接触来传递信息的表情语言，人们历来重视眼睛对行为所产生的巨大影响，思想感情的存在和变化都能从眼睛显示出来。从理论上讲，眼神主要由以下两方面组成。

一是视线长度。在我们与人交谈的过程中，注视对方的时间是谈话时间的一半左右。如果超过这个比例，说明我们对对方本人比对方的话更感兴趣；低于这个比例，说明对二者都无所谓。交谈时的其他眼神表现，总地来讲要灵活自然。对一般的谈话对象，不要长时间凝视，否则就会让对方有被侵犯的感觉。

二是视线方向。谈话时，我们注视对方的部位可以显示我们与对方关系的亲疏。在生意、谈判、商务等场合，要用眼睛看着对方脸上的三角部位。这个三角就是双眼和前额的中心位置。如果你看着对方的这个部位，就会显得严肃认真，别人也会感到你有诚意。所以，这是把握住谈话主动权和控制权的重要因素。

☞ 站要有站相，坐要有坐相

俗话说"站有站相，坐有坐相"，实际上在社交场合，这也正是个人风度的一种表现。

1. 社交场合坐的姿势不能忽视

坐时，首先要注意自己的身高与桌子和椅子的配合是否协调，坐得越长久越要保持脊柱正直姿势的习惯，让自己的精神始终保持振作。

注意不要把椅面坐满，但也不要为了表示谦虚而故意坐在边沿上。坐姿的深浅应根据腿的长短和椅子的高矮来决定，一般应坐满椅面的三分之二。最适当的位置是两腿着地、膝盖成直角。与人交谈时，身子要适当前倾，不要一坐下来就全身靠在椅背上，显得体态松弛，也不礼貌。坐沙发时，因座位较低，更要注意两只脚摆放的姿势，双脚侧放或稍加叠放较为合适。不要一直前伸，要控制住自己的身体，否则身子下滑形成斜身躺埋在沙发里，显得懒散。更不宜把头仰到沙发背后去，把小腹挺起来。这种坐相显得很放肆，极不雅观。

入座时，要走到座位前再转身，转身后右脚向后退半步，然后轻稳地坐下。女子入座时，若穿裙装，应把裙子下摆稍稍向前收拢一下，不要坐定后再起来整理衣服。起立时，右脚先向后收半步，然后站起。

在与人交谈时，不要将脚跨在椅子或沙发扶手上或架在茶几上，也不能以手掌支撑着下巴。有些人甚至不拘小节，干脆坐在写字台或椅背上与人交谈，认为只有这样才能与人拉近距离，殊不知这会毁掉你温文尔雅的风度。

坐在椅子上同左方或右方客人谈话时不要只扭头，这时可以侧坐，上体与腿同时协调地转向客人一侧。

坐时，不可以将大腿并拢、小腿分开，或双手放在臀下，腿脚不停地抖动，脚尖相对。这些有失风度的举止均应避免。

正确的坐姿对坐的要求是"坐如钟"，即坐相要像钟那样端正，还要注意坐姿的娴雅自如。基本要领是：上体自然坐直，两腿自然弯曲，正放或侧放，双脚平落地上并拢或交叠，双膝自然收拢，臀部坐在椅面的中央，两手分别放在膝上（女士双手叠放在左或右膝上），双目平视，下颌微收，面带微笑。

端坐时间过长，会使人感觉疲劳，这时可变换为左侧坐或右侧坐。无论是哪一种坐法，都应以端庄自如的坐姿来达到尊重别人的目的，给别人以美的视觉感受。

2. 良好的站姿能衬托出美好的气质和风度

站姿的基本要求是挺直、舒展，站得直，立得正，棱角分明，线条优美，精神焕发。头要正，头顶要平，双目平视，微收下颌，面带微笑，动作要平和自然；脖颈挺拔，双肩舒展，保持水平并稍微下沉；两臂自然下垂，手指自然弯曲；身躯直立，身体重心在两脚之间；挺胸、收腹、立腰，臀部肌肉收紧，重心有向上升的感觉；双腿直立，两脚间可稍分开点儿距离，但不宜超过肩宽。以上是基本的站姿，工作中可在此基础上进行调整。

男士工作中的站姿，双脚平行，也可调整成"V"字型，双手下垂于身体两侧，也可以将手放在背后，贴在臀部。

需要强调的是，在工作中站姿一定要合乎规范，特别是在隆重场合，站立一定要严格按照要求做。站累时，单腿可以后撤半步，身体重心可前后移动，但双腿必须保持直立。正确的站姿是商务人员特别是服务人员的专业素质之一，因此必须严格要求并加强基本功训练。

站姿的训练是体态中最基础的训练，站姿如何将直接影响人体姿态的整体美。因此，站姿训练必须要有明确的训练内容、要求及训练步骤，才能达到训练的目的。

（1）站姿训练的内容、要求

①训练站立时，身体重心的位置或重心的调整，使身体正直、中心平衡，并能自然改变站立的姿势。

②训练两脚位置与两脚间的距离，并与手的位置和谐一致，使整个身体协调、自然。

③训练挺胸、收腹、立腰、收臀、身体重心上升，使躯体挺拔、向上。

④训练站立时的面部表情，心情愉悦、精神饱满，通体充满活力，并能给人以感染力。

⑤训练站立的耐久性，能适应较长时间站立工作的需要。

（2）站姿训练的方法

站姿训练的方法是提高训练效果的手段，方法科学才能收到事半功倍的效果。

①顶书训练。把书本放在头顶中心，为使书不掉下来，头、躯体自然会保持平稳，否则书本将滑落下来。这种训练方法可以纠正低头、仰脸、头歪、头晃及左顾右盼的毛病。

②背靠背训练。两人一组，背靠背站立，两人的头部、肩部、臀部、小腿、腿跟紧靠，并在两人的肩部、小腿部相靠处各放一张卡片，不能让其滑动或掉下。这种训练方法可使学生的后脑、肩部、臀部、小腿、脚跟保持在一个水平面上，使之有一个比较完美的后身。

③对镜训练。每人面对镜面，检查自己的站姿及整体形象，看是否歪头、斜肩、含胸、驼背、弯腿等，发现问题及时调整。

站姿训练应控制在每次 20～30 分钟，训练时最好配上轻松愉快的音乐，用以调整心境，既可以防止训练的单调性，又可以减轻疲劳感。

3. 协调稳健、轻松敏捷的行姿会给人动态之美

（1）规范的行姿

行姿的基本要求是"行如风"。起步时，上身略向前倾，身体重心落在前脚掌上。行走时，双肩平稳，目光平视，下颌微收，面带微笑。手臂伸直放松，手指自然弯曲。摆动时，以肩关节为轴，上臂带动前臂，前后自然摆动，摆幅以 30°～ 35° 为宜。

步幅适当，一般应该是前脚的脚后跟与后脚的脚后跟相距一脚长。跨出的步子应是全脚掌着地，膝和脚腕不僵直，行走足迹在一条直线上。行步速度一般是 108 ～ 110 步 / 分钟。

行走时，不要左右晃肩。男女两人同行，应适当调整步幅，尽量与女士同步行走。

行走时，不要左顾右盼、左摇右摆、大甩手，也不要弯腰驼背、歪肩晃胯、步履蹒跚，双腿不要过于弯曲，走路不成直线，更不要走"内八字"或"外八字"。

（2）变向行姿

变向行姿是指在行走中，需转身改变方向时，注意身体先转，头随后转，并同时向他人告别、祝愿、提醒、寒暄等时的行走姿态。

①后退步。与人告别时，不能扭头就走。应先向后退三步，再转体离去。退步时脚轻擦地面，不要高抬小腿，后退步幅要小。转体时要身先转，头稍后一些转。

②引导步。引导步是用于走在前边给宾客带路的步态。引宾时，要尽量走在宾客的左侧前方，整个身体半转向宾客方向，左肩稍前，右肩稍后，保持两三步的距离。遇到上下楼梯、拐弯、进门时，要伸出左手示意，提示客人先上等。

③前行转身步。在前行中要拐弯时，要在距所转向方向远侧的一脚落地后，立即以该脚掌为轴，转过全身，然后迈出另一脚。向左拐时，要右脚在前时转身；向右拐时，要左脚在前时转身。

二、修养——塑造礼仪魅力的根基

☞ 做个"雅"男人

雅与俗是评价一个男人品位的通用标准。一个男人的品位是高雅还是低俗，首先取决于他在这方面的价值观。只有在他对高雅有一个清晰的界定后，才能以此来要求自己做出高雅的事儿来。相反，那些低俗之人并不全是成心和自己的品位过不去，而是他们模糊了雅与俗的界限，误将低俗当高雅，结果使自己的品位很低。比如，有人在公共场所吸烟，其他人对此嗤之以鼻，而他本人却以为这是一件非常潇洒的事，自我感觉非常良好。

那么，何为雅？何为俗？

这里首先要解决"俗"的问题，"俗"的问题解决了，"雅"自然就水落石出。

俗的表现方式有很多。首先，吹毛求疵、嫉妒别人、对小事耿耿于怀、好冲动就是一个低俗的人的一些表现。这样的人总爱疑神疑鬼，当看到别人聚在一起谈论时，便以为是在谈论有关他的事情。有时他为了展现自己所谓的个性，常常弄出一些可笑的场面。而有品位的男人则恰恰相反，不会计较一些鸡毛蒜皮的小事，更不会怀疑自己受到了轻视或嘲笑，即便事实真的如此，他也毫不在意，宁愿保持沉默，也尽量不与人争吵。低俗的人喜爱探听市井流言，醉心于家庭小事；高雅的人则不会蝇营狗苟，不会为家庭琐事而纠缠不清。

其次是语言的低俗。有品位的男人对自己的语言是极其在意的。他们说话时谦虚有礼，而低俗的人却巧言善辩，而且喜欢套用谚语和陈词滥调。有些时候，低俗的人会经常使用一些挂在嘴边的口头禅，会不顾场合地胡乱使用，比如"气死了""丑死了"等。低俗的人有时还爱使用一些晦涩难懂的词句，极力表现自己说得正确，以显示自己与上流人士没什么不同。

拙劣的语言、不雅的行为很容易显示出一个人低下的教育水平和低劣的朋友圈子。而常与有品位的人士接触，则会改变一个人的言行举止。

一个男人内在的德行和知识常会从他得体的衣着、优雅的风度上表现出来。衣着和风度的作用就像光泽之于钻石，不论钻石有多贵重，没有光泽也不会有人佩戴。在生意场上，风度举止尤其重要。如果一个男人行动仓促匆忙，言语强硬粗俗，则会给对方造成不快，甚至会惹怒对方。这样的后果可想而知，是绝不会令人满意。

高品位的生活方式绝不是粗俗、浮躁之人所能自觉做到的，需要一种心灵的基础，也就是一种心灵的锤炼。

这就是人们所提倡的人生修养。有了修养，一个男人才能实现幸福、生命和价值的目标，才能对生命意义的获得有一种全新的认知。诚如毛泽东所说：这时你才能"成为一个高尚的人，一个纯粹的人，一个有价值的人，一个脱离了低级趣味的人"。否则，财富、荣辱、地位、权力……对于你来说都可能是很遥远的概念。

对人生修养的认知，是那些能够超越世俗得失的人生价值取向，以直观之心俯视人生运程，是孔子的"逝者如斯夫"的旷世凝思，是老子的"人法地，地法天，天法道，道法自然"的大智判断。一个男人只有具备了这种超越感，其生存状态才能够实现本质意义上的自觉。而这种超越感的获得，只能是人生修养达到一定境界的结果。

☞ 始终保持你的君子风度

良好的修养可以作为财富。对于有修养的男人，所有的大门都向他们敞开。即使他们身无分文，也随处可以受到人们的热情款待。一个举止得体、谦和友善、助人为乐、颇具绅士风度的男人，在人生道路上必定是畅通无阻的。

如果一个男人在生活中养成了文明的举止习惯，就等于为自己开启了社交的大门，所有的一切，不费吹灰之力就可以轻而易举地获得，很多人甚至还可能主动找上门来。

巴黎有家名为"廉价商场"的商店，店面很大，里面的员工数以千计，产品也应有尽有。这家商场有两个颇具特色的特点：一个是童叟无欺，不管谁来买，商品都是一个价，且价格都很低；另一个是非常注重自己员工的素质，员工必须尽一切努力做到让顾客满意。凡是其他商店能做到的，他们都必须做到，还要做得更好。这样，他们给每一个来过"廉价商场"的顾客都留下了美好的印象。因此，这个商店的生意也是蒸蒸日上，最后还成为了全球最大的零售商店之一。

还有一个贫穷的牧师，他的经历也相当奇特。有一次，他在教堂门口看到几个小青年在捉弄两个身着古旧样式衣服的老妇人。他们的嘲笑使老妇人非常窘迫，以致不敢踏进教堂。牧师见后主动带着她们走入里面坐了下来。两个老妇人尽管和这个牧师素不相识，但这之后却把一笔很大的财产留给了他，他的好心得到了好报。

修养本身就是一笔财富。文明的举止足可以起到替代金钱的作用，有了它就像有了通行证一样，随处畅通无阻。有修养的人不用付出太多就可以享受到一切，他们在哪里都能让人感到有如阳光般的温暖，处处受人欢迎。因为他们带来的是光明、是太阳、是欢乐。一切妒忌、卑劣的心理，遇到他们自然也就会举手投降了，你想，蜜蜂又怎会去蜇一个浑身沾满蜂蜜的人呢？

英国政治家柴斯特·菲尔德说："一个人只要自身有修养，不管别人的举止多么不恰当，都不能伤他一根毫毛，他自然就给人一种凛然不可侵犯的尊严，会受到所有人的尊重；而没有教养的人，容易让人生出鄙视的心理。"

说到这里，不仅想起一个故事有位男士非常向往绅士风度，于是他来到一座绅士会所，希望能够有所收益。

刚刚进门，一位女侍应生由于走得急，不小心将托盘中的酒洒到了他的礼服上。这位男士眼见自己新做的礼服被弄脏，不禁怒由心生，破口大骂："混蛋！你走路没长眼睛啊！竟然弄脏了我的礼服！真倒霉！"

尽管女侍应生一再道歉，但该男士依旧不依不饶，骂个不停，弄得那女孩子眼泪直在眼眶中打转。这时，会所的女主管走了过来，说道："先生，真对不起，她是刚来的，不懂规矩，我代她给您道歉。"

"道歉？！道歉就能让我的礼服变干净吗？它可足足花了我半个月的工资！"说着，该男士又骂了起来。

片刻之后，女主管问道："先生，请问您来这里是做什么的呢？"

"我是来学绅士风度的，谁知道遇上这么个不长眼睛的，真倒霉！"

"那么，我来教您吧。"女主管说着，走到一位正在谈话的男士身边，故意将酒洒在了对方的礼服上。

"哦，先生对不起，我不是有意的。"

对方连忙起身，对女主管施了一礼，关心地问道："我没有吓到您吧？"

女主管转向骂人的男士："你看，这就是绅士风度！"

那位男士满脸羞红，逃也似地走出了会所。

当别人无意冒犯你时，你是会"得理不饶人"，还是会一笑了之？此时此刻，请一定要慎重选择哦！因为这足以体现你作为一个男人的风度。

诚然，装扮得漂亮的确是一件好事，会引来大家的交口称赞。但这种外在美毕竟是比较低层次的美，不应该妨碍我们去追求真正生活中更高层次的美。一些男士错误地将所有精力、时间以及收入都放在衣着上，却大大忽略了内心的修炼，忽略了他人对我们的要求和期望，这种关心外在胜于关心内在的行为是很不可取的。

要知道，良好的举止足以弥补一切自然的缺陷。通常，一个男人最吸引人们的，不是容貌的魅力，而是举止的优雅。古希腊人认为美貌是上帝的特殊恩宠，但同时，如果一个具有美貌的人没有同样美丽的内在品质，就不值得我们欣赏了。在古希腊人的心目中，外在的美貌其实是某种内在的美好气质的反映，这些气质包括快乐、和善、自足、宽厚和友爱等。政治家米拉波是一个有名的丑男，据说他长相难看，但却没有人不被他的风度所折服。

性格的美就如艺术的美，在于它的少有棱角，线条始终保持连续、柔和的弧形。有很多人的心灵之所以不能更上一层，向世人展示更优美的品质，正是由于个性中存在的棱角太多。无论有什么样出色的品质，一旦表现出粗暴、唐突、不合时宜，其价值也就自然而然地受损。而事实上，只要我们多加注意自身的言行举止即可。

亚里士多德曾描述过一个真正具有教养的绅士应该是什么样的："无论身处顺境、逆境，一个宽宏大量的人都会追求行事适度。他不期望人们的欢呼喝彩，也不让别人对他嘲弄贬低；成功的时候不会得意忘形，遭受了失败也不愁眉苦脸。他不会去做无谓的冒险，不会随随便便谈论自己或者别人；他不在意别人的诽谤，也不会对人委曲求全。"

真正有教养的男人就应当表里如一。宝石上光之后尽管更亮，但首先必须是颗宝石。而一个真正懂得做人的智者是举止温文尔雅、谦逊知礼、不会轻易动怒、更不会主动挑衅的人。他从不恶意猜测别人，更不用说自己会去做罪恶的事了。他努力克制欲望，提高自身品位，出言谨慎，尊重他人。他可能会失去一切，但绝不会失掉勇气、乐观、希望、德行和自尊。这样，即使他没有了一切，仍然是一个富有的人。

☞ 越随和，越有品位

男人，每天都在想着如何才能向更高的成功迈进，如何才能在人前显示出自己作为一个成熟男人的独特气质。纵览成功人士，尽管他们几经风雨，却总是能带给别人阳光般的笑容。尽管他们家财万贯，却时刻保持着质朴而平易近人的风度。其实，随和对人很重要，如果你希望自己能带给人一种从容而内敛的感觉，就让自己随和起来吧！不但会给你争得面子，还会给你带来不错的人缘。

有人说，随和就是顺从众议，不固执己见；有人说，随和就是不斤斤计较，为人和蔼；还有人说，随和其实就是傻，就是老好人，就是没有原则。这让我们的内心有些迷茫，究竟随和给我们带来的是晦气，还是福气呢？纵观一些有影响、有地位的公众人物，他们都有一个共同的特点：心态随和、平易近人。而与此相对照，非常有趣的是，有时候越是地位卑微的人越是容易发怒暴躁，他们动辄就因一些鸡毛蒜皮的事儿大发雷霆。由此看来，为人随和对一个男人来说真的很重要，它代表着一种成熟，代表着一种从容，也代表着一种品位。

男人到了一定岁数，想必已经在事业上小有成就，在社会上也有了一些磨砺，不管是在阅历上还是思想上都得到了很大的提高。这时候他们对自己有了更高的要求，那就是真真正正地迈入成功人士的行列，尽管信用卡里的存款有限，尽管自己的房屋贷款还没有还完，但这丝毫不会影响到他们做一个有品位的男人的追求。有句话是这样说的："因为懂得，所以释然。"那些成功者之所以能够如此随和自然，如此镇定从容，与他们经历的风雨是分不开的。他们的脸上刻着荣耀，也刻着往昔的艰难。尽管这一切的一切都已经成为过去，但却在他们的心中打上了烙印。让他们看透了人生的真谛，也从此真心地看待每一个人的人生。

一位曾在酒店行业摸爬滚打多年的老总说："在经营饭店的过程中，几乎天天都会发生能把你气得半死的事儿。当我在经营饭店并为生计而必须要与人打交道的时候，我心中总是牢记着两件事情，第一件是绝不能让别人的劣势战胜你的优势；第二件是每当事情出了差错，或者某人真的使你生气了，你不仅不能大发雷霆，而且还要十分镇静，这样做对你的身心健康是大有好处的。"

一位商界精英说："在我与别人共同工作的一生中，多少学到了一些东西，其中之一就是，绝不要对一个人喊叫，除非他离得太远，不喊就听不见。即使那样，也要确保让他明白你为什么对他喊叫，对人喊叫在任何时候都是没有价值的，这是我一生的经验。喊叫只能制造不必要的烦恼。"

品位随和的人会成为智者；享受随和的人会成为慧者；拥有随和的人就拥有了一份宝贵的精神财富；善于随和的人，方能悟到随和的分量。要真正做到为人随和，确实得经过一番历练，经过一番自律，经过一番升华。

一个经理向全体职工宣布，从明天起谁也不许迟到，并自己带头。第二天，经理睡过了头，一起床就晚了。他十分沮丧，开车拼命奔向公司，连闯两次红灯，驾照被扣，他气喘吁吁地坐在自己的办公室。营销经理来了，他问："昨天那批货物是否发出去了?"营销经理说："昨天没来得及，今天马上发。"他一拍桌子，严厉训斥了营销经理。营销经理满肚子不愉快地回到了自己的办公室。此时秘书进来了，他问昨天那份文件是否打印完了，秘书说没来得及，今天马上打。营销经理找到了出气的借口，严厉地责骂了秘书。秘书忍气吞声一直到下班，回到家里，发现孩子躺在沙发上看电视，大骂孩子为什么不看书、不写作业。孩子带着极大的不满情绪回到自己的房间，发现猫竟然趴在自己的地毯上，他把猫狠狠地踢了一脚。

这就是愤怒所引起的一系列不良的反应，我们自己恐怕都有过类似的经历，叫作"迁怒于人"。在单位被领导训斥了，工作上遇到了不顺心的事儿，回家对着家人出气。在家同家人发生了不愉快，把家里的东西砸了，又把这种不愉快的情绪带到了工作单位，影响工作的正常进行。甚至可能路上碰到了陌生人，车被刮蹭了一下，就同别人发生口角。更严重的是，发生不愉快之后开车发泄，其后果就更不堪设想了。

作为一个男人，我们一定要明白，愤怒容易坏事儿，还容易伤身。人在强烈愤怒时，其恶劣情绪会致使内分泌发生巨大变化，产生大量的荷尔蒙或其他化学物质，会对人体造成极大的危害。培根说："愤怒就像地雷，碰到任何东西都一同毁灭。"如果你不注意培养自己忍耐、心平气和的性情，一旦碰到"导火线"就暴跳如雷，情绪失控，就会把事情全都搞砸。

常言道：忍一时风平浪静，退一步海阔天空。不必为一些小事而斤斤计较。我们不提倡无原则的让步，但有些事儿也没必要"火上浇油"，那只会使事情更糟，只会破坏你在别人心目中的形象。成功的男人之所以成功的原因之一，就是因为他能够很好地管理自己的情绪，维护自己在人前的良好形象，用自己的随和去化解和别人的纷争与矛盾，用自己的随和去摆平内心的纠结和困惑，这就是他们的高明所在，也是他们的高尚所在。

☞ 内秀——不可忽视的力量

一提起性格沉静凝重，往往给人以"内向"的印象，许多人会皱起眉头。不少性格"内向"的男人，也常常因此而苦恼，认为自己缺乏适应环境的能力，生怕自己会被环境所淘汰。

诚然，在有些情形下，比如找工作、拓展业务等，是需要一些性格"外向"的人。但这并不是说，每一个人都必须如此才可以表现才华，才可以对社会有益。

其实，这个世界上需要各式各样不同性格、不同作风、在不同领域有发展才华的人。只不过由于现代生活强调竞争、主张新奇，有些人只求眼前显赫、不求建立永恒功业，形成一种"潮流"，才使人误以为唯有快速适应、立即表现、不择手段地争取一时出头的机会，才是成功。他们忽略了重要的一点：生活中，真正在内涵上有深度、值得欣赏的功业，并不能用这种全速争取的方式去完成。

在现代生活中，许多人一味地要求自己去竞争、去表现，要自己不顾一切地去取得成功。他们急于表现，想得到快速的"成功"，因而只以抢到别人前头为胜利，有时即使对社会造成消极影响也在所不惜。这种对"争先"的重视，使得人人感到自己在孤军作战，而周围都是敌人。现代人所谓的"竞争"，就是先肯定了环境中的每一个人都是自己生存的对手；所谓的"成功"，就是"你抢到了，而别人没有抢到"。相形之下，所谓的失败，也就是在一场短暂而又不见得有意义的争抢之中，那眼明手快的人抢到了，而你却没有抢到。且不论那抢到的东西是钻石还是粪土，只要"抢"到了即为目的。一次又一次、一波又一波的盲目的争抢，就判定了所谓的优劣与成败。这种观念显然是既错误而又可笑的，会妨碍创造具有深度与恒久价值的成绩的。

事实上，"内向"也是一种可喜的内省性格。内向的人往往有一种优美的气质，有一种更深一层的思考与认知能力。而且，可能是一个人的情感比较收敛，是形成高雅风度的一种内在的力量，可以减少人与人之间尖锐的对立，使真正的情感有机会出现。

内向，是对自己内在生命的一种审视和对外界人与事物的一种敏锐的感应，更有"一目了然""旁观者清"的洞察力。所以，如果你不被现代社会过分强调"争先"的风尚所迷惑，就会明白，其实并不是只有外向的人才会成功。世界上有一部分事情是需要外向性格的人去争取、去突破和完成的；而另外一部分事情却需要较为内向性格的人来做，他会做得更加深入而持久。

对天性内向的人来说，与其为要求表现而去学习，不如尽量发挥自己那敏感深思的特长，在需要深度的工作中去努力研究。许多"不鸣则已，一鸣惊人"的人，都是由于他们虽不擅长立即表现，却正因如此而有机会深思明辨，把自己所学所能经过锤炼后才公布于世。而他的独立特行，使他不仅能达到别人没有的深度，而且能使他因为路线与众不同而见人之所未见，言人之所未言。一旦有成，必定格外杰出。

内向，是一种内秀，是一种助你成功的力量。如能善用之，会有大成就。事实上，一个高品位、重修养的男人，在活跃的一面之外，必有非常沉静、内秀的另一面。

☞ 做男人就要——其诚可嘉

一个不守信的男人，是无法与其谈论做人之道的。我们知道，千百年来正义之人所赞赏的诚信已成为做人的准则之一。中国人把诚信立为处世之本，崇尚诚信。在"信、智、勇"三个自立于社会的条件中，诚信是第一位的。

"言必信，行必果，诺必诚"这是中国人与他人、与社会的交往过程中的立身处世之本。中国人靠这样一个道德原则来规范自己，这与西方的契约精神有所区别。而且"诚信"在法律化的前提下随着社会文明的发展而被推进，而在人们相互的交往和所发生的关系中发挥着越来越大的作用。

诚信，就是不欺人，重承诺，不耍花招，敢于负责。作为一种传统美德，诚信不仅是个人道德修养的底线，也是人际交往和各种社会事务顺利进行的基本保证。曾几何时，世风日下，人心不古，人与人之间不仅没有了信任和依托，而且尔虞我诈。这种风气严重影响了个人和整个经济局势的发展。因此，人们呼唤诚信的呼声日益高涨。在中国加入 WTO 之后，不讲诚信的人将会逐渐被淘汰出局。正如孔子所说的那样——"一个人不讲信用，不知道他怎么可以立身处世。这就好比大车没有安横木的，小车没有安横木的，那么它怎么能行走呢？"所以说，唯有以诚信立世，才能在人生路上长远顺利地走下去。

长江实业集团董事长李嘉诚先生就是一个很讲诚信的人，他的为人就像他的名字一样，其诚可嘉。

李嘉诚是做塑胶厂起家的，在塑胶厂濒临倒闭的日子里，李嘉诚回到家里，强颜欢笑，担心母亲为他的事寝食不安。知子莫过母，母亲从嘉诚憔悴的脸色、布满血丝的双眼，洞察出工厂遇到了麻烦。母亲不懂经营，但懂得为人处世的常理。母亲是个虔诚的佛教徒，嘉诚走向社会，母亲总是牵肠挂肚，早晚到佛堂敬香跪拜，祈祷儿子平安。她还经常用佛家掌故，来喻示儿子。

一天，母亲平静地对李嘉诚说道：很早很早之前，潮州府城外有一座古寺。云寂和尚已是垂垂之年，他知道自己在世的日子不多了，就把他的两个弟子——一寂、二寂召到方丈室，交两袋谷种给他们，要他们去播种插秧，到谷熟的季节再来见他，看谁收的谷子多，多者就可继承衣钵，做庙里住持。云寂和尚整日关在方丈室念经，到谷熟时，一寂挑了一担沉沉的谷子来见师父，而二寂却两手空空。云寂问二寂，二寂惭愧道，他没有管好田，种谷没发芽。云寂便把袈裟和衣钵交给二寂，指定他为未来的住持。一寂不服。师父淡淡地道，我给你俩人的谷种都是煮过的。

李嘉诚悟出母亲话中的玄机——诚实是做人处世之本，是战胜一切的不二法门。李嘉诚为自己所做的事，流下悔恨的眼泪。翌日，李嘉诚回到厂里，工厂仍笼罩在愁云惨雾之中。李嘉诚召集员工开会，他坦诚自己经营错误，不仅拖垮了工厂，损害了工厂的信誉，还连累了员工。他向这些天被他无端训斥的员工赔礼道歉，并表示经营一有转机，辞退的员工都可回来上班，如果找到更好的去处，也不勉强。从今以后，保证与员工同舟共济，绝不损及员工的利益而保全自己。

李嘉诚说了一番度过难关、谋求发展的话，员工的不安情绪基本稳定，士气不再那么低落。

接着，李嘉诚一一拜访银行、原料商、客户，向他们认错道歉，祈求原谅，并保证在放宽的期限内一定偿还欠款，对该赔偿的罚款，一定如数付账。李嘉诚丝毫不隐瞒工厂面临的空前危机——随时都有倒闭的可能，恳切地向对方请教拯救危机的对策。

李嘉诚的诚恳态度，使他得到大多数人的谅解，他们都是业务伙伴，长江塑胶厂倒闭，对他们同样不利。银行放宽偿还贷款的期限，但在未偿还贷款前，不再发放新贷款。原料商同样放宽付货款的期限，对方提出，长江厂需要再进原料，必须先付 70% 的货款。客户涉及好些家，态度不一，但大部分还是做了不同程度的让步。有一家客户曾把长江厂的次品批发给零售商，使其信誉受损，经理怒气冲冲来长江厂交涉，恶语咒骂李嘉诚。李嘉诚亲自上门道歉，该经理很不好意思，承认他的过失莽撞。该经理说李嘉诚是可交往的生意朋友，希望能继续合作，他还为长江厂摆脱困境出谋划策。

李嘉诚的"负荆拜访"达到初步目的。他却不敢松一口气，银行、原料商和客户只给了他十分有限的回旋余地，事态仍很严峻。

积压产品，库满为患。这之中，一部分是质量不合格，另一部分是延误交货期的退货，而产品质量并无问题。李嘉诚抽调员工，对积压产品普查一次，将其归为两类，一类是有机会做正品推销出去的，另一类是款式过时或质量粗劣的。

李嘉诚如初做行街仔那样，马不停蹄到市区推销，把正品卖出一部分。他不想为积压产品拖累太久，就全部以极低廉的价格，卖给专营旧货次品的批发商，在制品的质检卡片上，一律盖上"次品"的标记。之后李嘉诚陆续收到货款，分头偿还了一部分债务。

路遥知马力！李嘉诚用真诚重新拾回了别人的信任，他获得了新订单，筹到购买原料、添置新机器的资金。被裁减员工，又回来上班，李嘉诚还补发了他们离厂阶段的工薪。李嘉诚又一次拜访银行、原料商和客户，寻求进一步谅解，商议共渡难关的对策。工厂渐渐出现转机，产销渐入佳境。

后来，李嘉诚召集员工聚会。他首先向员工鞠了三躬，感谢大家的支持。然后，用难以抑制的喜悦之情宣布："我们厂已基本还清各家的债款，昨天得到银行的通知，同意为我们提供贷款。这表明长江塑胶厂已走出危机，将进入柳暗花明的佳境！"

此后，李嘉诚的生意越做越大，也不仅仅局限于塑胶行业，并成为了世界闻名的巨富。他的成功，与他做人处世的谦逊、节俭、诚信是有着密切关联的。

做男人，就应像李嘉诚先生一样，目光放远一些。须知，不讲诚信只能得一时之利，而不能得一世之利。当我们需要别人帮助之时，对方首先要看的就是我们的人品。试问，谁又会去帮助一个不讲诚信、没有原则的人呢？

诚是一个人的根本，待人以诚，就是以信义为要。精诚所至，金石为开，诚能化万物，也就是所谓的"诚则灵"正是说明了诚的重要性。相反，心不诚则不灵，行则不通，事则不成。一个心灵丑恶，为人虚伪的人根本无法取得人们对他的信任。所以，荀子说："天地为大矣，不诚则不能化万物；圣人为智矣，不诚则不能化万民；父子为亲矣，不诚则疏；君上为尊矣，不诚则卑。"明人朱舜水说得更直接："修身处世，一诚之外更无余事。故曰：'君子诚之为贵。'自天子至于庶人，未有舍诚而能行事也；今人奈何欺世盗名矜得计哉？"所以，诚是人之所守，事之所本。只有做到内心诚而无欺的人才能自信、信人并取信于人。

我们常说的"君子一言，驷马难追"，讲的就是人的信用。一个没有信用的人，是为人所不齿的。现在的生意场上，公司、企业做广告、做宣传，树立公司、企业在公众中的形象，就是想提高公司、企业的信用度。信用度高了，人们才会相信你、和你来往、成交生意。不过，公司、企业的信用度得靠产品够佳的质量、优良的服务态度来实现，而非几句响亮的广告词，几次优惠大酬宾便可做到。人的信用也是如此。

☞ 虚心请教是一种美德

    真正有品位、有修养的男人，从不会把自己的想法和建议生硬地强加给别人，他们更善于用"请教"的方式提出来。特别是作为一个下属，在给上司提出意见和建议的时候，切忌咄咄逼人，以请教的方式更有利于让领导认可你和你的建议。

    要注意提建议的方式方法，就是要时刻注意领导的心理感受和变化轨迹，就是要求下属在提出建议的时候首先要获得领导的心理认同。

    请教，是一种品位和修养。潜在含义是：尊重领导的权威，承认领导的优越性。这表明，下属在提出意见之前，已仔细地研究和推敲了领导的方案和计划，是以认真、科学的态度来对待领导的思想的。因而，下属的建议应该是在尊重领导自己的观点基础之上的，很可能是对领导观点的有益补充。这种印象无疑会使领导感到情绪放松，从而降低对建议的某种敌意。

    我们每个人都有过这样的体会：当你还是个高中生的时候，你会遇到初中的小弟弟、小妹妹向你请教各种问题，满怀敬仰地要求你谈谈自己的学习方法等等，这时，无论你多么不高兴、多么忙，你都会带着一丝骄傲解答他们每一个稚嫩的问题，并从他们的目光中得到某种心理满足。如果我们能静下心来仔细分析这样的经历，我们会发现，成就感是多么早、又是多么牢固地根植于我们每个人的心灵深处。别人向我们求教，这就表明自己在某些方面是具有优越性的，如果说我们受到了崇拜，这大概有点儿过分，但说我们至少受到了重视，具备了一定的影响力，却是一点儿也不假。在被别人请教时，我们心中升腾起的愉悦感和自豪感往往并不能为我们自己所清醒意识到，但却主宰着我们的情感，甚至是我们的理智。每一个健康的、心智正常的人都会对这种感受乐此不疲，即使是领导也不例外。

请教的姿态不仅仅是形式上的，更有内容上的意义。这样，你可以亲自聆听领导在这方面的想法，这种想法在很多时候是他真实意志的体现，而他却并未在公开场合予以说明，而且很有可能是下属在考虑问题时所忽略了的重要方面。这样，在未提出自己意见之前，首先请教一下领导的想法，可以使你做到进退自如。一旦发现自己的想法还欠深入、考虑得不是很周到，你还有机会立刻打住，再把自己的建议完善一下。如果你的建议仅仅是源于未能领会领导的意图，那么，你的建议不仅是毫无意义、分文不值的，而且还暴露了你自己的弱点，这对你绝不会是什么幸事。

向领导请教，有利于找出你们的共同点，这种共同点既包括方案上的一致性，又包括心理上的相互接受。

许多研究者都发现，"认同"是人们相互理解的有效方法，也是说服他人的有效手段，如果你试图改变某人的个人爱好或想法，你越是使自己等同于他，你就越具有说服力。因此，一个优秀的推销员总是使自己的声调、音量、节奏与顾客相称。正如心理学家哈斯所说的那样："一个造酒厂的老板可以告诉你一种啤酒为什么比另一种要好，但你的朋友，无论是知识渊博的，还是学疏识浅的，却可能对你选择哪一种啤酒具有更大的影响。"而影响力是说服的前提。

有经验的说服者，他们常常事先会了解一些对方的情况并善于利用这些已知情况作为"根据地""立足点"，在与对方接触中首先求同，随着共同点的增多，双方也就越熟悉，越能感受到心理上的亲近，从而越能快速消除疑虑和戒心，使对方更容易相信和接受你的观点和建议。

下属在提出建议之前，先请教一下自己的领导，就是要寻找谈话的共同点，建立彼此相容的心理基础。如果你提的是补充性建议，那就首先要从明确与肯定领导的大框架开始，提出你的修正意见，做一些枝节性或局部性的改动和补充，使领导的方案或观点更为完善、更有说服力、更能有效地执行。

如果你提出的是反对性意见呢？有人会说，这到哪里去找共同点呢？其实不然，共同点不仅仅局限于方案的内容本身，还在于培养共同的心理感受，使对方愿意接受你。可以说，你越是准备提出反对意见，就越可能招致敌意，因而越需要寻找共同点来减轻这种敌意，获得对方的心理认同。此时，虽然你可能不赞成上司的观点，但一定要表示尊重，表明自己的理性思考。你应设身处地的从领导的立场出发来考虑问题，并以充分的事实材料和精当的理论分析做依据，在请教中谈出自己的看法，在聆听中对其加以剖析。只要你有理有据，领导一定会心悦诚服地放弃自己的立场，仔细倾听你的建议和看法。在这种情况下，领导是很容易被说服并采纳你的意见和建议的。

请教会增强领导对下属的信任感。当你用诚恳的态度来进行彼此的沟通时，领导会逐渐排除你在有意挑"刺儿"、你对领导不尊重等这些猜测，逐渐了解你的动机，开始恢复对你的信任。

社会心理学家们认为，信任是人际沟通的"过滤器"。只有对方信任你，才会理解你说话的动机；如果对方不信任你，即使你动机是良好的，也会经过"不信任"的"过滤"作用而变成其他的东西。这种东西往往是被扭曲的，带有怀疑主义的色彩，这使得他不可能很理智地去分析你的意见和建议，你的每一句话都会与你的"不良"动机联系在一起。

鉴于此，在领导面前请时刻注意你的品位，注意说话的方式，因为这直接关系到你的地位。

☞ 忘却是一种超凡的洒脱

低调的人认为能够忘却是一种境界，正如庄子所说："至人无己，神人无功，圣人无名。"

忘却是一件极为常见的事。人生在世不可能万事都那么一帆风顺，没有坎坷，每个人都会有挫折、有失败，这样就渐渐地使人产生了不好的情绪，同时也给人带来了负面的影响。为过去发生的事情追悔不已，但是后悔也改变不了已发生的事态，要使过去的失败具有真正积极的意义，唯一的方法就是冷静地分析原因。

为了调整和改善我们的心态，提高自己的生活质量，男人必须学会忘却。

心理学家柏格森说："脑子的作用不仅仅是帮助我们记忆，而且也帮助我们忘却。"其用意就在于提醒人们，要不停地对自己的情绪进行调整，懂得忘却过去的失败与不愉快之事。

著名教育家拿破仑·希尔有过这样的描述：

"我曾开办过一个非常大的成人教育机构，在很多城市里都有分部，在管理费用上的投资非常大。我当时因为工作繁忙，没有精力和时间去管理财务问题，但也没有授权让任何人来管理各项收支。过了一段时间，我惊奇地发现，虽然我们投入非常多，但却没有得到相应的利润。我经过一番认真的思考后，决定从两个方面来进行改变。

"第一，我应该用足够的勇气和智慧忘掉一切，就像黑人科学家乔治·华盛顿·卡佛尔做的那样，他承受住了将自己毕生的积蓄从银行账户转给别人的打击。当有人问他是否知道自己已经破产时，他回答说："是的，也许像你所说。"然后继续做自己喜欢做的事情。他把这笔损失从他的记忆里抹掉，以后再也没有提起过。

"第二，我应当做的另一件事就是把自己失败的原因找出来，记住惨痛的教训，然后从中学到一些有用的经验。

"但是说实话，这两件事我一样也没有做，相反地，我却沉浸在经常性的忧虑与痛苦中。一连好几个月我都恍恍惚惚，睡不好，体重也减轻了很多，不但没有从这次失败中学到教训，反而接着又犯了同一个错误。

"对我来说，要承认以前这种愚蠢的行为，实在是一件很为难的事。我早就发现：'去指挥、教导 20 个人怎么做，比自己一个人真正去做要容易多了。'

"曾教过我生理课的一位老教授给了我最有意义的一课，我为此受益终生。

"那时我才十几岁，但是我好像常常为很多事发愁。我常常为自己犯过的错误而哀叹不已，考完试以后，我常常会半夜里睡不着，总是担心自己考不及格。追悔我做过的那些事情，后悔当初那样做。我总爱反思我说过的一些话，总希望当时能把那些话说得更好。

"一天早上，我们全班到了科学实验室，教授把一瓶牛奶放在桌子边上。我们都坐着，望着那瓶牛奶，不知道牛奶跟生理卫生课有什么关系。然后，教授突然站了起来，看似不小心似地一碰，把那瓶牛奶打翻在地。然后，他在黑板上写道：'不要为打翻了的牛奶而哭泣。'

"'好好地看一看'，教授叫我们所有的人仔细看看那瓶被打翻的牛奶，'我要你们永远都记住这一刻，这瓶牛奶已经没有了，它都漏光了。无论你怎么着急、怎么抱怨，都没有办法再收回一滴奶。我们现在所能做的，只是把它忘掉，丢开这件事情，只注意下一件事。'

"我早已忘了我所学过的几何和拉丁文，这短短的一课却让我记忆犹新。后来，我发现这件事在实际生活中所教给我的，比我在高中读了那么多年书所学到的都有意义。它教我懂得：尽量不要打翻牛奶，但当它已经漏光了的时候，就要彻底把这件事情忘掉。"

的确，这句话很普通，也可以算是老生常谈了。可是像这样的老生常谈，却包含了多少代人所积聚的智慧，这是人类经验的结晶，是世世代代流传下来的。

男人，也许你不会看到比"船到桥头自然直"和"不要为打翻的牛奶而哭泣"更基本、更有用的常识了。只要你能运用它们，不轻视它们，你就能在现实生活中心胸开阔，以更好的心态去面对明天。

☞ 责任感，最受人关注的男性魅力

男子汉意味着什么？意味着成熟与责任。因为有责任感，男人才能勇敢；因为有责任感，男人才能无私；也因为有责任感，男人才有了不断前进的动力。

面对社会的压力，许多人被压弯了脊梁骨，他们只能书写出一个扭曲的"人"字。而只有敢于承担责任的男人才能够昂首挺胸地写下那个顶天立地的"人"字。因为他们懂得，"人"字的结构就是相互支撑，而人的责任感则是人格的基点。

曾经荣获普利策奖的詹姆斯·赖斯顿是在第二次世界大战期间应聘到《纽约时报》工作的，在此之前，他在伦敦工作了一段时间。他亲历了德国纳粹分子对伦敦进行的狂轰滥炸，詹姆斯·赖斯顿孤身一人在战火纷飞的伦敦工作，他非常想念妻子和3岁的儿子。在给儿子的信中，詹姆斯这样写道：

"我周围这些生活在紧张之中的人们，都有很强烈的责任感。他们更具爱心，做事更多地为他人考虑，与此同时，他们也日益坚强起来。他们在为超越他们自身的理想而作战。我觉得那也是你应该为之而努力的理想。

"我想向你强调的就是，一个人必须承担他应该承担的责任。这场战争爆发于一个不负责任的年代。我们美国人在本世纪第一次世界大战要结束的时候，并没有承担自己的责任。当这个世界需要我们把理想的种子广为播撒的时候，我们却退却了……

"因此，我请求你接受你自己的责任——把美国创建者的梦想变为现实，为着生你养你的这个国家的前途而努力奋斗……简朴人生，勿忘责任。"

詹姆斯告诫儿子，作为国家的一员，他要背负起为国家的前途而努力奋斗的责任。

责任能激发人的潜能，也能唤醒人的良知。有了责任，也就有了尊严和使命。

相信你一定知道"国家兴亡，匹夫有责"的道理。不仅如此，在这个社会中，我们每个男人都需要承担那么一点儿属于自己的责任。正因为有了责任，我们才能在漫长的人生旅途中挫而不败，坚强而又倔强地迈过每一道艰难的门槛；也正因为我们坚信责任，才能在每一次精彩的收获之后坦然而谦恭，不断地追求着一个个积极的目标。

早在两千多年前，男人就意识到责任心是使一个人由幼稚走向成熟、由平庸走向卓越、由懒散走向严谨、由碌碌无为走向大有作为的重要因素。

有一位担任中学班主任的老师曾经对班上一位一贯顽劣的学生感到头痛不已，虽然多次对他进行苦口婆心的教育，总是不见成效。此时，恰逢学校承担了天安门广场前检阅方队的排练任务，学校要求要选派少数最好的学生参加，而这个学生也十分渴望参加。班主任突然灵机一动，将这个学生列入了排练名单，并找他谈话，告诉他其实他并不合格，但老师认为他的身上有巨大的潜力，经过努力一定能够出色完成这个任务。这个学生感到了老师对他的信任，立刻表示一定能够承担这一责任。结果在数月的苦练过程中，这个学生表现得极其出色，受到了学校的表扬，后来还担任了班长。

对一个男人来说，失败并不可怕，可怕的是没有责任心，遇到困难时竞相推诿。在一个团队中，如果成员都能从大局出发、主动承担责任，就会为领导者创造更多的主动和更大的回旋余地，为解决问题提供更多的机会，进而扭转局面。反之，如果领导班子内部互相拆台，把责任一股脑儿地推到主要的领导头上，这就会挫伤他的威信，也会降低他干工作的信心和决心，结果对所有的人都不利。当大家共同面对失败时，最忌讳的就是有人说："我当时就觉得这事儿肯定要糟。"这样会降低大家对你的友好和信任，因为你不是一个负责任的人。只有认清自己的责任时，才能知道该如何承担自己的责任，正所谓"责任明确，利益直接"。也只有认清自己的责任时，才能知道自己究竟能不能承担责任。因为，并不是所有的责任自己都能承担，也不会有那么多的责任要你来承担，生活只是把你能够承担的那一部分给你而已。

因为责任，你将更加成熟。那些愿意承担责任的男人，会给渴望获得成功的人带来莫大的助益，他们会给你提供各种帮助，而其中的价值，必定远超过那些容易满足者所提供的帮助。

☞ 放宽你的度量

动不动就发火，像一挺机关枪一样发脾气发个没完，这不是一个成熟男人应该干的事情。也许我们的一些决策有的时候会遭到别人的误解，也许我们身边的同事或属下会当着你的面犯下一些本来可以避免的小错误，也许有些时候有些人会因为你过于能干而在心中产生嫉妒。作为一个男人，我们不要小肚鸡肠，理解别人的误会，宽容别人的过错，面对那些无中生有的诽谤和指责一笑了之，才是作为一个男人最高级别的风度，才能彰显最高尚的品行和特质。

学会宽容，可以使人心胸开朗。当被人误解时或误解了别人时，宽容会让时间来抚平一切。宽容是大度，能容下人世间的酸甜苦辣，化解所有的恩怨是非，"山重水复疑无路"时，学会宽容便"柳暗花明又一村"。宽容一切，才能蕴育一切；蕴育一切，才能征服一切。海之所以博大深沉，是因为海具有宽大的品格，而宽容正是那片一望无际的大海。

做到豁达、宽容，其实并不难，无非是遇事多往开处想，不去计较些许无谓小事。豁达者心胸开阔，善以待人，少有烦恼，因此倍受人们推崇。

多年前，身为上校的华盛顿率领部下驻防亚历山大市。当时正值弗吉尼亚州议会选举议员，有一个名叫威谦·佩恩的人反对华盛顿所支持的候选人。

据说，华盛顿与佩恩就选举问题展开激烈争论，说了一些冒犯佩恩的话。佩恩火冒三丈，一拳将华盛顿打倒在地。当华盛顿的部下跑上来要教训佩恩时，华盛顿急忙阻止了他们，并劝说他们返回营地。

第二天一早，华盛顿就托人带给佩恩一张便条，约他到一家小酒馆见面。

佩恩料想必有一场决斗，做好准备后赶到酒馆。令他惊讶的是，等候他的不是手枪，而是美酒。

华盛顿站起身来，伸出手迎接他。华盛顿说："佩恩先生，昨天确实是我不对，我不可以那样说，不过你已然采取行动挽回了面子。如果你认为到此可以解决的话，请握住我的手，让我们交个朋友。"

从此以后，佩恩成为华盛顿的一个狂热崇拜者。

用宽容的胸怀对待曾经打击伤害过自己的人，是华盛顿赢得人心的方法。为人处世，如果能够在关键的时候退让一步、忍让一下，用宽容化解矛盾，用诚恳打动人心，那么就会多了很多朋友，少去很多烦恼。

人生在世究竟该怎样做人？从古至今是人们争论的一个话题。是"争一世而不争一时"，还是"争一时也要争千秋"；是只顾个人私利不管他人"瓦上霜"，还是为人类做有益的事，做些贡献？这实际上是两种世界观的较量。生活中，一个心胸狭窄的男人，凡事都跟人斤斤计较，如此必然招致他人的不满。人在世时宽以待人，善以待人，多做好事，遗爱人间必为后人怀念，所谓"人死留名，虎死留皮"，爱心永在，善举永存。而恩泽要遗惠长远，则应该多做在人心和社会上长久留存的善举。只有为别人多想，心底无私，眼界才会广阔，胸怀才能宽厚。

宽容曾经伤害你的人，除了不让他人的过错来折磨自己外，还处处显示着你的纯朴、你的坚实、你的大度、你的风采。那么，在这块土地上，你将永远是胜利者。只有宽容才能愈合不愉快的创伤，只有宽容才能消除一些人为的紧张。学会宽容，意味着你不会再心存芥蒂，从而拥有一分流畅、一分潇洒。在生活中，我们难免与人发生摩擦和矛盾，其实这些并不可怕，可怕的是我们常常不愿去化解它，而是让摩擦和矛盾越积越深，甚至不惜彼此伤害，使事情发展到不可收拾的地步。用宽容的心去体谅他人，真诚地把微笑写在脸上，其实也是善待我们自己。当我们以平实真挚、清灵空洁的心去宽待对方时，对方当然不会没有感觉，这样心与心之间才能架起沟通的桥梁，这样我们也会获得宽待，获得快乐。

宽容是修养、是品德、是内涵，也是一种心态，更是一种生存的智慧、生活的艺术，是看透了社会人生以后所获得的那份从容和自然。

在宽容面前，即使你怀抱着真理也不要去争吵和计较，因为有朝一日也很可能会犯同样的错误；在宽容面前，一切的赌气和嫉妒都是不好的习惯与性格，因为如果不能善待别人的缺点和毛病，就会产生使人难以亲近和忍受的糟糕脾气；在宽容面前，过激是一种最廉价的表现，除非你不打算再与对方交往，否则还是要学学宽容，学学善待别人，因为任何人身上都不可能没有你看着不顺眼的缺点和惹你不快的坏毛病。

宽容是一种境界，是一种深度与修养的体现。有多大的胸怀，就有多高的境界，有多高的境界，就能干多大的事业，大凡成功者多是能容人者，因为能宽容就能合谋共事，发展壮大。能宽容就能人缘良好，人心所向。

学会宽容，多一点宽容，你的人生将多一份成功的自信和资本；学会宽容，多一点宽容，你的生命将多一点空间和机遇；学会宽容，多一点宽容，你将赢得自己，赢得他人，赢得整个人生。

不管怎样，作为一个男人，我们一定要有一个宽阔的胸怀，容纳错误，容纳失败，容纳那些不该出现的流言和误会，不管别人对你走的路有怎样的非议，尝试着对他们微笑吧，只要你知道要继续走下去的路是正确的。

☞ 缔造一种安全感

责任能激发男人的潜能，也能唤醒男人的良知。有了责任，也就有了信任和真诚；有了责任，也就有了尊严和使命。

什么是责任心？责任心就是当一个男人处于某个位置或者承担某种角色时，他必须对相应的后果负责。从这个角度来说，责任是相对于职务而言的。简而言之，一个帝王的责任就是管理好一个国家，一个大臣的责任就是做好职内的工作，一个公民的责任就是遵守他应尽的义务。如果一个男人能对自己的责任义不容辞，那么，我们就可以说他具有较强的责任心。

有这样一个故事：在火车上，一位孕妇临盆，列车员发出通知，紧急寻找妇产科医生。这时，一位妇女站出来，说她是妇产科的医生。女列车长赶紧将她带进用床单隔开的病房。毛巾、热水、剪刀、钳子什么都到位了，只等最关键时刻的到来。产妇由于难产而非常痛苦地尖叫着。那位自称妇产科医生的女子非常着急，将列车长拉到产房外，告诉列车长她其实只是妇产科的护士，并且由于一次医疗事故已离开医院。今天这个产妇情况不好，人命关天，她自知没有能力处理，建议立即送往医院抢救。

列车行驶在京广线上，距最近的一站还要行驶一个多小时。列车长郑重地对她说："你虽然只是护士，但在这趟列车上，你就是医生，你就是专家，我们相信你。"

列车长的话感染了护士，她准备了一下，走进产房时又问："如果万不得已，是保小孩还是保大人？"

"我们相信你。"

护士明白了，她坚定地走进产房。列车长轻轻地安慰产妇，说现在正由一名专家在给她助产，请产妇安静下来好好配合。出乎意料，那名护士几乎单独完成了她有生以来最为成功的手术，婴儿的啼哭声宣告了母子平安。

因为责任，因为信任，她终于战胜了自我，完成了使命，也找回了自己的信心与尊严。责任是对人生义务的勇敢担当，责任也是对生活的积极接受，责任还是对自己所负使命的忠诚和信守。一个充满责任感的男人，一个勇于承担责任的男人，会因为这份承担而让生命更有分量。

责任让男人坚强，责任让男人勇敢，责任也让男人知道关怀和理解。因为当我们对别人负有责任的同时，别人也在为我们承担责任。清醒地意识到自己的责任，并勇敢地扛起它，无论对于自己还是对于社会都将是问心无愧的。无论你所做的是什么样的工作，只要你能认真地、勇敢地担负起责任，你所做的就是有价值的，你就会获得尊重和敬意。有的责任担当起来很难，有的却很容易，无论难还是易，不在于工作的类别，而在于做事的人。只要你想、你愿意，你就会做得很好。

春秋时代，晋国的君主晋平公问大臣祁黄羊说："南阳现在没有令了，谁可以去担任？"祁黄羊回答说："解狐可以担任。"晋平公说："解狐不是你的仇人吗？"祁黄羊回答："您问的是谁可以担任这个职务，不是问我的仇人是谁啊。"平公说："很好。"于是就任用了解狐。后来，晋国的人们都称赞解狐称职。

过了一段时间，晋平公又问祁黄羊说："晋国没有军尉了，谁能担任这个职务啊？"祁黄羊问答："祁午就可以。"平公说："祁午不是你的儿子吗？"祁黄羊答道："您问的是什么人能担任，不是问我的儿子是谁啊。"平公说："很好。"于是又任用了祁午，晋国人也称赞祁午很称职。

孔子听说这件事情之后，说："太好了！祁黄羊选择人才，推举外人时能不避开自己的仇人，推举自家人时又不避开自己的亲生儿子，可以说是大公无私了。晋国有这样的人才，可以让人放心了。"

在这个世界上，每一个男人都扮演了不同的角色，每一种角色又都承担了不同的责任。从某种程度上说，对角色饰演的最大成功就是对责任的完成。正是责任，让男人在困难时能够坚持，让男人在成功时保持冷静，让男人在绝望时懂得不放弃，因为所有的努力和坚持不仅仅为了自己，还因为别人。

美国社会学家戴维斯说："放弃了自己对社会的责任，就意味着放弃了自身在这个社会中更好生存的机会。"放弃承担责任，或者蔑视自身的责任，这就等于在可以自由通行的路上自设路障，摔跤绊倒的也只能是自己。因成功而致富的价值，在于追求成功的过程中，会学到一些经验和教训。在这个过程中你会了解，只有当你愿意承担重任，而且愿意不断地付出真实价值的财物和劳动时，才会获得成功。

由此看来，责任是一种超越个人恩怨的崇高职责。负有责任的男人应该抛弃个人的恩怨和私利，只有这样的男人，才能给人以信任、安全的感觉。

☞ 别做"怒火金刚"

我们知道，男人的温文尔雅不仅体现在外表上，还体现在他们的修养上。如果这个时候，你无法克制自己的坏脾气，它很有可能在你人生最关键的时候给你带来毁灭性的影响。作为一个成熟的男人，我们应该是最了解自己的，无需过多的劝解，无需过多的证明，相信你一定知道，克制自己的坏脾气对于一个男人来说有多么重要。

生活不可能平静如水，人生也不会事事如意，人的感情出现某些波动也是很自然的事情。可有些男人往往遇到一点不顺心的事便火冒三丈、怒不可遏、乱发脾气，结果非但不利于解决问题，反而会伤了感情、弄僵关系，使原本已不如意的事更加雪上加霜。与此同时，生气产生的不良情绪还会严重损害身心健康。

美国生理学家爱尔马通过实验得出了一个结论：如果一个人生气10分钟，其所耗费的精力不亚于参加一次3 000米的赛跑；人生气时，很难保持心理平衡，同时体内还会分泌出带有毒素的物质，对健康十分不利。

虽然人人都有不易控制自己情绪的弱点，但人并非注定要成为自己情绪的奴隶或喜怒无常心情的牺牲品。当一个人履行他作为人的职责，或执行他的人生计划时，并非要受制于他自己的情绪。要相信人类生来就要主宰、就要统治，生来就要成为自己和所处环境的主人。一个心态受到良好训练的人，完全能迅速地驱散他心头的阴云。但是，困扰我们大多数人的却是，当出现一束可以驱散我们心头阴云的心灵之光时，我们却紧闭着心灵的大门，试图通过全力围剿的方式驱除心头的情绪阴云，而非打开心灵的大门让快乐、希望、通达的阳光照射进来，这真是大错特错。

☞ 我们是情绪的主人，而不是情绪的奴隶

著名专栏作家哈理斯和朋友在报摊上买报纸时，那朋友礼貌地对报贩说了声"谢谢"，但报贩却冷口冷脸，没发一言。"这家伙态度很差，是不是？"他们继续前行时，哈理斯问道。"他每天晚上都是这样的。"朋友说。

"那么你为什么还是对他那么客气？"哈理斯问他。朋友答道："为什么我要让他决定我的行为？"

一个成熟的男人会握住自己快乐的钥匙，他不期待别人使他快乐，反而能将快乐与幸福带给别人。每人心中都有把"快乐的钥匙"，但乱发脾气的人却常在不知不觉中把它交给别人掌管。我们常常为了一些鸡毛蒜皮的事情或者无伤大雅的事情而大动肝火，当我们对着他人充满愤怒地咆哮着的时候，我们的情绪就在被对方牵引着滑向失控的深渊。

有这样一个故事：从前有个脾气很坏的男孩，他的爸爸给了他一袋钉子，告诉他：每次发脾气或者跟人吵架的时候，就在院子的篱笆上钉一根钉子——第一天，男孩钉了37根钉子。后面的几天他学会了控制自己的脾气，每天钉的钉子也逐渐地少了，他发现，控制自己的脾气，实际上比钉钉子要容易得多。

终于有一天，他一根钉子都没有钉，他高兴地把这件事告诉了他的爸爸。爸爸说："孩子，从今后如果你一天都没有发脾气，就可以在这天拔掉一根钉子。"日子一天一天地过去了，最后，钉子全被拔光了。爸爸带男孩来到篱笆边上，对他说："儿子，你做得很好，可是看看篱笆上的钉子洞，这些洞永远也不可能恢复了——就像你和一个人吵架，说了些难听的话或伤害对方的话，你就在对方的心里留下了一个伤口，就像这个钉子洞一样，插一把刀子在一个人的身体里，再拔出来，伤口就难以愈合了，无论你怎么道歉，伤口总是在那儿。"

看了上面的这个故事，我想大家一定感慨良多，想想我们的坏脾气给自己的生活带来了多么大的麻烦吧！当你用一张死板的面孔面对自己的同事和下属的时候，当你用不耐烦的口气挂断父母的电话的时候，当你回到家对自己的老婆和孩子大吵大嚷的时候，他们都将会以怎样的心情承担坏脾气带来的不良氛围呢？如果长此以往下去，你一定会变成一个不受欢迎、被别人敬而远之的人。因为别人也是人，别人也同样有自己的脾气，没有人能够永远地去包容你的坏脾气，更不会有人能长时间地去容忍因为你的坏脾气给自己带来的麻烦。

所以，我们应该努力管理好自己的情绪，以豁达开朗、积极乐观的健康心态去工作、去生活，而不是让急躁、消极等不良情绪影响到我们自己和你身边那些最爱的人。我们不要让自己的情绪影响自己的心情，更不要让自己的坏脾气影响到别人的心情。

坏脾气总是会把我们的生活搞得一团糟，这不单单对心情会有影响，还有可能会影响到你与朋友之间的友谊，与家人之间的和睦，甚至改变你一生的走向。作为一个成熟男人，我们已经不能再这样像个孩子一样任性，我们应该很清楚被情绪左右会给我们的人生带来多么严重的后果。所以，从现在开始，好好克制住你的坏脾气吧，不要因为一时冲动毁了自己好不容易建立起的温文形象。

第二篇

说话说出水平，始终别忘尊重

　　男人应该谈吐不凡，因为这是一个男人综合素质的反映。谈吐显露着男人的秉性、德性、灵性与灵魂，体现的是男人的内涵、知识、能力和水平。有品位的男人睿智干练，他们知道什么样的话别人爱听，什么样的话绝对不能说，是故，你不可能见到他们口无遮拦、颠三倒四、东拉西扯。

一、你需了解，什么话人最爱听

☞ 用礼貌的话语装点自己的品位

在处世交际的过程中，彬彬有礼、无懈可击的言行所体现出的正是绅士般的风度和品位，这样的人走到哪里都会受到大家的尊重。

和别人打交道时，有品位的礼貌用语可使对方感到亲切，交往便有了基础。没礼貌、讲话不得体，往往会引起对方的不快甚至愠怒，使双方陷入尴尬的境地，致使交往梗阻甚至中断。那么，讲"礼"说"礼"该从哪里入手呢？以下的一些注意事项能指导你该怎样做。

1. 考虑对方的年龄特征

见到长者一定要用尊称，特别是当你有求于人的时候，比如："老爷爷""老奶奶""大叔""大妈""老先生""老师傅""您老"等，不能随便喊："喂""嗨""骑车的""放牛的""干活的"等，否则会使人讨厌甚至发生口角。另外，还须注意看年龄称呼人要力求准确，否则会闹笑话。比如，看到一位20多岁的妇女就称"大嫂"，可实际上人家还没结婚，这就会使人家不高兴，不如称她"大姐"合适。

2. 考虑对方的职业特征

我们在社会上看到一些青年人，不管遇到什么人都称"师傅"，难免使人反感，可见在称呼上还必须区分不同的职业。对工人、司机、理发师、厨师等称"师傅"，当然是合情合理的，而对农民、军人、医生、售货员、教师，统统称"师傅"就有些不伦不类，让人听着不舒服。对不同职业的人，应该有不同的称呼。比如，对农民应称"大爷""大妈""老乡"；对医生应称"大夫"；对教师应称"老师"；对国家干部和公职人员，对解放军和民警，最好称"同志"。在新的历史条件下，随着改革和开放的深入发展，人们的社会交往日渐频繁和复杂，人们的称呼也就越来越多样化，既不能都叫"师傅"，也不能统称"同志"。比如，对外企的经理和外商，就不能称"同志"，而应称"先生""小姐""夫人"等。对刚从海外归来的港台同胞、外籍华人，若用"同志"称呼，有可能使他们感到不习惯，而用"先生""太太""小姐"称呼倒会使他们感到自然亲切。

3. 考虑对方的身份

一次，有位大学生到老师家里请教问题，不巧老师不在家，他的爱人开门迎接，当时不知称呼什么为好，脱口说了声"师母"。老师的爱人感到很难为情，这位学生也意识到似乎有些不妥，因为她也就比这位学生大10多岁左右。遇到这种情况该怎么称呼呢？按身份，对老师的爱人，当然应称呼"师母"，但人家因年龄关系可能不愿接受。最好的办法就是称呼"老师"，不管她是什么职业（或者不知道她从事什么职业）。称呼他人"老师"含有尊敬对方和谦逊的意思。

4. 考虑自己与对方之间的亲疏关系

在称呼别人的时候，还要考虑自己与对方之间关系的亲疏远近。比如，和你的兄弟姐妹、同窗好友、同一车间班组的伙伴见面时，还是直呼其名更显得亲密无间、欢快自然、无拘无束。相反，见面后一本正经地冠以"同志""班长""小姐"之类的称呼，反倒显得外道、疏远了。当然，为了打趣故做"正经"，开个玩笑也是可以的。

在与多人同时打招呼时，更要注意亲疏远近和主次关系。一般来说以先长后幼、先上后下、先女后男、先疏后亲为宜；在外交场合宴请外宾时，这种称呼的先后有序更为重要。1972年，周恩来总理在欢迎美国总统尼克松的招待会上这样称呼："总统先生，尼克松夫人，女士们，先生们，同志们，朋友们！"这种称谓客气、周到而又出言有序的外交家的风度和品位给人们留下了深刻的印象，是我们学习的典范。

5. 考虑说话的场合

称呼上级和领导要区分不同的场合。在日常交往中，对领导、对上级最好不称官衔，以"老张""老李"相称，使人感到平等、亲切，也显得平易近人、没有官架子，明智的领导会喜爱这样的称呼。但是，如果在正式场合，如开会、与外单位接洽、谈工作时，称领导为"王经理""张厂长""赵校长""孙局长"等，就很有必要了，因为这能体现工作的严肃性、领导的权威性，是顺利开展工作所必需的。

6. 考虑对方的语言习惯

我国幅员辽阔，人口众多，方言、习俗各异。在重视推广普通话的前提下，还要注意各地的语言习惯。违背了当地的语言习惯，就可能使自己陷入尴尬之境。

有人在承德避暑山庄碰到这样一件事情。几个年轻人结伴去旅游，这天他们从避暑山庄出来，想去外八庙，为了抄近路，两个小伙子上前去问路，正遇上一个卖鸡蛋的农家姑娘。一个小伙子上前有礼貌地叫了声："小师傅！"，开始这姑娘没有答应，小伙子以为她没听见，又提高嗓音叫了一声。这下可激怒了这位姑娘，她嘴上也不饶人，气呼呼地说："回家叫你娘小师傅去！"两个小伙子还算有涵养，压了压火气，没有发作。本来是有礼貌地问路，反倒挨了一顿骂。这是为什么？后来才知道，当地的农民管和尚、尼姑才称"师傅"，一个大姑娘怎么愿意听你称她"小师傅"呢？两个小伙子遭到痛骂也就不奇怪了。

礼仪看起来好像简单，但处理不好会耽误大事。三国时，袁绍的谋士许攸投奔曹操后，向曹操献了一计，致使袁绍失败，他自恃功高，在曹操欲进冀城城门时一句"阿瞒，汝不得我，焉得入此门？"这就为他自己掘好了墓坑。所以，有一日许褚走马入东门，许攸再次以"汝等无我安得入此门"自夸时，被许褚怒而杀之，并且将其人头献给了曹操。虽然曹操深责许褚，但从许褚献头时所说："许攸无礼，某杀之矣！"的理由来看，不能不说许攸是死于曹操之手，因为仅凭他对许褚"无礼"是不可能被随便杀之的，最起码曹操有默许之嫌。可见礼与无礼有生死之别。

中国是礼仪之邦，办事儿能否顺利达到目的，说话懂得圆场面有时会起到很大的作用。

据说有这么一件事。一位男子抱着小孩上火车，车上位子已经坐满，而这位男子旁边有一位小伙子却躺着睡觉，占了两个人的位子。孩子哭闹着要座位，并指着要他让座，小青年假装没听见。这时，小孩的爸爸说话了："这位叔叔太累了，等他睡一会儿，他就会让给你的。"

几分钟后，青年人起来客气地让了座。

这位男子无疑处于一个"求人"的地位，他能靠一句话把尴尬的场面圆起来，聪明之处正在于以一个"礼"字，把对方架在了很高的位置：他应该休息，而且他是个好人，因为，如果他不"睡"了，他会主动让给你的。显然，一个再无礼的人面对这样有品位的人也不会无动于衷。

☞ 良好的谈吐，魅力的体现

　　谈吐中的人格魅力，是指在语言交流中一个人的性格、气质、能力等的个性化表现。人格魅力在语言中的表现形式是多种多样的，或达观开朗，或宽容忍让，或微言大义，或义正辞严，或一言九鼎，或仪态万方。良好的谈吐能够充分展示出这些人格魅力，同时令听者折服。

1. 良好的谈吐能够展示出豁达开朗的个性

　　一位老者在乘船时，听到一些旅游者讲起在鱼肚子里发现珍珠宝物的故事，于是走过去对他们说："我给你们讲一个真实的故事吧。我年轻的时候，曾经和一位漂亮的女演员谈过恋爱，后来，我到国外分公司任职，一去就是两年。在这期间，我和她的联络越来越少。在回国之前，我特意买了一枚钻石戒指，准备给女朋友一个惊喜。然而，我在半路上得知，她已经在一个月前和一个男影星结了婚。我一气之下就把戒指扔进了大海。几天后，我回到国内，到一家餐馆喝闷酒。我点了一道鱼，等鱼端上来之后，我心烦意乱地把鱼肉塞进嘴里。刚嚼了两下，忽然牙被一个东西硌了一下。你们猜，我吃着了什么？""戒指。"大伙一齐说道。"不！"老人诡秘地一笑，"是一块鱼骨头。""哈……"人群突然爆发出爽朗的笑声。现场气氛也随之活跃起来，众人为有这样一位虽然陌生但却豁达开朗的老人加入谈话队伍而感到高兴。

　　豁达开朗，是一种乐观积极的人生态度，在谈话中能够传达给听者健康向上的精神力量，人们从中不仅能获得快乐，还能减轻某些方面的痛苦和压力，而说者在赢得别人好感的同时也赢得了友谊。这正是谈话的人格魅力之所在。

2. 良好的谈吐能够展示出宽容忍让的胸襟

新战士小陈在一次班务会发言时，无意中说到了老兵小李的某些问题。于是，小李误认为小陈有意在班长面前出她丑，便连珠炮似地数落了小陈一番。事后，有人对小陈说："你怎么不顶她？"小陈说："事情总会水落石出的。即使小李不明白，你们大伙儿心里不也都明镜似的吗？"打这以后，小李经常跟别人说小陈这人专会巴结班长、爱表现自己等。对此，小陈也一笑了之。她说："我帮班长干活是应该的，别人不帮班长干活也是有原因的，要么累了，要么有别的事要做。班长有事我帮助，别人有事我也没看热闹啊，时间长了她会了解我的。"果然，经过一段时间的朝夕相处，小李对小陈的人品有了全新的认识，主动向小陈道了歉。

宽容是生活中永不坠落的太阳，是获得友谊的灵丹妙药。在谈话中，由于种种原因，难免会遭到他人的误解甚至攻击。此时，如果能够保持宽容的心态，先从自身找毛病，再从长远考虑问题，等到云开雾散、真相大白之时，误解你的人就会把心掏出来给你看，旁人也会为你宽容、忍让的风度报以钦佩的目光。

3. 微言大义展锋芒

某县国税局连续几年完不成税收任务，仅某年上半年全县就欠税 350多万元。某年 7 月，宋局长到该县上任。上任之后宋局长立即展开了深入细致的调查摸底工作，之后又召集 17 个纳税大户举行座谈会。在会上，宋局长开宗明义地说道："我是个转业干部，天生的二杆子脾气，我到这儿任国税局长，一不图官，二不图钱，就图个痛痛快快干工作，我初来乍到，能不能踢好头三脚，还要看各位买不买账。一句话，政策以外的钱我一分不收，该纳的税一个子儿也不能少，而且一天也不能再拖，谁觉着为难，自己看着办，下周的这个时间我要结果。"会后，在17家纳税大户的带动下，上半年欠收的所有税款在一周内全部上缴完毕。

在谈话当中，有时需要苦口婆心地讲道理，而有时则不需长篇大论，只要在紧要处点到为止即可，正所谓言简意赅、微言大义。宋局长简短的几句话，不仅展现了军人果断的性格和干练的作风，而且字字句句展露着锋芒。在这样的气势下，有谁愿与"初来乍到"的新局长过不去呢？所以，宋局长上任伊始来个"开门红"也是顺理成章的事儿了。

4. 义正辞严展自尊

一天，某车间主任将几位年龄稍大些的女工叫到办公室，说："根据厂长办公会议精神，咱车间要减几个人，我考虑你们几位年纪大些，打算让你们先退下来。"听到这话，几位女工一时间愣了，这不就是叫我们几个下岗嘛。江女士站出来说："当初订的用工合同里不是这样表述的吧。我们年纪相对大些是事实，但我们工作效率高、工艺好也是事实，你凭什么叫我们退下来？"主任听她的话说得在理，只好又扯出一条理由来："你们几位身体不是有病吗？这也是为你们着想啊。"江女士理直气壮地说："我们有病没有要求领导照顾，也没有耽误正常工作，更没有躺在车间白拿钱，我们哪点理亏啦？现在不都兴竞争吗？咱们可以搞竞争上岗，但就这么退下来我不同意！"这时，其他几位女工也纷纷附和，车间主任只好收回了决定。

谈话中的人格魅力不仅展现在达观开朗或宽容忍让的一面，有时坚持原则、据理力争更能展现一个人的人格魅力。江女士的辩驳有理有据、义正辞严，既维护了自身的利益，也展示了自己的尊严。

5. 一言九鼎展品质

某厂职工小朱经常向同事炫耀，说自己在市房管有熟人，能办房产证，而且花钱少、办事快。开始，同事们信以为真，有些急于办理房产证的同事，就交钱托小朱办房产证，可是过了很长时间也没有回音。追问之下，小朱才说："近来人家事儿太多，再等等。"拖得时间长了，同事们对他的办事能力产生了怀疑，便向他要钱。他找理由说："谋事在人，成事在天。懂不懂？你的事儿虽然没办成，可我该跑的跑了，该请的请了，你不能让我为你掏腰包吧？"言下之意，就是钱没了。从此以后，再也没有人相信小朱的话了，以至于人们在闲暇聊天时，只要小朱往人群里一站，大伙好像有一种默契似的，开始缄默不语，之后纷纷散去。

在谈话中，人们一般崇尚"一言九鼎""落地砸坑"的直爽性格，而不喜欢转弯抹角的弯弯绕，更讨厌貌似有口无心、直言快语，实则机关算尽、言而无信的滑头。谈话中的每一个观点都是对一个人品质的检阅，每一项承诺都是对其人格的担保，言而有信才能取悦于人。可见，说话算数也是谈话中展现人格魅力不可或缺的要素之一。

6. 仪态万方展性情

两位大学生前往某公司应聘部门经理。甲着装整洁，谈吐有致；而乙则衣冠不整，与主考官交谈时总显出不屑一顾的神态，令主考官大为不满。应聘结果可想而知。

谈话作为一种交流手段，要达到预期目的，须建立在对谈话对象充分尊重的基础上，一般应做到以下几方面。

①着装整洁，整洁的着装如同一道亮丽的风景，令人赏心悦目。

②举止端庄，包括谈话者合适的姿态和谈话中适度的手势。

③语气亲和，谈话的语气不同于演讲，更不同于舞台对白，是一种纯生活化的语言交流，过分懒散或过于亢奋都显得对人不恭。

④眼神集中，在谈话中，表现一个人对谈话对象以示重视的神态，莫过于眼神集中；左顾右盼、魂不守舍肯定不会博得对方的好感。

要想在谈吐中充分地展现你的人格魅力，并不是要你在人前故作姿态，把自己的毛病加以掩饰，或是压抑自己、改变自己的性格，而是要你正视自己的不足，克服性格中的消极因素，发扬性格中的积极因素，这样才能用你的人格魅力架起与他人沟通的桥梁。

一个谈吐潇洒的男人会在不知不觉中散发出一种感染力，令周围的人被自己的气质所吸引。倘若你是个有心人就会发现，语言带给人的美感是不受年龄、外貌局限的。每一个追求美的人，都应将自己美的德行与美的语言相互结合，从而为自己塑造一个有魅力的男人形象。

☞ **始终将尊重放在第一位**

有品位的男人，一定懂得在言谈举止中尊重别人，因为这是人类的基本精神需求之一，谁若是反其道而行之，谁就会众叛亲离。那么，在人际交往中，我们应如何顺应这种心理需求，在言谈举止中做到尊重他人，借以笼络人心呢？大家可以从以下几个方面入手。

1. 从"心理"上尊重别人

我们必须牢记"每个人在人格上都是平等的"这一信条，不以位高自居、自足、自傲。只有在心理上有尊重别人的想法，才可能做出尊重别人的行动。

2. 把握角色

把握角色是与人交往的基本要求，这一要求包括知己和知彼两方面。所谓知己，就是要善于根据时间、地点的变化而变换角色，否则就难免造成不尊重人的场面。比如你是一个领导，在单位里严肃认真是必要的，但如果你回到家对娇妻爱子再摆出一副凛然不可侵犯的架势，妻子儿女就会认为你缺乏人情味，不尊重他们对夫爱父爱的需求。所谓知彼，就是要了解对方的年龄、身份、语言习惯等。假如对方是位年长者，而你是个青年人，在称呼上要礼貌，在语气上要委婉，在语速上要和缓，在话题上要"投其所好"，这些都体现了对长者的尊重，必然能赢得对方的赞赏。

3. 搞清背景再开口

如果在交际过程中能考虑对方的背景，不触及对方的隐秘；如果在别人交谈时没有弄清别人话题的前提，不突然插嘴；如果在谈话过程中不让自己的话带有更多的隐含前提，特别是错误前提，就是对别人的尊重。面对矮人却大谈"矬子"、随意打断别人的谈话而又"牛头不对马嘴"地乱发议论、人家明明是自学成才却偏问"你是哪个大学毕业的"，这些认为都是对别人的不尊重。

4. 注意你的态度

在与人交往中，你采取什么样的态度将体现出你对别人尊重的程度。比如注意倾听别人的谈话、谦虚待人、礼貌待人、实事求是地评论人或事，都是尊重别人的表现。

5. 区分不同场合

场合不仅可以提供话题、诱发谈兴，还能为你尊重别人提供机会。例如，在严肃的会场不要说笑打闹，否则就是对领导的不尊重。在朋友的结婚喜宴上应该谈些喜庆、吉利的话题；如果你总谈些令人扫兴的话，就是对朋友的不尊重。即使朋友嘴里不说，心里也早已宣布你是"不受欢迎的人了。"

6. 处事礼为先

俗话说："礼多人不怪"。礼仪不仅能体现一个人的修养和人品，还能体现出对他人的尊重，赢得别人的好感。在社交场合，男方将女方的手握得太紧、时间太长，是对女方的不尊重，会给人以轻佻之嫌；参加朋友的婚礼而蓬头垢面、不修边幅，不仅有损自己的形象，也是对朋友的不尊重；和异性朋友靠得过近，甚至凑到对方耳边"窃窃私语"，是对对方的不尊重；站着与别人交谈而脚不停地"啪啪"打地，会使人感觉你已"不耐烦"；与朋友特别是长辈、上级、新朋友坐着交谈而大跷"二郎脚"，甚至抖腿，在对方看来，这是轻佻的表现、傲慢的外露，是对对方的不尊重。

7. 不打断别人的谈兴

这点也体现在多方面。例如，对对方的话题保持浓厚的兴趣，注意选择双方都熟悉又都感兴趣的话题，在对方谈兴未尽时不随便转移话题，以及结束话题时有所暗示、留有余地等都是尊重别人的体现。

8. 交谈时别惹人难堪

问答在交谈过程中是很常见的，但如何问却大有学问，因为问不好会造成难堪的场面，伤害别人的自尊。比如问话时应注意把握时机，别人正谈得火热，你突然一问打断别人的交谈，是不尊重别人；别人在某方面忌讳很深，你却不管不顾偏要追问，也是不尊重对方的表现。

懂得尊重别人体现出了一个人的修养和品格，简单的道理就是：你尊重别人，别人也会尊重你。所谓爱人者人恒爱之，敬人者人恒敬之。

☞ 顾忌他人自尊，为自己的品位加分

　　说话是一门艺术，这毋庸置疑。所谓"良言一句三冬暖，恶语伤人六月寒"，有很多人说的话，其立足点和出发点本来是不错的，但由于不注意说话艺术，导致无谓的误解和争端。

　　人都是有自尊的，都渴望获得他人的尊重。我们要明白，无论在社会阶层中，还是在一个团队里，只有收入高低、分工不同，绝对没有人格的贵贱之分。扪心自问，我需要别人的理解和尊重吗？同样，这也正是别人都需要的，所以聪明的人要先理解和尊重别人。

　　不良的说话习惯令人心生厌烦。许多人在与人交谈的时候，常伴有一系列长时间以来养成的小习惯，而这些不经意间的小细节恰恰是自身品位的致命伤。

1. 使用鼻音说话

　　这是一种常见且影响极坏的缺点，当你使用鼻腔说话时，你就会发出鼻音。如果你使用大拇指和食指捏住鼻子，你所发出的声音就是一种鼻音。

　　如果你使用鼻音说话，当你第一次与人见面时，就不可能吸引他人的注意。你的话让人听起来像是在抱怨，毫无生气，十分消极。不过，如果你说话时嘴巴张得不够，声音也会从鼻腔而出。当你说话时，上下齿之间最好保持半寸的距离。鼻音对于女人的伤害比对男人更大，你不可能喜欢一位不断发出鼻音却显得迷人的女子。如果你期望自己在他人面前具有极大的说服力或者令人心悦诚服，那么你最好不要使用鼻音，而应使用胸腔发音。

2. 有口头禅

在我们平常与人讲话或听人讲话之时，经常可以听到"那个、你知道、他说、我说"之类的词语，如果你在说话中反复使用这些词语，那就是口头禅。口头禅的种类繁多，即使是一些伟大的政治家在电视访谈中也会出现这种毛病。

有时，我们在谈话中还可以听到不断有"啊""呃"等声音发出，这也会变成一种口头禅，请记住奥利弗·霍姆斯的忠告——切勿在谈话中发出那些可怕的"呃"音。如果你有录音机，不妨将自己打电话时的声音录下来，听听自己是否出现这一毛病。一旦弄清自己的毛病，那么在以后与人讲话的过程中就要时时提醒自己注意这一点。当你发现他人使用口头禅时，你会感到这些词语是多么令人烦躁、多么单调乏味。

3. 小动作过多

检查一下自己是否在说话途中不停地出现以下动作：坐立不安、蹙眉、扬眉、扭鼻、歪嘴、拉耳朵、扯下巴、搔头发、转动铅笔、拉领带、弄指头、摇腿等，这些都是一些影响你说话效果的不良因素。当你说话时，听众就会被你的这些动作所吸引，他们会看着你的这些可笑的动作，根本不可能认真地听你讲话。

有一位公司老板，当他做公共讲话时，总是让自己的秘书与观众站在一起，如果他的手势太多，秘书就会将一支铅笔夹在耳朵上，以示提醒。当然我们不可能人人做到如此，但你在讲话时，完全可以自我提示，一旦意识到自己出现这些多余的动作，就应该赶紧改正。

4. 你的眼神表现出心不在焉

当你与别人握手致意时，你们便彼此建立了一种身体的接触。眼神的交汇作用也同样重要，通过相互传递一种眼神，你们便可以建立一种人际关系。

眼神不仅可以向他人传递信息，也可以从他人的眼神中接收到某些信息。你似乎听到他们在说：

"真有意思！"

"真令人讨厌。"

"我明白了。"

"我被你给弄糊涂了。"

"我准备结束了。"

"我十分乐意听你讲话。"

"我不想和你讲话。"

……

当你说话的时候，你的眼睛也是否在说话？或者你故意回避他人的视线，而不敢与人相对而视，因为那会令你觉得不适。你是否会边说边将眼睛盯在天花板上？你是否低头看着自己的双脚？你看到的是一簇簇人群，还是一个个人？总之，再没有比避开他人视线更容易失去听众的了。

我们要提升自己的品位、提高自己的地位，当务之急就是要有一个好人缘，让更多人接受你、欢迎你。要做到这一点，从现在开始就必须把那些令人心生厌烦的说话习惯统统改掉。

☞ **真诚的话语能打动人心**

说话的魅力并不在于说得多么流利、多么滔滔不绝，而在于是否善于真诚表达。善于在言谈话语间表达出自己的真诚的男人，能够把自己的心意传递给听者，使听者达到情感上的共鸣，从而打动听者的心；而流畅但缺乏诚意的话语，就像没有生命力的绢花一样，虽然美丽但不鲜活。

有一位老师写了一本《思想政治工作方法》的书，出版社没有给他稿费，而是让他自行推销一千册作为报酬。对那位老师来说，这远比讲课要难得多。

为了把书推销出去，他在学员队搞了一次演讲，他说："……当老师的在这里推销自己写的书，总不免有些尴尬。不过，如今作者也很难，写了书，还得卖书。出版社一下压给我一千册，稿费一文没有，所以我不推销不行。这本书写得怎样，我自己不好评说。不过有两点可以保证：第一，这本书是我用三年时间完成的，是我心血的结晶；第二，书的内容绝不是东拼西凑抄下来的，是我自己长期思考的见解。前不久，这本书被思想政治工作研究会评为社科类图书二等奖，这是获奖证书。说实话，对于我们这些教书匠来说，搞推销比写书还难，只是硬着头皮来找大家帮忙。不过，买不买完全自愿，绝不强迫。如果觉得这本书对你有用，你又有财力就买一本，算是帮我一个忙。谢谢。"他的这次演讲立即产生了效果，一次就卖掉了300多册。

这位教员不是专职推销员，但是他却获得了成功。从某种意义上说，他的成功就在于他恰到好处地表达了自己的真诚，赢得了听众的信赖。这再一次说明，在讲话中学会真诚表达要比单纯追求流畅和精彩更重要。

真诚地说话，其诚挚的态度能够直接影响听众的情绪，关系到听众对讲话内容的接受程度。诚挚、热情、坦率地说话能够缩短讲话者与听众之间的距离，使听众始终为讲话者的诚恳坦直打动，大大增强讲话的实效。

有一天，杰克推开门的时候，看见一位持刀的男人正恶恶狠狠地盯着自己。杰克灵机一动说："你真会开玩笑，是推销菜刀来的吧？我喜欢，我要把……"边说边将男人请进屋，然后又说："你很像我以前的一位好心的邻居，见到你真高兴。你要咖啡还是茶……"

男人渐渐地腼腆起来，他有点结巴的说："谢谢，哦，谢谢。"

最后杰克真的买下那把明晃晃的菜刀，持刀男人拿着钱迟疑了一下真的走了，男人正转身离开的时候对杰克说了一句话："先生，你将会改变我的一生。"

杰克以他真诚的语言驱走了恶的魔头，引来了爱的天使，真诚使他睿智无比。

事实上，高明的口才家总是用真实的情感、竭诚的态度去呼唤人们的心灵，使他们振奋、感化、慰藉、激励。对真善美，热情讴歌；对假丑恶，无情鞭挞。用诚挚的心去弹拨他人的心弦，用善良的灵魂去感化他人的胸怀。让听者闻其言，知其意，见其心，达到情感上的共鸣，就会令讲话如春风化雨，润物无声，潜移默化，产生磁铁般的影响。

不管世界上哪一个民族的语言，只要饱含真诚的情感，就能产生巨大的影响，就能唤起群众的热诚，就有震撼人心的力量。美国著名作家马克·吐温说得好："热情是每个艺术家的秘诀。这如同英雄有本领一样，是不能拿假武器去冒充的。"任何语言，情不真，情不深，则无以动人。鲁迅说得很深刻："只有真的声音，才能感动中国人和世界人；必须有真的声音，才能同世界人同在世界上生活。"这个"真"就是真实和笃诚。

真诚的态度是成功的交际者的妙诀，也是演说者和听众融为一体、在情感上达到高度一致、在情绪上引起强烈共鸣的妙诀。那种把自己看作是凌驾他人之上的布道者，或自视为高人一等的儒士、学者，开口就是"我要求你们""大家必须""我们应该"这类的命令式词句，或用满口堂而皇之的言辞掩饰自己的真情，听众是绝对反感的。所以，当你说话时，不要忘记满怀真情实感。

☞ 赞美——这世间最好的语言

赞美别人是一件好事，但并不是一件简单的事。如果在赞美别人时，欠缺一定的技巧，即便是真诚的赞美，也未必能够取得良好的效果。

制约赞美的因素主要有两方面：第一，赞美者是否发自内心，是否真诚，因为虚假的赞美是不受欢迎，甚至会令人反感的；第二，被赞美者所得到的赞美是否是他所期望的，是否合情合理，因为不恰当的赞美也不能收到良好的效果。

大体上说，我们在赞美别人应注意以下几个原则。

1. 实事求是，措词得当

在赞语尚未出口时，我们先要掂量一下：这种赞美有没有事实依据，对方听了是否会相信，第三者听了是否会不以为然，一旦出现异议，你有无足够证据来证明自己的赞美站得住脚根。所以，赞美以事实为基础，切不要浮夸。

同时，措词也要得当。一位母亲赞美孩子："你是一个好孩子，有了你，我感到很欣慰。"这种措辞就很有分寸，既鼓励了孩子，又不会使孩子骄傲。反之，如果这位母亲说："你真是一个天才，在我看到的小孩中，没有一个人赶得上你的。"这样，很可能会令孩子骄傲自满，将孩子引入歧途。

2. 赞美要具体、深入、细致

抽象的东西往往很难确定它的范围，难以给人留下深刻印象；而美的东西应该是看得见、摸得着的，这就是具体。例如，要称赞某人是个好推销员，你可以这样说——"老王有一点非常难得，就是无论给他多少货，只要他肯接，就绝不会延期"。

所谓深入、细致，就是在赞美别人的时候，要挖掘对方不太显著的、处在萌芽状态的优点。因为这样更能发掘对方的潜质，增加对方的价值感，赞美的作用才会更大。

3. 赞扬要真诚、热情

经常看到有人在称赞别人时表现出来的那种漫不经心——"你这篇文章写得蛮好的""你这件衣服还不错""你的歌唱得还行"……这种缺乏热诚的、空洞的称赞，并不能使对方感到高兴，有时甚至会由于你的敷衍而引发反感和不满。

如果将上述话语改成——"这篇文章写得好，特别是后面一个问题有新意""你这件衣服很好看，这种款式很适合你的年龄""你的歌唱得不错，不熟悉你的人没准还以为你是专业演员呢"……这些话比空洞的赞扬更有吸引力。

4. 将赞美用于鼓励

将赞美用于鼓励，能唤起人的自尊心、上进心。有些人因为第一次接触某件事，劳而无果，这时你应该怎样说呢？暂不管有多大毛病，你首先应该鼓励他："第一次能有这样的成绩，已经不错了。"对第一次登台、第一次比赛、第一次写文章、第一次……的人，赞扬会让人深刻地记一辈子。

大家若想将赞美运用的得心应手，可以参考以下几种方法。

（1）运用对比性的赞美

把被赞美对象和其他对象相比较，以突出其优点。常用"比××更……"或"在××中最……"等句式表示。俗语说"有比较才能有鉴别"，对比性赞美给人一个很具体的感觉，但也正因为如此，从另外一个角度看，它会产生一个负面，容易引起人际关系中的矛盾。所以，比较时不应该用贬低来代替赞美。

例如，两个学生各拿着自己画的一幅画请老师评价。老师如果对甲说："你画得不如他。"乙也许比较得意，而甲心中一定不悦。不如对乙说："你画得比他还要好。"乙固然很高兴，甲也不至于太扫兴。

（2）运用断语性赞美

给被赞美者一个总结性的良好评价，语气要肯切。实际上，对别人的工作进行肯定就是一种赞美。但是这种赞美由于是较为全面的、总结性的评价，所以容易流于抽象，与赞美的具体性产生矛盾。赞美者也会给人一种高高在上的感觉，所以经常和其他的方法结合在一起综合使用。

（3）运用感受性赞美

赞美者就赞美对象的某一点，表示出自己的良好感受。体现了赞美的具体性，因为只是表示赞美的感受，不受其他条件的限制，所以这种形式能充分发挥其赞美的优势。

（4）间接赞美

当事人不在场时，说些赞扬他的话。一般情况，间接赞美的话语都能传达到本人耳中。在日常生活中，如果我们想赞扬一个人，又不便对他当面说出或没有机会向他说出时，可以在他的朋友或同事面前，适时地赞扬一番。

据国外心理学家调查，间接赞美的作用绝不比当面赞扬差。此外，直接赞美不足会使对方感到不满足、不过瘾，甚至不服气；直接赞美过了头又会变成恭维，而用间接赞美的方法则可以缓和这些矛盾。因此，有时我们与其当面赞扬，不如通过第三者间接去赞美对方。

总结起来很简单，即我们赞美他人时，措辞一定要适度。适度、恰当的赞美会使被赞美者感到快乐和振奋，而过度、空洞的恭维、奉承，会令对方感到反感、难堪，结果往往适得其反。

☞ 批评有礼也悦耳

我们要劝阻一件事，应躲开正面批评，这是必须要记住的。如果有这个必要的话，我们不妨旁敲侧击地去暗示对方。对人的正面批评会毁损他的自信、伤害他的自尊；如果你旁敲侧击，对方知道你用心良苦，他不但会接受，还会感激你。

德皇威廉二世在位时，目空一切，高傲自大。他建设陆、海军，欲与全世界为敌。

于是，一件惊人的事情发生了！德皇说了一些令人难以置信的话，震撼了整个欧洲，甚至影响到世界各地。最糟的是，德皇把这些可笑、自傲、荒谬的言论，在他做客英国时，当着群众的面发表出来。他还允许《每日电讯》照原意在报上公开发表。

例如，他说自己是唯一一个对英国感觉友善的德国人，他正在建造海军来对付日本的危害。德皇威廉二世还表示，凭借他的力量可以使英国不屈辱于法、俄两国的威胁之下。他还说，由于他的计划，英国诺伯特爵士在南非才能战胜荷兰人。

在百年来的和平时期，欧洲没有一位国王会说出这样惊人的话来。届时，欧洲各国的哗然、骚动蜂拥而至。英国人非常愤怒，而德国的那些政客们更是为之震惊不已。

德皇也渐渐感到了事态的严重，可是君无戏言，说过的话又怎能轻易挽回？于是，为了解脱自己，德皇只能慌慌张张地请布诺亲王代他受过，宣称那一切都是亲王的责任，是他建议德皇说出那些话来的。

可是布诺亲王却认为，德国人或英国人是不会相信这是他的主意。布诺亲王说出这话后，马上发觉自己犯了一个严重的错误。果然，这激起了德皇的愤怒。

德皇大为恼火，认为布诺亲王在辱骂他，说自己连他都不如。

布诺亲王原本知道应该先称赞，然后才指出他的错误，可是为时已晚了。他只有做第二步的努力：在批评后，再加以赞美。结果，奇迹出现了。

布诺亲王紧接着开始夸奖德皇，说他知识渊博，远比自己聪明。

德皇脸上慢慢地露出笑容来，因为布诺亲王称赞了他。布诺抬高了他，贬低了自己。经布诺解释后，德皇宽恕了他，原谅了他。

布诺亲王用几句称赞对方的话，就把盛怒中傲慢的德皇，变成了一个非常热诚的人。

指责别人之前或之后承认自己无知、少知为智者明智之举。这既可使人看出其修养深度，又可令人容易接受；反之，自我感觉良好、咄咄逼人者，会给人一个蛮横无理的印象。

没有人愿意挨批，无论你说得有多正确，所以批评经常会引发一些负面效应。但是，有些人却能够恰当地掌控批评的方法与尺度，使批评达到春风化雨、甜口良药也治病的效果。

美国南北战争时期，林肯总统向属下询问敌人的兵力数量，属下不假思索地答道："120万～160万。"林肯总统又问其依据何在，属下说："敌人多于我们三四倍。我军40万，敌人不就是120万到160万吗？"

为了对军官夸大敌情、开脱责任提出批评，林肯巧妙地开了个玩笑，借调侃之语嘲笑了谎报军情的军官。这种批评显然比直言不讳地斥责要好多了。

如何批评他人是一门艺术，批评得恰当可以帮助别人改正错误，达到预期的目的，否则会造成他人的反感。别人有了错，要及时批评，但切记：不要用挖苦或伤害的语言，并尽量避免在众人面前批评他人，否则，他人就不会接受你的批评。

其实，很多时候批评的效果往往并不在于言语的尖刻，恰恰在于形式的巧妙，正如一片药加上一层糖衣，不但可以减轻吃药者的痛苦，而且使人很愿意接受。批评也一样，如果我们能在必要的时候给其加上一层"外衣"，也同样可以达到"甜口良药也治病"的目的。

正如马卡连柯所说那那样："批评不仅仅是一种手段更应是一种艺术，一种智慧。"富有人情味的批评，能够起到和风细雨润物细无声的效果，更是体现了教育的真谛——以人为本。

一般而言，在受到批评时，当事人会处于紧张状态，尤其是在上级批评下属、长辈批评晚辈时，更是如此。他们会感到焦虑不安，会感到恐惧，也有可能出现逆反心理，产生对抗情绪或是破罐子破摔。这些不良情绪会成为双方沟通的障碍，从而大大削减批评效果。倘若批评者能在批评时运用策略，使用旁敲侧击的方式，被批评者便会在和善的语气中微微红脸、深深自责，发自内心地认识自己的错误，心甘情愿地接受教育，岂不是更好？

☞ 聪明人，说"不"也不得罪人

许多男人都感叹："'不'其实是最难说出口的一个字。"在社会上混了多年，你在别人看来是风光无限：有事业，有人脉，有权力，上门求助的人必然不少。然而，并不是所有的忙你都帮得到，在该拒绝的时候就不要勉强自己。

一个有点小权力的男人应该注意，因为你有权，托你办事儿的亲戚朋友肯定多。这时你应该讲点策略，不能轻易答应别人。有的朋友托你办的事儿可能不符合政策，这样的事最好不要许诺，而是当面跟朋友解释清楚，不要给朋友留下什么念头，不然，朋友会认为你不给他办事儿；有的朋友找你办的事儿可能不违反政策，但确有难度，就跟朋友说明，"这事难度很大，我只能试试，办成办不成很难说，你也不要抱太大希望"，这样做是给自己留有余地，万一办不成，也会有个交代。

当然，对于那些举手之劳的事情，还是答应朋友去办。但答应之后，无论如何也要去办好，不可今天答应了，明天就忘了，待朋友找你时，你会很不好看。

我们在这里强调不要轻率地对朋友做出许诺，并不是一概不许诺，而是要三思而后行。尽量不说"这事没问题，包在我身上了"之类的话，给自己留一点余地。顺口的承诺，只是一条会勒紧自己脖子的绳索。

对待朋友的要求，要注意分析，不能一概满足。因为不分青红皂白一概满足，有可能引火烧身。因此，必须搞清楚朋友的要求是正当的，还是不正当的，是不是符合原则或规范。千万不能碍于情面，有求必应，有求必办。

然而，拒绝朋友一定要讲究艺术，如果你的拒绝方式不恰当就很可能会使对方心生不满，以致影响彼此的交往，更有可能导致关系亲密的朋友形同陌路。那么，拒绝别人有哪些方法呢？

1. 坦言相告

对于有些过分或无理的要求，当自己不能满足对方时，我们必须坦言相告，如果遮遮掩掩、拖拖拉拉，反倒令对方心生反感而产生不满情绪。

李新是某电视台广告部的业务员，她的舅舅开了一家经销保健食品的公司。一天，舅舅找到李新，让李新在负责的节目段给公司的产品做一下广告，广告费用以产品的形式付酬。李新非常清楚，这种做法违反台里的广告播出规定，于是李新直截了当地对舅舅说："这不行，不付广告费是不能做广告的。台里有明文规定，我没有这么大权力。"李新的舅舅知道了这是台里的规定，也非常理解。

2. 陈明利害

在遇到亲属朋友托办的事而无法办到的时候，要讲清道理，陈明利害关系，明确加以拒绝。这样，朋友会理解你，而你只要讲清自己的原则，大家以后也不会"麻烦"你了。

小林的伯父是一家石油大厂的厂长。小林同朋友一起合开了一家加油站，想让伯父批点"等外品"，这样可降低成本。伯父诚恳地对小林说："我是厂长，的确，我有这个权力。但是，我不能为你说这个话，这是几千人的厂子，不是我厂长一个人的。我只有经营权力，没有走后门的权力。你是我的侄子，你也不愿意看到我犯错误，而让大家指指点点吧？生活有什么困难，我可以帮助你，这个要求我不能答应，违反原则的事我从来不做。"

小林听了伯父的话，什么也没有说，从此他再也不向伯父提类似的要求了。

3. 托他人之口

当别人有求于你，你当前还难以回绝或由自己来说不妥时，便可托他人之口，请一个与双方关系较好的第三者代劳。

4. 另指他路

面对朋友所求感到力不从心或主观不愿意相帮而想要拒绝时，你可以不表示自己能否帮忙，而是为其介绍另外几种解决问题的途径，并表明这比自己帮助要好得多。

老李听说一家公司需要一名从事文秘工作的大学生，想让自己的女儿去那里工作，可女儿是大专毕业，这家公司要求本科学历。恰巧老李听说这家公司的经理与同科室的小张是同学，于是请小张从中帮忙。小张怕落下埋怨，不想帮忙，但又考虑到老李的面子，于是对老李说："咱们科的小姜跟那个经理最好，上学时形影不离，你找他帮忙，这事准成。"小张这么一说，不但回绝了老李的请求，还为老李指出一条"捷径"，让老李好一番感动。

5. 假托直言

直言是对人信任的表现，也是与对方关系密切的标志。但是，有时直言可能逆耳，不能收到预期的效果。在这种情况下，要拒绝、制止或反对对方的某些要求、行为时，可采取假托由于非个人的原因作为借口，而加以拒绝，这样对方就容易接受。

某报社的推销员登门要求你订阅他们发行的报纸，可你不想订阅。你可以很有礼貌地说："谢谢。你们的服务很周到，可是我家已经订阅了其他几家报社的报纸了，请谅解。"

6. 书信传意

对生活中一些较为敏感的问题，如别人的求爱，恋人间提出的某些要求，朋友、亲属向你借钱借物等，如果你觉得当面回绝有点无法开口，则可以借助婉转的文字来表达自己的意思，取得对方的谅解。

7. 敷衍含糊

敷衍是在不便明言回绝的情况下，含糊回避请托人，这种方法运用得当会取得良好效果。

有一次庄子向监河侯借贷，监河侯敷衍他，说道："好！再过一段时间，等我去收租，收齐了，就借你三百两金子。"监河侯不说不借，也不马上就借，而是说过一段收租后再借。这话含有多层意思：一是目前没有，现在不能借；二是我也不富有；三是过一段时间不是确指，到时借不借再说。庄子听后已经很明白了，但他不怨恨什么，因为监河侯并没有说不借给他，只是过一段时间再说而已，给了他希望。

8. 转移话题

当对方提出某项事情的请求，你不能满足，这时你可以有意识地回避，把话题引到其他事情上。这样，既不使对方感到难堪，又可逐步减弱对方的企求心理，对方通过你的谈话，感觉到你是在拒绝，这样就达到了你的目的。

事实上，拒绝的方法有很多种，但我们必须委婉地予以回绝，以免不必要地开罪于人。

总之，该说"不"时就一定要大胆说出来，但你应该想办法尽量降低拒绝给别人带来的伤害。只要你选用的方法适当，就一定能达到既拒绝了请求又不得罪人的效果。

☞ 做到幽默而不俗套

萧伯纳少年时就已经很懂幽默，人又聪明，所以常常语出尖刻。他的幽默总是让人有"体无完肤"之感。有一次，他的一位朋友在散步时对他说："你现在常常出语幽默，不错，这很好。但是大家总觉得，如果你不在场，他们会更快乐。因为他们都比不上你，有你在，大家都不敢开口了。自然，你的才干确实比他们略胜一筹，但这么一来，朋友将逐渐离开你，这对你又有什么益处呢？"朋友的这番话，使萧伯纳如梦初醒，从此，他立下誓言，改掉滥用幽默的习惯，而把这些天才发挥在文学上，终于建立了在文坛上的地位。

在与人交谈时，得体、适度地使用幽默，可以活跃气氛，调节人际关系。但千万不要滥用幽默，用错了场合、用错了对象，就会把自己置于非常尴尬的境地。正确的态度是将幽默当作味精——少则增味，多则恶心。一味地说俏皮话，无限制的幽默，结果反而不幽默了。比如，你把一个笑话反复地讲了很多遍，起初别人还觉得很有趣，到后来听厌了，不但不再感兴趣，还会觉得你很无聊。所以，使用幽默一定要注意"度"，一旦过了头，就变成无趣了。

那么，我们应该怎样把握幽默的尺度呢？大体上说，大家可以遵循以下几条原则。

1. 幽默的内容要高雅

幽默的内容与人的思想、情趣及文化修养有关。内容健康、格调高雅的幽默，不但能够给他人带来思想上的启迪和精神上的享受，也能塑造自己美好的形象。其实，幽默本身就是阳春白雪，内容低级的笑话根本不能算是幽默，充其量只能算是比较滑稽的话。所以，在运用幽默的时候，要尽量做到内容高雅。

在一次演出时，钢琴家波奇发现剧场里有一半的座位空着，于是，他对观众说："朋友们，我发现这个城市的人都很有钱，我看到你们每个人都买了两三个座位的票。"于是这半屋子听众大笑起来。波奇无伤大雅的玩笑为他赢得了听众的心。

2. 使用幽默时态度要友善

跟别人开玩笑，要以"与人为善"为原则。开玩笑的过程，其实也是交流情感的过程。善意的幽默能够加深你和别人的感情。但如果借着开玩笑的机会对别人冷嘲热讽、发泄内心厌恶不满的情绪，就会让别人觉得你人品低劣，而不愿再和你交往。

还有，切记不要拿别人的缺陷来开玩笑，那样别人就会认为你不尊重他人，只能引起对方对你的厌恶。因此，开玩笑的态度要友善，不要让你的幽默带有批评和攻击的意味。

3. 幽默要分清对象

就像音乐是给懂得欣赏的人听的、画是给懂得欣赏的人看的一样，幽默也是给能够领悟其中含义的人听的。找错了对象的幽默，就会造成双方的难堪。

小张平时喜欢跟同事开开玩笑，一来可以活跃气氛，二来可以和同事沟通一下感情。一天，小张看见隔壁办公室的王女士穿了一条很漂亮的旗袍来上班，他很幽默地说道："王姐，打扮得这么漂亮，准备出嫁啊？"其实，小张只是想间接、委婉地赞扬一下她的穿衣打扮。不料，王女士却勃然大怒："你是在咒我离婚还是在咒我老公死？"接下来，又是一连串的暴怒的谩骂。小张万万没有想到，自己赞美别人的幽默话竟然被人家当成了诅咒。对怒不可遏的王女士，小张尴尬万分，只好当众跟她道歉。谁知，那位王女士是一个神经质的泼妇，逢人便说小张是个"十三点"，小张对此也只能苦笑连连。

同一个玩笑，对甲能开，不一定能对乙开；人的身份、心情不同时，对玩笑的承受能力也不同。如果对方性格外向大度，那么即使玩笑稍微开得大了，对方也能接受；如果对方性格内向，习惯琢磨别人的言外之意，那对这类人开玩笑一定要小心谨慎。如果对方平时开朗大方，但刚好碰上不愉快或有伤心事，那么此时就不能随便与之开玩笑；相反，如果对方性格内向，但正好喜事临门，此时跟他开个玩笑，效果可能会好得出乎意料。

对长辈、女性、残疾人和初次相识的人，一定要慎用幽默。和长辈开的玩笑要亲切、高雅、机智，不要轻浮放肆，更不要涉及男女之间的风流韵事。和女性要慎开玩笑。对于不太了解或者完全陌生的人，更不能乱用幽默。和残疾人开玩笑时，一定要注意忌讳。每个人都不愿意别人用自己的短处开玩笑，残疾人尤其如此。

4. 使用幽默要注意场合

幽默并不是什么场合都可以运用的。不分场合的幽默，结果只能适得其反。滥用幽默可能会冲淡你的工作成绩。

比如说，大家正在聚精会神地研究一个问题，这时，你突然插进一句和工作无关的笑话，非但不能引人发笑，还可能遭到大家的白眼。又比如，老板让大家对某项工作发表意见和建议，你却在这个时候讲笑话，虽然把大家都逗笑了，然而老板却很可能因此认定你是一个不守纪律、没有礼貌的人。再比如，老板和全体职员欢聚一堂时，相互之间开些健康的玩笑来调节气氛，而你却在此时大讲"荤笑话""黄段子"，弄得在场的女同事尴尬不已，那么，你很可能给老板留下媚俗、品位不高的印象。

5. 运用幽默还要抓住时机

应该在某些特定的场合和条件下发挥幽默，而这些就像机遇一样可遇而不可求，关键在于你能否随机应变。如果总是为幽默而幽默，就会显得生硬、不合时宜、不伦不类，而幽默不但不能成为沟通中的"润滑剂"，反而还可能增加沟通的"摩擦系数"。不需要幽默的场合，无需生搬硬套幽默。如果当时的条件并不具备，你却要尽力表现幽默，结果只能使你陷入尴尬。

二、你要知道，什么话最招人烦

☞ 揭人伤疤，最是无礼

在《韩非子·说难》篇中，有这样一段对龙的描述：龙生性柔顺，喜与人亲近，甚至可以将其当作坐骑。然而，龙颚之下长有一尺余长的逆鳞，一旦有人触及，必然勃然大怒，以致伤人性命。

其实，何止龙有逆鳞，几乎自然界的每一种动物都有自己的忌讳。例如，猫不喜欢人逆捋其尾、牛不喜红色等。又如鲁迅先生笔下的阿Q、祥林嫂、孔乙己，三人虽然性格迥异，但却拥有一个共同之处——最怕别人揭其短。阿Q最忌讳别人提及自己头上的伤疤，若有人犯此忌，他必然怒火中烧，去与人一争高下，小D就曾因此吃过亏；祥林嫂最怕别人说自己"不贞"，这对她而言是一生难以抹去的耻辱；孔乙己则最不喜欢别人那自己过去的糗事调笑，一旦有人提及，他就会涨红脸，无理也得辩三分。

短处，人人都有，有的可能自己心里也很清楚，可是由别人嘴里说出来就让人不舒服。俗话说"打人不打脸，骂人不揭短"，没有一个人愿意让别人攻击自己的短处。若不分青红皂白、一味说对方的短处，很容易引发唇枪舌剑，最终导致两败俱伤。

究其根由，人们之所以怕被人揭短，主要是自尊心使然，感觉面子上过不去。因此说，男人若想建立一个良好的人际关系网，就一定不要去碰触别人的短处。

我们来看看这样一个故事。

张三其人尖酸刻薄，常以揭人短为乐。一次朋友聚会，邻居李四因家有严妻不敢多喝，张三便乘着酒意大声叫嚷："你们知道李四为什么喝酒像喝毒药似的吗？因为他怕老婆！有一次李四喝酒喝醉了，不但被老婆扇了两耳光，最后还被赶到客厅去睡呢。"李四被张三当众揭了短，不禁羞怒焦急，但碍于众人又不好发作，便推脱有事，离座而去。

几日后，张三一家去城里购物，出门时风清气爽，刚到城里不久便阴云密布。张三妻子担心院中晾晒的生虫大米，但催促张三赶快回去。张三因由东西还没买，又想到李四在家，便不以为然地说道："没事的，李四今天在家，他会帮我们收回去的。"

然而，当张三一家披着斜阳回到家中之时，却发现院中晾晒的大米已经被雨水泡得胀了起来。

所谓"远亲不如近邻"，李四的小心眼固然不值得称赞，但说到底还是张三揭人短在先，为了逞一时的口舌之快，得罪邻人，令其怀恨在心，这又是何苦来哉？事实上，生活中张三类型的人不在少数，他们似乎已经把"揭人短"当成了人生一大乐事，似乎只有道出别人的"短"，才能彰显自己的"长"，殊不知这样做的结果只会令人生厌，令朋友对其唯恐避之不及。

老话说"当着矬子不说矮话"，就是告诫人们在交往中不要伤及他人自尊。人生在世，各有所长，各有所短。若以己之长，较人之短，则会目中无人；若以己之短，较人之长，则会失去自信。这是应酬中尤其要注意的一点。

春秋时期，齐国宰相晏子是个矮子，有一次到楚国去出访。楚国的国君故意要以晏子的矮来耍笑一番，于是吩咐只开大门旁的小门。晏子一看，便知楚王的用意，于是晏子说道："只有出使狗国的人，才从狗洞中进去。今天我出使的是楚国，应该不是从此门中入城吧。"

楚国国君本想羞辱晏子，不曾想却反过来被晏子羞辱了一顿。我们在人际交往中应以此为鉴，尽可能避谈对方的短处。有一句话叫作"矮男如何不丈夫"，矮个子男人常被称为"三等残废"，几乎很少有姑娘愿意嫁给一个矮于自己的人，这是一种社会心态。但大多情况下，矮者往往另有所长，如果紧紧抓住一个不如人处当小辫子，那么人人都会被抓个头仰体翻。所以我们说，当着矬子说矮话，只会自取其辱。如果我们老是把眼光盯在别人的弱点上，在人际交往中总是将别人的弱点当成攻击对象，那么只会出现两种情况：其一，别人不愿意再与你交往，如此一来，你的朋友就会越来越少，别人都躲着你、避开你、不与你计较，直到剩下你孤家寡人一个；其二，别人也对你进行反攻，揭露你的短处，这样势必造成互相揭短、互相嘲笑的局面，进而发展到互相仇视，如此以来，你的人际关系网势必会破裂，别人对你的评价绝好不到那去。

古今中外，但凡有修养的男人，从不以揭人短为乐。据《封氏闻见记》中记载：曾在唐朝做过检校刑部郎中的程皓，向来不谈论他人之短。即便友人谈及之时，他也从不参与其中，而且还为受嘲者辩解："这都是以讹传讹，事实并非如此，不足为信。"继而，再列举该人的一些优点。试想，做人若能如程皓这般，又怎会不赢得他人好感，又怎会不知交满天下呢？

☞ 拂人面子，必招记恨

有位文化界人士，每年都会受邀参加某专业团体杂志年终的评鉴工作，这工作虽然报酬不多，但却是一项难得的荣誉，很多人想参加却找不到门路，也有人只参加一两次，就再也没有机会。问他为何年年有此殊荣，他在退了休、不再参加此项工作后才公开了其中秘诀。

他说，他的专业眼光并不是关键，他的职位也不是重点，他之所以能年年被邀请，是因为他很会给人留面子。他说，他在公开的评审会议上一定把握一个原则：多称赞、鼓励而少批评，但会议结束之后，他会找杂志的编辑人员，私底下告诉他们编辑上存在的问题。因此，虽然杂志有先后名次，但每个人都保住了面子，而也就是因为他顾及别人的面子，承办该项业务的人员和各杂志的编辑人员都很尊敬他、喜欢他，当然也就每年找他当评审了。

其实，我们生活中的每一个人都非常重视自己的面子，为了面子，小则翻脸，大则会闹出人命。如果你是个对别人面子不重视的人，那么你必定是个不受欢迎的人；如果你是个只顾自己面子，却不顾别人面子的人，那么你肯定有一天要吃暗亏。

明太祖朱元璋出身贫寒，做了皇帝后自然少不了有昔日的穷哥们儿到京城找他。这些人满以为朱元璋会念在昔日共同受苦的情分上，给他们封个一官半职，谁知朱元璋最忌讳别人揭他的老底，认为那样会有失面子，更损自己的威信，因此对来访者大都拒而不见。

有位朱元璋儿时一块光屁股玩大的好友，千里迢迢从老家凤阳赶到南京，几经周折总算进了皇宫，一见面，这位老兄便当着文武百官大叫大嚷起来："哎呀，朱重八，你当了皇帝可真威风呀！还认得我吗？当年咱俩可是一块儿光着屁股玩耍，你干了坏事总是让我替你挨打。记得有一次咱俩一块偷豆子吃，背着大人用破瓦罐煮，豆还没煮熟你就先抢起来，结果把瓦罐都打烂了，豆子撒了一地。你吃得太急，豆子卡在嗓子眼儿还是我帮你弄出来的。怎么，不记得啦？"

这位老兄还在那喋喋不休唠叨个没完，宝座上的朱元璋再也坐不住了，心想此人太不知趣，居然当着文武百官的面揭我的短处，让我这个当皇帝的脸往哪儿搁。盛怒之下，朱元璋下令把这个穷哥们儿杀了。

其实，这位老兄并没有做错任何事情，只是过于老实地说出了几句大实话，而没有注意要给当今的一国之君留点面子。皇上在恼羞成怒的情形之下，又哪顾得上什么兄弟情谊。所以在待人处世中，必须注意要给别人留面子，这也是很多待人处世的高手不轻易在公开场合批评别人的原因，宁可高帽子一顶顶地送，也不能戳到别人的痛处，让对方丢掉了脸面。而且，如果你照顾到了对方的面子，对方也会如法炮制，给你面子，人与人之间的关系也会因此而更加和谐。

那么，在待人处世中，怎样才能顾及别人的面子，处理好人与人之间的"面子问题"呢？

第一，要善于择善弃恶。在待人处世中要多夸别人的长处，尽量回避对方的缺点和错误："好汉不提当年勇"，又有谁人愿意提及自己不光彩的一面呢？特别是如果有人拿这些不光彩的问题来作文章，就等于在伤口上撒盐，这无疑是让人不能接受的。

有一位年轻的姑娘长得很胖，试了很多减肥方法也不见效果，心里很苦恼，也最怕有人说她胖。有一天，她的同事小张对她说："你吃了什么呀，像气儿吹似的，才几天功夫，又胖了一圈儿。"胖姑娘立马恼羞成怒，"我胖碍着你什么了？不吃你，不喝你，真是狗拿耗子，多管闲事！"小张不由闹了个大红脸。在这里，小张明知对方的短处，却还要把话题往上赶，自然就犯了对方的忌讳，不找麻烦才怪哩。

第二，指出对方的缺点和不足时，要顾及场合，别伤对方的面子。有一个连队配合拍摄电影，因少带了一样装备，致使拍摄无法进行。营长火了，当着全连战士的面批评连长说："你是怎么搞的，办事这么毛毛躁躁，就连上战场也装备不齐？"连长本来就挺难过的，可营长偏偏当着自己的部下狠狠批评自己，自然觉得大失面子，于是不由分辩道："我没带是有原因的，你也不能不经过调查就乱批评！"营长一下懵了，弄不懂平时服服帖帖的连长怎么会这样顶撞他。事后，在与连长谈心交换意见时，连长说："你当着那么多战士的面批评我，我今后还怎么做工作？"从这个事例中不难发现，假如营长是私下批评，连长不仅不会发火，还会虚心接受批评。营长错就错在说话没有注意时机和场合。

第三，巧给对方留面子。有时候，对方的缺点和错误无法回避，必须直接面对，这时就要采取委婉含蓄的说法淡化矛盾，以免发生冲突。古时候，吴国有个滑稽才子，名叫孙山。他与乡里某人的儿子一同参加科举考试。考完后，孙山先回到了家，那个同乡的父亲就向孙山打听自己的儿子是否考上了。孙山笑着回答说："解名尽处是孙山，贤郎更在孙山外。"孙山的回答委婉而含蓄，既告诉了结果又没刺到对方的痛处。如果孙山竹筒倒豆子，直告对方落榜，那么对方的反应就可想而知了。可惜的是，在现实生活中，我们周围许多人说话往往太直接，结果好心办了坏事。

此外，在与人交往的过程中，为了"面子上过得去"，还必须对对方有一个充分的了解，做到既了解对方的长处，也了解对方的不足。因为每个人都会有自己的个性和习惯，有自己的需求和忌讳，如果你对交际对象的优缺点一无所知，那么交际起来就会"盲人骑瞎马"，难免踏进"雷区"，引起别人的不快。

☞ **散播是非，人见人烦**

"流言蜚语"绝对是一个令人厌恶、令人惧怕的词语，字面解释如下：流言，即没有依据的言语；蜚语义同于流言，更带有诽谤性、针砭性。那么，既然毫无依据可言，为何却偏偏有人对此津津乐道呢？从心理学的角度上说，一方面是因为多数人都具有窥私欲，他们喜欢探听别人的隐私，尤其是带有负面性质的隐私；另一方面，爆料别人的"卑劣"，可以凸显自己在某一方面的"高尚"，这是典型的虚荣心在作祟。当然，这其中更不乏居心叵测之人。

"流言"的帮凶有两种人。一是"制造流言者"，这类人内心阴晦、失衡，明明自己能力有限、不学无术，却又嫉妒别人的成就，于是挖空心思诋毁别人，以求心理上的满足。二是"散布流言者"，这种人相对前者略隐晦一些，称得上是"隐形杀手"。他们最喜欢做的事情，就是将听来的"流言"添油加醋，再四处宣传。即便原本不存在的事情，经他们的嘴巴一说，也就变成了事实。所过之处，可谓一片狼藉。

一个男子在背后说邻居的闲言碎语，几天内，村中所有人都知道了此事，当事人为此大受伤害。后来，这个男子发现事实完全不是这样，他非常难过，就去聪明的智叟那里请教如何弥补。

"去集市吧。"智叟说"买1只鸡，把它杀掉。然后在回家的路上，拔下它的羽毛，一片片地沿路扔掉。"这位男子尽管感到很奇怪，但还是依言而行。

第二天，智者说："现在，你去把昨天扔掉的那些羽毛全部收集起来，把它们交给我。"男子依言回到那条路上，但大风已然将羽毛吹飞，他苦苦寻找了几个小时，最后攥着3根羽毛回到智叟那里。

"你明白了吧。"智叟说，"扔掉它们是件很容易的事，但不可能把它们全部找回来。流言蜚语就像这羽毛一样，散布出去并不费力，可是一旦你做了这种事，就永远也无法彻底弥补。"

可以肯定，无论是流言的制造者还是散布者，都不会有什么好的结局。在别人背后蜚短流长，必然会得罪当事人，久而久之，你也就成了"万人嫌"。同事、朋友会因害怕成为你的议论对象而敬而远之，上司更会因此将你打入"冷宫"，你的人生、事业又何谈取得突破性的进展呢？

凌金生是公司业务部的精英，曾多次获得公司年终奖金。年底又到了，凌金生根据考核办法，算出自己又可以拿到 2 万元奖金，便提前与女朋友算计这 2 万元该怎么花。最后决定，储存 1 万元，另 1 万元做春节旅游之用。

　　获奖名单公布以后，凌金生发现竟没有自己的名字——是不是相关人员疏忽把自己漏掉了？凌金生带着疑问找到业务部经理，经理说："我们这次考核是绩效考核加表现考核，不只是看绩效，还要看平时的表现，如个人形象、是否具备团队合作精神等等。你想想看，自己在别的地方有没有做得不够的地方。"

　　凌金生不由得低下头去。

　　经理提醒说："年中时，你跟小王争地盘，哪有一点团队合作精神？而且给公司造成了很不好的影响。这是你今年没有拿到年终奖金的主要原因。"

　　凌金生跟小王所争的"地盘"，是一家大客户。原来是小王开拓的市场，后来那家大客户的部门经理易人，凌金生的同学走马上任。凌金生就去拜访同学，想把业务划到自己名下。小王告到部门经理那儿，部门经理出面批评了凌金生，凌金生才撤出去。

　　凌金生一肚子气离开经理的办公室。他以为，自己落选主要是经理在作祟。绩效考核主要看业绩，这是硬指标，别的都是软指标，说你达标就达标，说你不达标就不达标。他若没有团队合作精神，就不会听经理的意见，早把"地盘"抢到手了。还有，那奖金是公司里出，也不是经理自己掏腰包，经理是嫉妒才把他拿下来的。

　　凌金生越想越气，不自觉地找到几个平时关系不错的同事倾诉，发泄不满，说经理的坏话。

　　不久，公司大裁员，凌金生赫然出现在名单上。自己是业务精英，是不是搞错了？凌金生找老板询问。没错，他的解雇理由是：缺乏团队合作精神。

凌金生不理解，那件事过去半年了，自己跟小王早就和好了，怎么又扯出来大做文章呢？

后来，一个知情的同事告诉他，他在背后说经理坏话的事传到经理耳朵里了，经理怨气难平，自然力主裁掉他。

所谓"隔墙有耳""好话不出门，坏话传千里"，有品位的男人绝不会将"流言"当作茶余饭后的笑料，更不会当众去说别人的坏话。当有人对他们道及第三者坏话时，无论他们是否明白个中原因，都会做到"入耳封存"，这才是智者所为。

有一句话叫作："谁人背后无人说，谁人背后不说人。"这话说得虽然有点绝对，却也揭示了一个事实，即大多数人或多或少都在背后说过别人。不过有一点，经常在背后说别人坏话的人，肯定不会受到欢迎。因为但凡有点头脑的人，都会自然而然地联想到："这次你在我面前说别人的坏话，下次你就有可能在别人面前说我的坏话。"这样一来，说人坏话者在别人心目中的印象又能好到哪去呢？

☞ 口舌之快不要逞

男人应该明白，人有好口才不是坏事，但运用不当则会坏事。因此说话要谦让、要有分寸，因为说话树敌是最愚蠢的行为。

生活中，"多个朋友多条道，多个敌人多堵墙"，这个道理是无所不在的。树敌过多，不仅会使人在生活中迈不开步，即使是正常的工作，也会遇到种种不应有的麻烦。

要避免树敌，你首先要养成这么一个习惯，那就是绝不要去指责别人。指责是对自尊心的一种伤害，只能促使对方起来维护他的荣誉，为自己辩解，即使当时不能，他也会记下你的一箭之仇，日后寻机报复。

对于他人明显的谬误，你最好不要直接纠正，否则好像是故意要显得你高明，因而又伤了别人的自尊心。在生活中一定要记住，凡非原则之争，要多给对方以取胜的机会，这样不仅可以避免树敌，而且也许可使对方的某种"报复"得到满足，可以"以爱消恨"。

假如由于你的过失而伤害了别人，你要及时向人道歉，这样的举动可以化敌为友，彻底消除对方的敌意，说不定你们会相处得更好。"不打不相识"这一民谚富含了这一哲理，既然得罪了别人，当时你自己一定得到某种"发泄"，与其等待别人"回泄"——不知何时飞出一支暗箭，远不如主动上前致意，以便尽释前嫌。

为了避免树敌，还有一点需要注意，那就是与人争吵时不要非占上风不可。实际上，争吵中没有胜利者，即使是口头胜利，但与此同时，你又树立了一个对你心怀怨恨的敌人。争吵总有一定原因，总有一定的目的，如果你想使问题得到解决，就绝不要采取争吵的方式。

争吵除了会使人结怨树敌，在公众面前破坏自己温文尔雅的形象外，没有丝毫的作用。如果只是日常生活中观点不同而引致的争论，就更应避免争个高低。如果你一面公开提出自己的主张，一面又对所有不同的意见进行抨击，那可就太不明智了，几乎等于把自己孤立起来。因为辩论而伤害别人的自尊心，结怨于人，既不利己，还有碍于人，实在是不足取。

那么，如果遇到非争论不可的情况该怎么办呢?

1. 认真听听对方的意见

首先，你不妨使对方先说出他的想法，以便仔细地听取。否则，他总会感觉受到伤害，态度也就变得越来越强硬了。而且，人有一种欲望，那就是尽量地把心中的疑惑倾吐出来。当这种欲望未得到满足时，是无法去倾听别人意见的。因此，当你要对方接受自己的意见时，不妨先听听对方的话。如果可能的话，请对方重复一下他的意见，并问他是否还有什么话想说。

2. 不要急于回答质问

当受到质问时，有不少人会即刻答复，速度之快，可以用"间不容发"来形容。事实上，这并非好的方法。这时，你不妨先看看对方的脸，隔一会儿之后再答复。如此一来，将能够给对方一种满足感，他会认为自己所说的话值得你思考一番，这样当然就有利于你。不过，只要稍停顿一下就行了。如果你停顿得太久的话，对方会认为你不肯明确答复，或想避重就轻，甚至认为你无意回答他的问话。

即使你不得不反对对方的想法，亦不应间不容发地提出反对之词。这么一来，你无异是在告诉他："你的想法是不足取的，根本就没有考虑的价值。"

3. 不要彻底占据上风

每逢争论之时，每一个人都会认为自己的想法是正确的。至于对方的想法呢？则往往会认为是荒谬的、完全错误的。其实不管是何种争论，每个人都会有正确的意见，也有不正确的想法。因而当你与别人展开争论时，不妨对对方的某一项意见表示让步，这么一来，你必定能够在某一部分找出双方一致之点。你这样做之后，对方也会对你的某些意见表示让步。

在这种场合，你不妨使用"是的……可是"的说话技巧。你可婉转地说："是啊，关于这一点，我同意你的意见，不过除此之外，不是还有这样的方法吗？……""采取此种方法，不是更好一些吗？"如何呢？你已经知道了此种方法的要领了吧？那么，就请你赶快把它派上用场吧！

4. 表达自己的意见时态度要温和

与人争论时，切勿感情用事，态度不要过于激烈，换句话说，当对方反对自己的意见时，切勿不顾一切地让他们接受自己的意见，因而展开激烈的争论，甚至采取过火的态度，这种方法是不会产生很好效果的。因为人们对这种恫吓的态度往往会产生反感，当然就更不想改变自己的想法了。

相比之下，如果能够心平气和地道及事实的话，则更能够产生效果。同时，千万别摆出"我说的绝对没错"的态度，最好是能够以"我的想法或许有错"的谦逊态度去说话，这么一来，对方将会听取你的想法，不知不觉地接受你的想法。

5. 借别人之口说自己的话

当你与别人展开争论之时，最好让第三者代你说出自己想说的话。就像母亲教导孩子时，总是说："老师不许你如此做的。"或者"这样做，老师会处罚你的……"总比以自己的想法教导他，效果要大得多。因为每一个人都有一种心理倾向，那就是很难于信服"卖瓜者说瓜甜"的说法。经过第三者的透露之后，情形就不同了。在这种场合里，即使主张与你的想法不同，你也不至于刺激了对方的自我。

6. 争论时别忘了给对方留面子

当你与别人展开争论时，有一件事是非记住不可的，那就是要保全对方的面子。因为一个人在讲了自己的想法之后，即使察觉到自己的想法有差错，他也坚决不会承认错误或者改变想法，因为一旦承认了自己的错误之后，往往会疑心生暗鬼，唯恐他人会认为自己是撒谎者，或怕别人因此瞧不起自己。因此，为了保全对方的面子，你最好为他制造下台的机会。你可以推说："这也难怪，因为你没有真的和那个人接触过，当然会如此想了。""只要不明就里，大家都会如此想呢！"

又如，当对方弄错时，你不妨推说那是无可奈何的事："这不算什么，以前我也屡犯这方面的错误。只要熟悉了之后，自然就熟能生巧，再也不会有错误了。"

总之，口吐莲花，与人争辩起来所向无敌未必是什么好事，因为逞"口舌之快"而埋下仇恨的种子，实在是可悲至极。随意指责，四处树敌。

在待人处世中，男人们最容易犯的一个错误就是随意指责别人，这也许是由于年轻气盛，也许是由于对自己的绝对自信。但不管怎样还是要提醒你，指责是对别人自尊心的一种伤害，是很难让人原谅的错误，如果你不想让身边有太多的敌人，那就请口下留情，别总去指责别人。

人的本性就是这样，无论他做的有多么不对，他都宁愿自责而不希望别人指责。别人是这样，我们也是这样。在你想要指责别人的时候，你得记住，指责就像放出的信鸽一样，它总要飞回来的。因此，指责不仅会使你得罪了对方，而且也使得他可能要在一定的时候来指责你。即使是对下属的失职，指责也是徒劳无益的。如果你只是想要发泄自己的不满，那么你得想想，这种不满不仅不会为对方所接受，而且就此树了一个敌；如果你是为了纠正对方的错误，那为什么不去诚恳地帮助他分析原因呢？

手段应当为目的服务，只有怀有不良的动机，才会采用不良的手段。许多成功者的秘密就只在于他们从不指责别人，从不说别人的坏话。面对可以指责的事情，你完全可以这样说："发生这种情况真遗憾，不过我相信你肯定不是故意这么做的，为了防止今后再有此类事情发生，我们最好分析一下原因……"这种真心诚意的帮助，远比指责明显而有效。

另外，对于他人明显的谬误，最好不要直接纠正，否则会好像故意要显得你高明，又伤了别人的自尊心。在生活中一定得牢记，如果是非原则之争，要多给对方取胜的机会，这样不仅可以避免树敌，而且也许已使对方的心理得到了满足，于己也没有什么损失。口头上的牺牲有什么要紧，何必为此结怨伤人？对于原则性的错误，你也得尽量含蓄地进行示意。既然你的原意是为了让对方接受你的意见，何必以伤人的举动来彰显自己。

假如由于你的过失而伤害了别人，你得及时向人道歉，这样的举动可以化敌为友，彻底消除对方的敌意，说不定你们今后会相处得更好。既然得罪了别人，当时你一定得到了某种"发泄"，与其待别人"回泄"来，不知何时飞出一支暗箭，还不如主动上前致意，以便尽释前嫌，演绎流传千古的"将相和"。

为了避免树敌，还有一点需要特别注意，就是与人争吵时不要非争上风不可。请相信这一点，争吵中没有胜利者。即使你口头胜利，但与此同时，你又多了一个对你心怀怨恨的敌人。争吵总有一定原因，总有一定的目的。如果你真想使问题得到解决，就绝不要采用争吵的方式。争吵除会使人结怨树敌、在公众面前破坏自己温文尔雅的形象外，没有丝毫的作用。如果只是日常生活中观点不同而引致的争论，就更应避免争个高低。如果你一面公开提出自己的主张，一面又对所有不同的意见进行抨击，那可是太不明智了，这样会致使自己孤立和就此停步不前。如果经常如此，那么你的意见再也不会引起别人的注意，你不在场时，别人会比你在场时更高兴。你知道这么多，谁也不能反驳你，人们也就不再反驳你，从此再没有人跟你辩论，而你所懂得的东西也就不过如此，再难从与人交往中得到丝毫。因为辩论而伤害别人的自尊心、结怨于人，既不利己，还有碍于人而使自己树敌，这实在不是聪明的做法。

☞ 切忌拿人隐私开玩笑

每个人都有不为人知的隐私。心理学家指出，没有人愿意将自己的错误和隐私在众人面前"曝光"。所以，有品位的男人即便与对方的关系再好，也绝不会将别人的隐私公之于众，更不会将其当作笑料来调侃。因为这样一来，无疑是让人家当众出丑，"受害者"必然会感到尴尬和愤怒。

李文强和夏董文二人不但是发小，还是大学校友、生意场上的伙伴。两人非常要好，已然到了无话不谈的地步，相互开玩笑时也无所顾忌。夏董文原在某厂任财务科长，因经济问题被判刑三年，老婆跟他离了婚。出狱后痛改前非，终于事业有成，和李文强分别成为某集团公司属下两个分公司的经理。有一次，在总公司的例会上，轮到夏董文发言，夏董文谦逊道："我想说的大家都说过了，就不用再重复了。"李文强对夏董文的婆婆妈妈感到不满，开玩笑说："你谦虚什么呢，还怕别人得了你的真传吗？好，你不愿说，我来替你说，你的成功之处在于掌握了'三证'，一是大学毕业证，二是离婚证，三是劳改释放证。"在大家的哄笑声中，夏董文的脸一下变成了猪肝色。从此，夏董文与李文强划地断交，形同陌路。

中国有句老话叫"祸从口出"，因此，出言一定要谨慎，对什么话能说、什么话不能说，一定要做到心里有数。

一个毫无城府、随意调侃他人隐私的人，不仅会因为他的浅薄俗气、缺乏涵养而不受欢迎，还极有可能因此惹祸上身。

在日常生活中，为人应该谨慎一些，说话应该小心一些。对于他人的隐私，应该做到不闻不问，更不要执着于打探别人的隐私。

热衷于打探他人隐私的人，总是令人讨厌的，这一点在西方显得尤为突出。个人隐私所包括的面很广，诸如个人收入情况、女士年龄、夫妻情感、他人家庭生活等，都属于个人隐私的范畴。

在西方人的交往中，"探问女士的年龄"被看成是最不礼貌的习惯之一，所以西方人在日常应酬中，可以对女士毫无顾忌地大加赞赏，却从不去过问对方的年龄。但是中国人就不同了，有的人常常一见面便问人家"芳龄几何"，弄得女士们答也不好，不答也不好，只好在以后的应酬中尽量避免与之接触。

所以说，在社交中能够避免探问对方隐私的嫌疑，这本身便是应酬成功的第一步。因此，在你打算向对方提出某个问题的时候，最好先在脑中过一遍，看这个问题是否会涉及对方的个人隐私，如果涉及了，要尽可能地避免，这样对方不仅会乐于接受你，还会为你在应酬中得体的问话与轻松的交谈而对你留下好印象，为继续交往打下了良好的基础。

人际交往中，我们最好不要随意触及他人的隐私。在特殊情况下，如果迫于形势，不得不提及他人的隐私。这时，你应该采用委婉的语言暗示对方你已经知道他的错处或隐私，让他感到有压力而不得不改正。一般来说，知趣、会权衡的人是会顾全双方的脸面而收场的。

☞ 这样说，会毁掉男人的品位

在人的各种能力当中，说话能力最能表现男人的才干、见识、智慧和品位。在现实生活中，人们的说话能力有高有低。如果一个人说话水平不高，那他就不能很好地驾驭自己的思想和感情，更不能很好地驾驭各种事情和人际关系。而说话水平不高的人常常会惹人厌恶。

哪些做法会毁掉男人的品位呢？

1. 插嘴插舌

插嘴插舌者，是一种不让你完结话锋的人。你的话正说到一半，他已插进来说，有时竟把你的结论也代为说出。而他为你说完你的结论，你当然是非常讨厌，然而他并不觉察，还得意洋洋地炫耀着自己。

插嘴插舌者最可恶的地方，就是从不预先告知你说他要插嘴了，也不说"我知道你这故事的结尾"或"让我替你把它结束了吧"。他只是突然杀出来，使你不得不偃旗息鼓。

2. 心不在焉

心不在焉者，实则是一个极可怜的人。这类人在开始谈话时似乎有着完善的计划，可是他的心神却浮荡不停。若你告诉他一个很有趣味的故事时，他却把注意力分散到了其他地方，这时你一定觉得他没有礼貌而感到扫兴。

心不在焉的人常如此说："对不起，你刚才讲些什么？""我方才没有注意听。"或"呃，我想我已想到另一件事上去了。"

3. 轻视他人

那些轻视他人的人，只会看到别人的不足，从不称赞他人的长处。这种人常扫人家的兴致，打断人家的话锋。我们在称赞一个为社会工作优良的人，他便说那人只为自己利益工作而已。这种人是个冷笑专家，在他的脑子里，别人的一切东西都是恶劣不堪的。

轻视他人者常想打击别人的说话，常常对别人抱着一种嫉妒的心理，而他并不能将这些想法深藏在脑中。有时你又从下面这些话里识别出轻视他人的家伙："是的，可是在他背后的动机是什么呢？""那毫无价值，你等着再听听这一件事吧！"

4. 自以为是

在我们的周围，有些人喜欢抬杠，搭上话就针锋相对，无论别人说什么，他总要加以反驳，其实他自己一点主见也没有。当你说"是"时，他一定要说"否"，到你说"否"的时候，他又说"是"了。这是一种极坏的说话习惯，事事都要占上风。

即使真的比别人见识多，也不应该以这种态度去和别人说话。自以为是者好像要把别人逼得无路可走才心满意足。相信这么说话的人并没有想到这一层，但实际上却是这样做的。

这种不良习惯使他自绝于朋友和同事，没有人愿意给这种人提意见或建议，更不敢提一点忠告。如果你本来是 个很好的人，但不幸染上了这种习惯，朋友、同事们都远你而去了，改善的唯一方法是养成尊重别人的习惯。首先你要明白在日常交谈当中，你的意见未必是正确的，别人的意见也未必就是错的。把双方的意见综合起来，你至多有一半是对的。那么，你为什么每次都要反驳别人呢？

有这种坏习惯的人，多是些自作聪明的人。也许是他们"太热心"，想从自己的思想中提出更高超的见解，也许这类人会以为这样可以使人敬佩自己，但事实上完全错了。对一些平凡的事情，是没有必要费心做高深的研究的，至少我们平常谈话的目的是消遣多于研究的。既然不是在研究讨论问题，又何必在一些琐碎的事情上固执己见呢？

5. 不懂装懂

社会上有不少人对事物一知半解却惯于装腔作势。因为他们在一些事物上无知，便容易产生落于人后的压迫感，这也是人们常见的心态。在绝不服输或"输人不输阵"的好胜心作祟下，他们牛气冲天，故作傲慢姿态。

有位没名气的小杂志社社长甲先生，不管什么场合，他总喜欢装腔作势，故意降低自己的声调来表现庄重的样子。不但如此，还总是一副无所不知的样子，这种姿态让人觉得他好像在做自我宣传。

其实，承认自己有不知道的事并不丢人，为了要自抬身价而不懂装懂，一旦被对方看穿，反而令对方产生不信任感而不愿与你交往。现代社会可以说是一个高度复杂的信息时代，每个人的知识都不可能包含万事万物。若不以虚心的态度与人交往，又怎能受到大家的欢迎？与自以为是的人一样，不懂装懂的人必然得不到大家的尊敬。

6. 随意附和

在与人的交谈过程中，对方最想要听的是你的个人看法，而不只是要你附和地回答："是的。"要让自己成为更独特的人，就必须与一般人有所区别，尽量表现出自己独特的看法。因此，不妨多用些特殊或极端的例子来表达自己的想法，不要总是附和别人的想法。

我们都希望自己能说会道、妙语连珠，我们都希望成为一个讨人喜欢的男人，而不希望成为一个惹人厌恶的说话者，这就要求大家在与人交谈的时候不要触犯一些常规的谈吐禁忌。

☞ 言谈中易招人烦的 7 个毛病

在日常生活中，我们如果稍加留意，就会发现许多男人在说话中有一些毛病。虽然这些毛病不具有决定意义，但如果不加以注意，就会大大影响我们的谈话效果。

一般人在交谈中，容易出现以下几个方面的问题，我们一起看一下。

1. 用多余的套语

有些人喜欢在交谈中使用太多的或不必要的套语。例如，一些人喜欢什么地方都加上一句"自然啦"或"当然啦"一类词句，另有一部分人喜欢加太多的"坦白地说""老实说"一类的套语，也有的人喜欢老问别人"你明白什么"或"你听清楚了么"，还有的人喜欢说"你说是不是"或"你觉得怎么样"，如此等等。像这一类毛病，你自己可能一点不觉得，要克服这类毛病，最好的办法是请朋友时刻提醒你。

2. 一犀杂音

有些人谈话技巧本来很好，只是在他们的言语之间掺上了许多无意义的杂音。他们的鼻子总是一哼一哼地，或者是喉咙里好像老是不畅通似的轻轻地咳着，要不就是在每句话开头用一个拖长的"唉"，像怕人听不清楚她的话似的。这些毛病，只要自己有决心，是可以清除的。

3. 谚语太多

谚语本来是诙谐而有说服力的话，但谚语太多也不好。谚语用得太多，往往会给别人造成油腔滑调、哗众取宠的感觉，不仅无助于增强说服力，反而使听者觉得有累赘感。

谚语只有用在恰当的地方才能使谈话生动有力。在使用谚语时，我们应尽可能使其恰当。

4. 滥用流行的字句

某些流行的字句也往往会被人不加选择地乱用一番。例如，"元芳，你怎么看"这句话就被滥用了，什么东西都牵强加上"元芳你怎么看"，使人莫名其妙。

5. 特别爱用一个词

有些人不知是因为偷懒、不肯开动脑筋找更恰当的字眼，还是有其他方面的原因，特别喜欢用一个字或词来表达各种各样的意思，不管这个字或词本身是否有那么多的含义。例如，许多人喜欢用"伟大"这个词。在他们的言谈中，什么东西都伟大起来了。"你真太伟大了""这盆花太伟大了""今天吃了一餐伟大的午饭""这批货物卖了一个伟大的价钱"等等，给别人一种华而不实的印象。因此，我们要尽可能多地记一些词汇，使自己的表达尽可能准确而又多样化。

6. 太琐碎

有些人在谈话过程中琐碎得令人讨厌。例如，讲述自己的经历本来是最容易讲得生动、精彩的，很多人也喜欢听别人讲亲身经历。但是，一些人讲自己经历的时候，不分主次地平铺直叙，觉得自己所经历的样样都有味道、都有讲一讲的必要，结果反而使听者茫然无绪、索然无味。

讲经历或故事，我们要善于抓重点，善于了解听者的兴趣在哪一点，少用对话。在重要的关节上讲得尽可能详细一些，其他地方用一两句话交代过去就算了。

7. 喜欢用夸张的手法

夸张的手法有一种引人注意的效果。不过，我们不能把夸张的手法用得太过分，否则，别人就不会相信你的话。

在现实生活中，不可能每次都说的是"非常重要"的消息，也不可能每次都讲"最动人的"故事、"最可笑的"笑话。因此，不要到处用"非常""最""极"等字眼。否则，当你在无数的"最"中有一个真正的"最"时，又怎样表示呢？难道你能说"这件事对我是最最重要的"么？如果你真这样说，别人听了也会无动于衷，因为他们认为你是一向喜欢夸大的人。

除了上述七点之外，我们还应该注意自己在谈话中的声调、手势、面部表情等方面，努力使各个方面协调、得体。这样，我们就能大大增强自己说话的吸引力。

第三篇

细节把握到位，从容不迫社交

有品位的男人无论人前人后，总能保持彬彬有礼的翩翩风度。他们人情练达、知深知浅，能够迅速与周围的人打成一片，能够与上上下下都建立起良性互动的关系，他们留给别人的印象总是那么大方得体，难以忘记。

一、社交礼仪一点通

☞ 别轻视"门面功夫"

对男人来说，在社交活动中练好"门面功夫"是非常重要的。"门面功夫"也就是我们常说的社交礼仪，在社交活动中往往起着举足轻重的作用，不仅反映了一个人的综合修养，也关系到良好形象的树立和社交活动的顺利进行。

那么，常用的社交礼仪包括哪些方面呢？

1. 称呼

在社交场合，对人的称呼是很有讲究的。对关系一般的同事，人们习惯称呼他们的全名，而对比较亲近和熟悉的亲戚朋友，则习惯将他的姓省掉，只呼其名或昵称，这样容易拉近彼此间的距离，有利于感情交流。但在以下三种情况下，应避免直呼其名，以免引起他人的不快：一、当你向第三者介绍他人时，最好还是称呼他的姓加小姐、先生或职称，全名留待他人自我介绍；二、对年纪比自己大得多的长者应视对方的身份称呼，如是自己认识的，一般按叔、爷、婆、姨等辈分称呼；如是自己不认识的，可使用一般尊称，如"老先生""老师傅"等；三、对于自己的领导上司，最好在其姓后加上职称，但注意不要玩弄职称游戏，如将行政单位的"书记"改称为"老板"，不但会引起领导的反感，而且破坏单位的形象、影响荣誉。

另外值得注意的是，如果你不了解一位女性的婚姻状况，最好称呼她女士，千万不要凭直觉用事。例如，一位商场营业员在看到一位较显老的女顾客后，很热情地问道："夫人，你想买点什么？"可是，她这一声自以为很有礼貌的称呼却惹恼了对方，因为这位女顾客并没有结婚，实际上，她还是一位"小姐"。

2. 握手

握手是当今社会一种常见的问候方式，但这种看上去很普通的事，做起来却很有讲究，而一些人对此却不加注意，他们或不住地和别人握手，或握手时左顾右盼，或者轻轻一碰，或又大幅度地上下摇动。这些都是很不礼貌的行为，易引起对方的反感。

正确的握手姿势是：站起来，略斜向下伸出右手，身体略微前倾，眼睛平视，适度用力握住对方的手（不能有气无力，也不能过分用力，轻度摇动两下），同时微笑点头示意。如果对方是年长或身份高的人，应该先向他致问候，待对方伸出手来再握。

握手时要注意对方的身份。如果对方是个女士，那么男士往往只轻轻地握一下其指部分即可，切勿同时用两只手去握。这种"三明治"式的握手，对女士是绝不允许的。这样不仅使女士难为情，而且显得男性轻浮、无教养、不庄重。另外，男士还应注意不要戴着手套和别人握手。

现代社交礼仪已广泛地深入到我们的生活中，以上介绍的只是很基本的常识。社交功夫不是一朝一夕就能练好的，要求我们平时注意观察、学习，并不断地加强自身修养。只有这样，才能在社交时展示一个彬彬有礼的你，开启成功之门。

3. 善用谢谢

感谢起着调节双方距离的作用。但有时，感谢也起着拉大距离的特殊作用，例如在一些社交场合中有意使用一些彬彬有礼的感谢语，来显示自己对恋人、亲人、密友的冷淡态度，拉大双方的心理距离。

在人际交往中，"谢谢"并非在任何场合都可以随便使用的。要运用好"谢谢"这种交际礼节，就应注意以下几点。

第一，"谢谢"不要说得太多，客气话的过剩足以损害气氛。比如你到朋友家去。一进门，朋友递过一双拖鞋，你忙说"谢谢"；朋友请你落座，你又说声"谢谢"；朋友递过一杯茶，你仍没有忘记说声"谢谢"。这在朋友之间便是大可不必了，因为这里的"谢谢"已显得多余，在朋友之间会生出生分感，在外人看来，又近于虚伪了。

第二，说"谢谢"也要适度，有一定的分寸感。有人替你做了一点小小的事情，也许只是举手之劳，比如你提着水壶，他帮你拉开了门，这时你只说声"谢谢"就够了。如果连连："谢谢、谢谢、太对不起了，如此劳烦，实在过意不去，太过意不去……"就显得太过分了，听的人也难以受用，因为他实在没有什么让你"过意不去"的地方。

第三，说"谢谢"的时候，要声情并茂。如果冷冰地道声"谢谢"，那就变成嘲讽或轻蔑了；如果是平平淡淡地说声"谢谢"，也会让人觉得你的感谢言不由衷，像例行公事似的，别人会想，"你不想谢就别谢算了，何必勉强呢？"只有发自内心的"谢谢"，才能使人听来感到自然、亲切。

第四，说"谢谢"的时候，一定要注意场合。你与对方单独在一起时，对他（她）表示感谢，一般会有好效果；如果面对的是一群人，千万不要单独挑出一个人表示感谢，那么就有可能冷落别人，也会使被感谢的人难堪。

第五，说"谢谢"的时候，要针对交际对象的不同心理需求。有的人希望你对他的言行本身表示感谢，有的人希望你对他的言行动机或效果进行感谢，有的人则希望你对他这个人进行感谢。因此，感谢者就应首先满足这种心理需求。特别是小伙子对姑娘表示感谢，更要对"感谢动机"这一行动采取慎重的态度。比如你说："谢谢你，想不到你一直在想着我。"这话就很容易造成误解，还不如只对对方行为本身进行感谢。

外在形象是内在素质的体现，一个不注重社交礼仪男的人，很难让人相信他会有多么好的涵养，这样在与人交往之前也就丢了印象分。

☞ 恰当地称呼初次见面的人

称呼是指在社交中人们彼此之间采用的称谓语。有人可能会说，谁不会称呼别人呀？其实，这里面还是大有学问的。如何称呼别人，既是礼貌问题，又是态度问题。而且对称呼得当与否，人们还是相当敏感的。在与陌生人的初次交往中，称呼甚至能决定交际的成败。称呼得当，人家自然乐意与你交往；称呼不当，就会给交流设置障碍，从而导致交际的失败。

那么，如何在交际中恰到好处地称呼别人呢？一般要注意以下七个关系。

1. 地区关系

中国幅员辽阔，方言土语繁多，即使同一个称呼，也因地区不同而含义迥然。比如"侉子"这个称呼，南方有些地区指体魄健壮的男子，是敬重夸赞的称呼，而北方人习惯于把"侉子"与粗俗野蛮联系在一起。所以，来到异地他乡，不了解当地的方言土语，还是以"同志"相称较为妥当。

2. 时代关系

有些称呼带有旧时代的烙印，有剥削阶级思想意识的痕迹。比如"剃头的""伙夫""戏子"之类，都有轻蔑的含义，应该淘汰，而改称理发员（或理发师傅）、"炊事员"（或厨师）、"演员"（或文艺工作者）等。

不过另有一些称呼，如"先生""小姐"，在某些场合使用起来还是很得体的。由于各国社会制度不同，在外事交谈中，称呼的使用要顺应其他国家的习惯。

3. 等级关系

当代社会中的等级关系，虽然不同于森严的封建等级，但是用合适的称呼体现出上下长幼，以示亲切或尊敬，也是必要的。对年长者、知名人士要用尊称，对上级领导者或其他单位负责人可称其职务；对职务低于自己的，也要选择有敬重含义的称呼，一般不宜直呼其名。

4. 场合关系

同一个称呼，在有些场合中使用就合适，换一个场合就不合适。比如在一般场合叫"爷爷""妈妈"，自然而亲切，叫"祖父""母亲"，就生硬别扭；如果在一些比较庄重的场合，则以后者为宜。又如，一个人兼有几种身份，对他的称呼也要因时因地而定。

5. 褒贬关系

有的称呼本身就带有明显褒奖的感情色彩，如"老厂长""老模范""老同志"等。称呼别人的绰号，有时有亲切感，如陈赓将军就喜欢别人称他为"小木瓜"（头脑迟钝者）等；以别人生理缺陷为绰号，是对别人的侮辱，是缺乏教养的表现。

6. 心理关系

同样的称呼，有人乐于接受，有人则讳莫如深。渔民忌"沉"字，假如他正好姓陈，你若"老陈老陈"叫个没完，他肯定会不高兴。同样是 30 岁的人，有人乐于被称为"老张""老李"，而对于正在寻找伴侣的 30 岁的人，不妨叫他"小张""小李"。曹禺剧作《日出》的顾八奶奶，唯恐别人说她老，不识相的福生当她面说："怪不得她老人家听腻了，您想，她老人家脾气也是躁一点，再者……"没等说完，惹得顾八奶奶火冒三丈，呵斥道："去！去！去！什么'她老人家、她老人家'的，我瞅见你就生气，谁叫你进来给我添病？"可见，称呼的不妥会引起对方的不快，必将会影响交谈的效果。

7. 主次关系或先后关系

在同时需要对不止一个人进行称呼时，一般来说应有个顺序，先长后幼、先上后下、先疏后亲。

恰当的称呼还应考虑对方的身份。比如，一位在田里赤膊劳动的上年纪的农夫，你称他为"老大爷"较为适宜。若称之为"老先生"，似乎就含有讽刺意味。反之，在校园中，遇到一位夹着讲义从教研室出来的上了年纪的女教师，你若称她"老大娘"，也容易引起对方的反感。

只要我们对以上的事项加以注意，就能在和陌生人初次交往时显得得体、有分寸。

一般来说，在比较正式的社交场合称呼陌生男子，不论其婚否，可统称其为"先生"；称呼陌生女子，则应根据其婚姻状况给予不同的称呼：称呼已婚女子，用其夫姓称呼其为"×太太"；如果对方身份较高，则应称之为"夫人"；称呼未婚女子，应统称为"小姐"；如果不清楚对方的婚姻状况，最好还是称呼对方"小姐"或"女士"比较稳妥，不管她是 16

岁还是60岁。称呼新结识的教育界、文艺界的人，一般可敬称为"老师"。在非正式场合向陌生人问讯时，为了表示亲近，可以用亲属的称谓称呼对方，如"叔叔""阿姨""老伯伯""老奶奶"等。

在与陌生人初次见面时，恰当准确的称呼至关重要。这样不仅能够体现对对方的尊敬或与对方的亲密程度，还能反映出自身的文化素质，从而迅速地拉近双方之间的距离。所以，在这一点上我们必须有所注意。

☞ 寒暄是一种重要的礼节

在社交中，寒暄是一种很重要的礼节。有人认为，寒暄只是人们碰面时打个招呼而已。而事实上，对于初次见面的人来说，寒暄的内容和方法是否得当，很有可能决定交际的成败。陌生人初次见面时，常常无话可说，为了消除彼此之间的陌生感、缓解紧张气氛，可以先谈一些与正事无关、但大家都熟知的话题，比如天气、社会新闻等，这样一来，就能迅速地拉近彼此之间的距离，营造出一种亲切友好的气氛，为之后的深入交流沟通打下良好的基础。

寒暄看似简单，也没有什么固定的程式，但要恰到好处地运用并充分发挥其作用，却要花点功夫。那么，面对陌生人，如何恰如其分、颇有成效地进行寒暄呢？

1. 寒暄要积极主动

在与陌生人寒暄之前，要迅速培养自己的愉快情绪，积极主动地跟对方寒暄。这样不但能表现出你对陌生人的尊重，还能向陌生人充分展现自己真诚和进一步交谈的良好欲望。同时，积极的姿态也能充分地展现你富有自信、易于合作的个性。

2. 寒暄时要有礼貌

在与人初次见面的时候，礼貌的寒暄是必不可少的。在寒暄时表现得谦恭有礼，说话文雅礼貌，才能给初识的人留下一个良好的印象。

3. 要善于选择话题

社会学家的研究表明，在陌生人相见的最初四分钟里，只适宜做一般性的寒暄，比如问候、互通姓名等，以及谈论一些无关紧要的话题。此时，应绝对避免提出易于争议的话题、不易回答的问题以及大而无当的话题。寒暄的基本原则是表现出自己的亲和力，让人感觉到自己的关心。

4. 要注意寒暄时的表情、姿势和语气

微笑在社交中的重要作用是众人皆知的。所以，在寒暄时，一定不要忘记展露你真诚的笑颜。此外，还要注意保持优雅的姿势，上身挺直，和对方保持目光的接触。

寒暄时的语气要轻松而柔和，富有感情，就像家中茶余饭后的闲谈一样，让对方消除戒备的心理和紧张不安的情绪。

5. 不要忘记及时转入正题

在成功营造出融洽的气氛之后，要及时转入正题。因为适当的寒暄可以缓和、营造气氛，而过多的寒暄则会让别人觉得你热情过度，从而引起别人的反感，影响交流的效果。

寒暄本身并不正面表达特定的意义，但它是交际中不可或缺的一部分。寒暄就像一把打开话匣子的钥匙，寒暄能使不相识的人认识，使不熟

悉的人熟悉，使沉闷的气氛变得活跃。在正式交谈开始之前，几句恰到好处的寒暄能够在短短几句话中，表露出你对初次见面的人的关心，很快赢得陌生人的好感，获得陌生人的认同，达到沟通感情的目的，并有利于顺利地进入正式交谈。

☞ 得体的自我介绍是与陌生人沟通的开始

在日常的人际交往中，初次见面的人总免不了要做自我介绍。自我介绍最基本的要求是大方得体，根据具体情况安排自我介绍的内容。

最常见的自我介绍方式是报上姓甚名谁、家住何方等，但这样的自我介绍听起来干巴巴的，没有什么营养，自然很难给初次见面的人留下深刻的印象，可能在进入实质性交谈的时候你还得重新自报家门。所以，要想让他人在初次见面就记住你，你的自我介绍就必须独具特色，彰显个性。

进行自我介绍，首先要大方得体。

一般来说，在做自我介绍时，要充满自信，亲切自然，目光正视对方，语言简洁清晰，语速不急不缓。

自我介绍的内容，要根据交际目的、所处场合以及交际对象而定，要有鲜明的针对性。

在一般性的社交场合，如果你并没有和对方深入交往的愿望，做自我介绍时只需要向对方表明自己的身份。这时，你可以只介绍自己的姓名，如"您好，我叫张三"或"我是张三"。有时，也可对自己的姓名的写法做些解释，如"我叫陈亮，耳东陈，明亮的亮"。如因公务、工作需要与人交往，自我介绍应包括姓名、单位和职务，无职务可介绍从事的具体工作。如"我叫张三，是李四公司的销售经理"。如果你希望新结识的对象能记住自己，并且有进一步的沟通和交往，做自我介绍时，除介绍自己的姓名、单位、职务外，还可以提及与双方共同的熟人或与对方相同的兴趣爱好等。

若在讲座、报告、庆典、仪式等正规隆重的场合向出席人介绍自己时，还应加一些适当的谦辞和敬语。

要想给人留下深刻的印象，自我介绍就要"出彩"，下面就介绍几种具体的方法。

1. 自嘲容貌

陈南是一个个子不高、戴着眼镜的电视节目主持人。他在向大家介绍自己时是这样说的："单看咱这形象，不如在电视中那么闪闪发亮，眼不大还有点近视，但这丝毫不影响我的睿智与远见；耳朵虽小，更提醒我要耐心倾听观众的心声；嘴巴也不气派，正说明我不夸夸其谈，唢呐和号角的孔都不大，但同样能怒吼与呐喊；个子虽然矮小了点，可潘长江先生说过，'浓缩的都是精华'。有人说缺点在一定条件下也会成为优点，这话难免有些夸张，但'缺点在一定条件下会成为特色'则是毋庸置疑的。"

陈南没有使用"老掉牙"的方式来介绍自己，而是借自嘲容貌的方式，把一个形象生动、个性鲜明的自己推到了听者面前，自然地让人对他一见难忘。

2. 自我揭短

大学毕业后，刘平进了距本县数百里外的某县公安局刑警队工作。不久，领导给他介绍了一个在该县一所中学教学的女朋友。第一次约会时，刘平没有像别的青年那样在对方面前竭力展现自己的优点，而是"反其道而行之"，来了个"自我揭短"。刘平向对方这样介绍自己："我这个人找对象存在三大不利因素：一是我家不在这里，办事不如本地人方便；二是我中等身材，相貌平平，有点对不起观众；三是我在刑警队工作，经常加班加点，与我谈对象恐怕要做出一些牺牲。"刘平的一番话使姑娘看到了他的真诚与豁达，顿生好感，她不由地微笑说："你这个人靠得住，这比什么都强。"刘平的第一次约会获得成功，双方由此建立了恋爱关系。

在和姑娘初次见面时，刘平在自我介绍中没有一味地表白自己的优点和特长，而是"反其道而行之"，来了个"自我揭短"，反而给姑娘留下了真诚、可靠的印象，赢得了姑娘的芳心。

3. 巧解自己的姓名

自我介绍首先要介绍自己的名字，并对"姓"和"名"加以解释，你解释得越巧妙，别人对你的印象就越深。这可以反映一个人的知识水平和性格修养，也可以体现一个人的口才。

一个人的姓名往往有丰富的文化积淀，或折射出凝重的史实，或反映时代的乐章，或寄寓双亲对子女的殷切厚望。因之，巧解姓名有时也令人动情，加深印象。

在全国"荣事达"杯节目主持人大赛中，一个名叫潘望的主持人是这样自我介绍的："我叫潘望，早在孩提时代，我那只有小学文化的军人爸爸和教小学的妈妈就轮番地叮嘱我：'望儿，你可是咱们家的希望啊！'为了不辱使命，肩负着双亲的重托，我脚踏实地、一步一个脚印地走来，直到今天，走到这个国家级的最高赛场，但愿教师们能给我这只盼望飞翔的鸟儿插上奋飞的翅膀。"

在潘望的介绍中，父母的心愿并列呈现，谁不为之心动？

4. 借与名流相比加深印象

小许是一名记者，在一次"记协"聚会上，由于大部分人是第一次见面，小许这样自我介绍："我喜欢写诗，可写不过徐志摩；我喜欢唱歌，可唱不过刘欢老师；我喜欢主持节目，他俩可能比不过我……"这么一说，就会使别人感到他颇为幽默。

小许巧妙地把自己与名人相比，既显示了自己的才能，又显示了语言幽默的特点，博得了大家的好感。

5. 借助地域

通过介绍家乡地域风情景物名优特产的某些特性，巧妙地烘托自己的个性，也是一个好方法。如果地域、家乡名优特产突出，就应从中推衍、阐释与自己个性相关的内容；如果特产不明显、不特殊，那就挖掘地方特色，将地方特色与自己的个性巧妙结合起来。

一个来自云南的演讲员这样介绍自己："尊敬的评委老师，我来自云南。也许老师们会感到惊诧，'云南是阿诗玛的故乡，是个佳丽辈出的地方'，但是老师们千万别忘了，云南也是大理石的故乡，相信老师们能从我身上看见大理石的朴实、厚重与刚强。"

这个演讲员以云南盛产大理石这一特产为生发的对象，由大理石的性质、特性引申到自己身上的"朴实、厚重与刚强"，显然自然贴切、不露痕迹，突出了自己的性格、本色和特征。

自我介绍也是一门学问，得体是基本要求，"出彩"是关键。自我介绍要另辟蹊径，从出人意料的独特的角度，采用生动活泼的语言把自己介绍给别人。出色的自我介绍让你在初次"亮相"时就撞出个"碰头彩"，使你在与陌生人的交往中更有吸引力，增强别人想要与你交往的愿望。

☞ 把握分寸，言谈得体

在和陌生人的交谈中，一定要注意把握分寸、言语得体，这样才能成为陌生人眼中讨人喜欢的交谈者，才能博得对方的好感，激发对方与你进一步交往的愿望。

初次交谈时，最忌讳的就是触犯别人的隐私。

一天，刚参加工作的陈广斌被派到外地去出差。在车厢内，他碰到了一位来华旅游的英国姑娘。由于对方首先向陈广斌打了一个招呼，他觉得不与人家寒暄几句实在显得不够友善，便操着一口流利的英语，大大方方地随口与对方聊了起来。

在交谈之中，陈广斌有点没话找话地询问对方："你今年多大岁数呢？"不料人家答非所问地予以搪塞："你猜猜看。"陈广斌觉得没趣，转而又问："到了你这个岁数，一定结婚了吧？"这一回，那位英国小姐的反应更令陈广斌出乎意料：对方居然转过头去，再也不搭理他了。直到下车，两个人再也没有说上一句话。

陈广斌与那位英国姑娘话不投机，不欢而散，主要是因为他在交谈中向对方所提出的问题，是国外纯属不宜向人打探的个人隐私。按照常规，对方是有权利拒绝回答的。

那么，在初次交谈中我们究竟要遵循哪些原则呢？

1. 态度诚恳、亲切

说话本身是用来向人传递思想感情的，所以，说话时的神态、表情都很重要。例如，当你向别人表示祝贺时，如果嘴上说得十分动听，而表情却是冷冰冰的，那对方一定认为你只是在敷衍而已。所以，说话必须做到态度诚恳和亲切，才能使对方对你的说话产生表里一致的印象。

2. 用语谦逊、文雅

如称呼对方为"您""先生""小姐"等；用"贵姓"代替"你姓什么"，用"不新鲜""有异味"代替"发霉""发臭"。如你在一位陌生人家里做客需要用厕所时，则应说："我可以使用这里的洗手间吗？"或者说："请问，哪里可以方便？"等。多用敬语、谦语和雅语，能体现出一个人的文化素养以及尊重他人的良好品德。

3. 声音大小要适当，语调应平和沉稳

无论是普通话、外语、方言，咬字要清晰，音量要适度，以对方听清楚为准，切忌大声说话；语调要平稳，尽量不用或少用语气词，使听者感到亲切自然。

4. 语言要简洁、精练、准确

使听者在较短的时间内获得较多的有用信息，切忌空话连篇，空洞无物。

5. 语言要考虑对方的接受能力

尽量做到通俗易懂，切忌卖弄文采、说艰涩难懂的语言。

言谈得体就是与人交谈中使人愉悦，不做言谈中令人讨厌的角色，与人初次交谈时，我们还要注意避免下列几种情况。

1. 滔滔不绝

谈话一上来，不管别人感不感兴趣、爱不爱听，自顾自地滔滔不绝、眉飞色舞，使对方一句话都插不上，听话的人索然无味。

2. 嚼舌头

有些人也许是太无聊，他最关心的就是张家短、王家长，一到某些场合不是打听对方就是编排对方，加上自己的非凡想象力，使事情经过其嘴就变得有情有节，类似电视剧本。

3. 不要太沉默

有些人不管别人说啥总是在一边不吭气，也许是内向、自卑，也许是话不投机，但是过于沉默的人会使与其交往的人感到压抑，致使正常的社交气氛被破坏，自己也找不到朋友。

4. 不要自夸

交谈中需要自信、自强，但在谈话中老是夸耀自己能干、自己的成功、自己的感觉，会使别人感到自卑、难受。太爱表现自己的人，往往使人讨厌。

5. 不要抢白

人们在讲话时都希望别人能认真听，在讲到兴致颇高时，被人抢白、打断肯定很不乐意。老是喜欢打断、抢白别人的人，一定是社交圈中不受欢迎的人，因为他不识时务。

6. 不要多用"我"字

说话中老是"我"字不离口的人，一定是个表现欲很强而且挺自负的人。他不关心别人的事，不爱倾听别人的话，只关心自己内心的想法。这种人也一定不是个谦虚平和的人。

两个原本素不相识的人，在初次交谈中说话一定要谨慎，否则就有可能引起对方的反感，导致交际的失败。所以，在和他人的初次交谈中，一定要注意把握分寸，做到言语得体。

☞ 记住对方的名字

如果留意的话不难发现，在交际活动中，绝大多数人是十分看重自己名字的，他们往往把名字与友谊联系在一起。比如，多年不见的同学、同乡相会时，如果对方仍记着你的尊姓大名，你必定非常高兴，彼此间的友谊感情也会因此而亲近几分。相反，如果对方把你的名字忘得一干二净或出现"张冠李戴"的情形，你势必感到不舒服，在心理上就可能与之拉开距离。

姓名本来只是一个语言符号，人们之所以看重它，是因为它包含有特殊的意义。姓名与本人的尊严、地位、荣誉、心理及其彼此间的感情友谊紧密联系在一起。甚至可以说，名字就是你，你就是那个名字。这一点在交际中表现得尤为明显。当人们的名字被遗忘、被搞混，不管有意无意都可能带来不良的影响，轻者叫人家心理上反感、拉开彼此距离，重者会影响彼此感情、损害人际关系。

因此，为了友谊，为了交际成功，我们应记住他人的姓名职务，见面时能道出其名其职。这样做，一方面出于礼节礼貌，表示尊重；另一方面又是珍视友谊的表现。从一定意义上说，记姓名是一种廉价然而有效的感情投资。记住他人的姓名就等于把一份友谊深藏在心里，记忆时间越久，情谊就越深，如同一瓶陈年好酒，越放就越醇。在交际中记住对方的姓名，对方必定从中体验到你的深情厚谊，感受到他在你心目中的位置，进而增加亲切感、认同感，加深彼此的感情。那么，怎样才能牢牢记住别人的名字呢？这里有三条建议大家不妨试一下。

1. 要用心记他人的名字

有的人博闻强记，过目不忘，见一次就可以记住，这自然最好。但是，大多数人没有这样的能力。所以，用心记名字就成了必要。我们应善于交际，看重友谊。一般情况下，珍视友谊的人在记名字上就会表现出特别强的注意力。据考察，在一般记忆力基础上，注意力越集中，重视程度越高，就会记得越牢。甚至记忆力较差的人由于重视友谊，对于同他打过交道的人的姓名会特别用心去记，同样能记得十分清晰，多年不忘。

2. 经常翻翻他人的名片

对于记忆力不太好的人来说，不但要用心去记，还应动笔记。俗话说"好记性不如烂笔头"。不管老朋友还是新朋友，在打过交道之后都应把姓名记在小本上，或者保存好对方的名片。有时间就翻一翻，借此回忆往事，加深印象，这样就可以获得名字与友谊长久记忆的效果。

3. 忘了名字要想法补救

如果在路上遇到朋友，突然忘了人家的名字，就应想办法搞清楚，记在心里。有一次，张强与一位多年不见的战友见面了，一时竟想不起他的姓名。分手时，张强主动拿出纸来把自己的名字、电话、通信地址写下来，然后把笔交给他，说："来，让我们相互留下自己的名片，今后多多联系。"对方也记下了他的名字、住址、电话。此后，对方的名字就镌刻在他的头脑中，再不曾忘记。

☞ **用微笑感染你身边的每一个人**

微笑，是人类最基本的动作。微笑，似蓓蕾初绽，洋溢着沁人心脾的芳香。它的力量是巨大的，甚至可以说是神奇的，阳光般的笑容可以感染身边的每一个人，使多云的心情渐渐晴朗，让生疏的彼此日渐亲密。一个男人，如果能够时刻保持阳光而自信的微笑，那么除了能给自己带来一份好心情以外，还会收获更多的赞美和友谊。

年轻的时候，我们只对自己喜欢的人微笑。那时候我们不懂微笑的力量，只是凭着自己的感觉去行动。到了一定的年龄，我们的步伐越来越从容淡定，经历了社会的磨炼，意识到了微笑在社交场合的重要性。当你带着阳光般的微笑去与人握手、交谈，亲切感就会在你们之间油然而生。这种神奇的力量总是能够深深地打动对方，即便有时观点并不一致，也不会因此而大发雷霆。中国有句古话，叫作："伸手不打笑脸人"，说的就是这个道理。如果你想拉近与对方的距离，如果你想和对方交朋友，那么请先试着向他微笑吧，相信他一定能够给你带来神奇的力量，使你毫不费力地达到目的。

杨震是国内一家小有名气的公司的总裁，他还十分年轻，具备了成功男人应该具备的那些优点。他有明确的人生目标，有不断克服困难、超越自己和别人的毅力与信心；他大步流星、雷厉风行、办事干脆利索、从不拖沓；他的嗓音深沉圆润，讲话切中要害；而且他总是显得雄心勃勃，富于朝气。他对于生活的认真与投入是有口皆碑的，而且，他对于同事也很真诚，讲求公平对待，与他深交的人都为拥有这样一个好朋友而自豪。

但初次见到他的人却对他少有好感，这令熟知他的人大为吃惊。为什么呢？仔细观察后才发现，原来他几乎没有笑容。

他深沉严峻的脸上永远是炯炯的目光、紧闭的嘴唇和紧咬的牙关，即便在轻松的社交场合也是如此。他在舞池中优美的舞姿几乎令所有的女士动心，但却很少有人同他跳舞。公司的女员工见了他更是如遇虎豹，男员工对他的支持与认同也不是很多。而事实上，他只是缺少了一样东西，一样足以致命的东西——一副动人、微笑的面孔。

微笑是一种宽容、一种接纳，它缩短了彼此的距离，使人与人心心相通。喜欢微笑着面对他人的人，往往更容易走入对方的心底。难怪有人说微笑是成功者的先锋。

在生活中，我们最喜欢看到笑容可掬的脸庞。处于陌生的环境，一个微笑，就能溶化所有不安。人际关系有了芥蒂，看到一张微笑的脸，不愉快也就烟消云散了。生活中碰到困难，一个鼓励的微笑，困难窘迫仿佛有了转圜的空间。沮丧的时候，一个理解的微笑，沉到谷底的心会得到温暖的慰藉。许多人的成功是因为他的魅力、有亲和力，而个性中最吸引人的，就是那亲和的笑容。行动比语言更具说服力，一个亲切的微笑正告诉别人："我喜欢你，你使我愉快，我真高兴见到你。"

推销员小赵去拜访一位有购买意向的客户，最后却灰头土脸地回来了。更加令人沮丧的是，一位客户打回访电话，本来是要订购产品的，却被小赵没好气的回话给弄僵了。经理了解到这些情况后，微笑着对小赵说："为什么不再去拜访一次？不要有太多的压力，调整好心态，记住微笑有神奇的魔力，即使是在接听电话的时候，对方也能感受到你的微笑……"

结果，他脸上快乐、谦逊、真诚的微笑感染了他的大客户，爽快地签订了协议。小赵高兴不已，马上联系先前给他打电话的公司。他努力微笑着，气氛缓和了，对方的不满消除了，并表示下周会把款汇过来。

小赵已经结婚8年了，由于长期以来沉重的工作压力，似乎很久没有和妻子交流了。"微笑能带来传奇"，小赵想到了这句话。他决定看看微笑会给他的婚姻带来什么。

回到家，他主动和做家务的妻子打招呼，微笑着注视妻子，说："我回来了！你今天还好吧？"妻子惊愕地抬头看着丈夫："你是在问我吗？"她连忙给丈夫端来煮好的咖啡，开始讲可爱乖巧的孩子们的趣事。小赵这才注意到，原来工作以外还有这么多幸福和快乐的事情在发生，而且一切都是因为自己的微笑。

从此，他开始保持微笑，主动向电梯管理员、大楼门口的警卫、公司的打字员微笑，后来他发现微笑不仅改变了自己的心情，还得到了许多帮助和方便。

微笑是一种温柔却又强大的东西，有这样一句话——我看到一个人脸上没有微笑，于是我给了他一个微笑。真应该感谢第一个说这句话的人，因为他让每个听到这句话的人都泛起了微笑。

人们常说："有了微笑，人类的感情就有了沟通的可能。"确实，微笑可以缩短人与人之间的距离、化解令人尴尬的僵局，是沟通彼此心灵的渠道，使人产生一种安全感、亲切感、愉快感。微笑，又是拉近两人距离的最快捷方式。当你向别人微笑时，实际上就是以巧妙、含蓄的方式告诉他，你喜欢他，你尊重他，你愿意和他做朋友。这样，你也就容易博得别人的尊重和喜爱，赢得别人的信任。生活中多一些微笑，也就多了一些安详、融洽、和谐与快乐。

微笑可以让人得到升华，一如蒙娜丽莎的微笑，总是给人一种高深莫测、神秘诱人的感觉；微笑是一种接纳，能缩短人与人之间的距离，让人们友好地接受彼此，共同去创造美好的未来；微笑是美丽留下的一粒种子，谁人播种微笑，谁人就能收获美丽；微笑是一种德馨，不仅能够彰显美，更能收获美；微笑是成功者的先锋，用微笑打开交际之门，你就会有贵客临门。

微笑是一个简单的表情，但在这简单的表情之下洋溢着一种对人的热情和友好。在别人眼中，一个成熟男人的微笑是最有感染力的。所以，用你真诚的微笑去面对身边的每一个人吧，友好地伸出双手，相信你一定能够赢得对方的欣赏，成为值得他们信赖的朋友和伙伴。

☞ 握手的礼仪讲究

握手，既是一种礼仪方式，又可称之为人类相同的"次语言"。深情、文雅而得体的握手，往往蕴含着令人愉悦、信任、接受的契机。两人见面，若是熟人，不用言语，两手紧紧一握，许多亲热情感就传导过去了；若是生人，则一握之际，就是由生变熟的开端。因此，握手已成为世界上通行的见面礼节。

握手，多数用于见面致意和问候，也是对久别重逢或多日未见的友人相见或辞别的礼节。

握手，有时又具有"和解"的象征意义。据说握手是西方中世纪骑士相互格斗，势均力敌，作为和解的表示，把平时持剑的右手伸向对方，证明手中没有武器，相互握手言和，发展到后来，便演变为国与国之间言和的象征。

握手除了作为见面、告辞、和解时的礼节外，还是一种祝贺、感谢或鼓励的表示。如对方取得某些成绩与进步时，赠送礼品以及发放奖品、奖状，发表祝词讲话后，均可以握手来表示祝贺、感谢、鼓励等。

1. 与女性握手应注意的礼仪

与女性握手，应等对方首先伸出手，我们只要轻轻一握就可。如果对方不愿握手，也可微微欠身问好或用点头、说客气话等代替握手。我们如主动伸手去和女子握手，则是不太适宜的。

在握手之前，必须先脱下手套，客人多时，握手不要与他人交叉，让别人握完后再握。按国际惯例，身穿军装的军人可以戴着手套与妇女握手，握手时先行举手礼，然后再握手，这是一种惯例。握手时，应微笑致意，不可目光看别处，或与第三者谈话。握手后，不要当对方的面擦手。

与女性握手，最应掌握的是时间和力度。一般来说，握手要轻一些、短一些，不应握着对方的手用劲摇晃。但是，如果用力过小，也会使对方感到你拘谨或虚伪敷衍。因此，握手必须因时间、地点和对象而不同对待。

2. 与老人、长辈或贵宾握手的礼仪

与老人、长辈或贵宾握手，不仅是为了问候和致意，还是一种尊敬的表示。除双方注视、面带微笑外，还应注意以下几点。

①在一般情况下，平辈、朋友或熟人先伸手为有礼，而对老人、长辈或贵宾时则应等对方先伸手，自己才可伸手去接握。否则，便会看作是不礼貌的表现。

②握手时，不能昂首挺胸，身体可稍微前倾，以示尊重。但也不能因对方是贵宾就显得胆小拘谨，只把手指轻轻接触对方的手掌就算握手，也不能因感到"荣幸"而久握对方的手不放。

③当老人或贵宾向你伸手时，应快步上前，用双手握住对方的手，这也是尊敬对方的表示。并应根据场合，边握手边打招呼问候，如说："您好""欢迎您""见到您很荣幸"等热情致意的话。

④遇到若干人在一起时，握手、致意的顺序是先贵宾、老人，后同事、晚辈，先女后男。还必须注意，不要几个人竞相交叉握手，或在跨门坎甚至隔着门坎时握手，这些做法也是失礼的行为。

⑤在社交中，除注意个人仪容整洁大方外，还应注意双手的卫生，以不干净或者湿的手与人握手，是不礼貌的。如果老人、贵宾来到你面前，并主动伸出手来，而你此时正在洗东西、擦油污之物等，你可先点头致

意，同时亮出双手，简单说明一下情况并表示歉意，以取得对方的谅解，同时赶紧洗好手，热情招待。

⑥在外交场合，遇见身份高的领导人，应有礼貌地点头致意或表示欢迎，但不要主动上前握手问候，只有在对方主动伸手时，才可向前握手问候。

3. 上级与下级之间的握手礼仪

在上级与下级握手时，除应遵守一般握手的礼节外，还应注意以下几个方面。

①上级为了表示对下级的友好、问候，可先伸出手，下级则应等对方有所表示后再伸手去接握，否则，将被视作不得体或无礼。

②当遇到几位都是你的上级时，握手时应尽可能按其职位高低的顺序，但也可由他们中的一位进行介绍后，再与对方一一握手致意。如同来的上级职位相当，握手的顺序应是先长者（或女性），然后再是其他人。如果长者中有自己比较熟悉者，握手时应同时说些如"近来身体可好"之类表示问候的话。

③上级与下级握手，一般也应以其职位高低为序，遇有自己熟悉的下级，握手的同时也应说些问候、鼓励和关心的话。

④不论与上级还是下级握手，都应做到热情大方，遵守交往礼节。

下级与上级握手时，身体可以微欠或快步趋前用双手握住对方的手，以示尊敬，但切不可久握不放，表示过分的热情。

上级与下级握手同样要热情诚恳，应面带笑容，注视对方的眼睛，切忌用指尖相握或敷衍一握了事。也不可在握手时，东张西望或漫不经心，使对方感到你冷漠无情。在众多的下级面前，也不要厚此薄彼，只与其中一两个人握手，而冷落其他人；更不能在与下级握手后，急忙用手帕擦手。这些表现，都会被人认为是轻慢无礼的行为。

☞ 递烟奉茶的门道

先说敬烟的礼节。在允许吸烟的场合，吸烟、敬烟也有一些礼貌的规则，只是认定"礼多人不怪"。敬烟如果一定要敬到使人头晕脑胀才罢，那是不礼貌的。

如今，在办公场所吸烟几乎都被看成是一种违反社会公德的行为，因此，只有在主人明确地邀请你抽烟时方可点烟。如果你主动地问"我抽烟你介意吗"，对方一般出于礼貌，只能回答"当然不介意"，但是烟一点着即大错铸成。你的行为已被看成没有教养。即使主人是个烟民，出于礼貌还是不要在有不抽烟的人在场时抽烟。

吸烟时一定要注意防止火灾的发生，不要把火柴梗和烟蒂随地一丢或不熄灭就丢在垃圾桶里。

一般认为，在以下场合禁止吸烟：第一，很多人拥挤在狭小房间内；第二，制作或整理资料文件时；第三，接待室里没有烟灰缸时；第四，在走廊或楼梯上行走时；第五，坐在饭桌旁或在对方还未吃完饭时；第六，在飞机、汽车等交通工具内。

主人在敬烟前，应询问客人是否会吸烟，如有女士在座，还应征得她的同意。如果来宾较多或同座身份高的人士都不吸烟时，主人也最好不吸烟。在正式的会见、会谈或隆重庄严的仪式上，不允许给其他人敬烟，自己也不得吸烟。对宗教人士和信奉基督教、伊斯兰教的客人不要敬烟。

如果客人是初次来访或在商务洽谈等场合，需要敬烟时，不要直接用手取烟给客人，这样手持烟来回推让，可能使病毒、细菌传播给对方，这是很不卫生的。只要将原包打开口，把烟弹出少许，按照先客人后主人的礼遇顺序递过去，待客人取出后，主人再取出打火机或火柴，替客人点好烟。尔后自己再取出一根来吸。正在吸烟时，如果与人打招呼或说话，应将烟取下，否则将被视为不尊重对方。

如果自己正在戒烟或者不喜欢抽烟，那么即使是客人或上司敬的烟也可以谢绝。但在婚礼上，新郎或新娘敬的烟不能不接，即使自己不吸烟也要吸上几口，待人家应酬他人时再熄掉。对方一进门，主人就立刻拿烟来吸是很不礼貌的行为，至少等双方寒暄完毕，切入正题之后再拿出烟来吸。

当客人或上司取出香烟准备吸的时候，主动帮助点烟是表示敬意的做法，但是反复地去主动帮助点烟，反倒让人生厌。因此，在商务活动中，除非对方在口袋里反复寻找火柴或打火机，一般没有必要主动为他人点烟。

吸烟时，不要吸了一半就扔掉，也不要吸到烧手或过滤嘴边，才去熄灭。烟蒂应放进烟灰缸内熄灭，以免冒出难闻的烟味。

有的人吸烟时喜欢仰面朝天吐出一个又一个烟圈，这个技艺是不值得炫耀的。对着别人的面孔吞云吐雾，即使对方也是抽烟的人，这样做也是非常失礼的。

向他人敬烟之后，应主动掏出打火机或火柴为对方点烟。但要记住一次不要点两支以上的烟，点过两支烟后要重新打火再为其他人点烟。有人为了表示热情好客，一次打火要点许多支烟，甚至为此不惜烧痛了自己的手指，这样做其实是吃苦不讨好的。

在英国，有"一火不点三支烟"之说，即一个人拿出打火机或火柴为大家点烟，绝不能连续点三支；而要在点过两支烟后停下来，换一根火柴或熄灭打火机后再打着，然后给第三人点烟。否则，据说会给三人中的某人招来不幸。

据说是因为在第一次世界大战期间，有三个士兵夜间在战壕里吸烟，其中一人划着火柴给另两人和自己点了烟。由于火柴的发光时间较长，正好成了敌人从容瞄准的目标，结果一个士兵被打死了。此后，"一火点三支烟"演变成忌讳之举。

再说奉茶的礼节。有客来访，待之以茶，以茶会友，情谊长久。这是我国传统的待客方式。此事虽小，却不得马虎大意。

在招待客人时，对茶具和茶叶的选择应有所讲究。从卫生健康角度考虑，泡茶要用壶，茶杯要用有柄的，不要用无柄的茶杯。目的是避免手与杯体、杯口接触，传播疾病。

茶具一般选择陶质或瓷质器皿。陶质器皿以江苏宜兴的紫砂茶具为最佳。不要用玻璃杯，也不要用热水瓶代替茶壶。如用高杯（盖杯）时，则可以不用茶壶。

在茶叶的选择方面，外国人一般饮红茶，并在茶中添加糖、牛奶或奶油等；我国由于幅员辽阔、气候各异，各地饮茶习惯也不尽相同。广东、福建、广西、云南一带习惯饮红茶，近几年受港澳台的影响，饮乌龙茶的人也多了起来。江南一带饮绿茶的比较普遍。北方（习指淮河以北）人一般习惯饮花茶。西藏、内蒙古、新疆地区的少数民族，则大多习惯饮浓郁的紧压茶。就年龄来讲，青年人多喜欢饮淡茶、绿茶，老年人多喜欢饮浓茶、红茶。

喝茶时，对茶的评价标准主要是色、香、味。色，即水色，以液艳色秀、水底明净为上；味，即滋味，以味醇甘鲜、苦而不涩为妙；香，即香气，以甘香清郁为佳。

沏茶之前，要先洗手，并洗净茶杯或茶碗。最好当面洁具，这样可以使客人喝起来放心。还要特别注意检查茶杯或茶碗有无破损或裂纹，若有是不能用来待客的。

奉茶的时机，通常是在客人就座后，开始洽谈工作之前。如果宾主已经开始洽谈工作，这时才端茶上来，免不了要打断谈话或为了放茶而移动桌上的文件，这是失礼的。值得注意的是，喝茶要趁热，凉茶伤胃，茶浸泡过久会泛碱味，不好喝，故一般应在客人坐好后再沏茶。

上茶时一般由主人向客人献茶，或由接待人员给客人上茶。上茶时最好用托盘，手不可触碗面。奉茶时，按先主宾后主人、先女宾后男宾、先主要客人后其他客人的礼遇顺序进行。不要从正面端来，因为这样既妨碍宾主思考，又遮挡视线。得体的做法，应从每人的右后侧递送。

陪伴客人品茶要随时注意客人杯中茶水存量，随时续水。每杯里茶水不宜斟得过满，以免溢出洒在桌子上或客人的衣服上。一般斟七分满即可，应遵循"满杯酒半杯茶"之古训。如用茶壶泡茶，则应随时观察添满开水，但注意壶嘴不要冲客人方向。

不论客人还是主人，饮茶要边饮边谈，轻啜慢咽。不宜一次将茶水饮干，不应大口吞咽茶水，喝得咕咚作响，应当慢慢地一小口一小口地仔细品尝。如遇漂浮在水面上的茶叶，可用茶杯盖拂去或轻轻吹开，切不可从杯里捞出来扔在地上，更不要吃茶叶。

我国旧时有以再三请茶作为提醒客人，应当告辞了的做法，因此在招待老年人或海外华人时要注意，不要一而再，再而三地劝其饮茶。

☞ 送礼要让人能够接受

送礼，是人际交往中的一项重要举措。成功的赠送行为，能够恰到好处地向受赠者表达自己友好、敬重或其他某种特殊的情感，并因此让受赠者产生深刻的印象。

中国自古就是礼仪之邦，传统上很注重礼尚往来。"礼尚往来，来而不往，非礼也"，其影响之深远，至今还备受人们的推崇。因此，送礼也就成了最能表情达意的一种沟通方式。送礼受时间、环境、风俗习惯的制约，也因对象、目的而不同。所以，赠送礼品也是一门艺术。

让送礼人最头疼的事，莫过于对方不愿接受或严词拒绝，或婉言推却，或事后回礼，都令送礼者十分尴尬，赔了夫人又折兵，真够惨的。那么，怎样才能防患于未然，"一"送即中呢？关键在于借口找得好不好，送礼的说道圆不圆，你的聪明才智应该多用在这个方面。下面教你几种送礼的小秘诀。

1. 借花献佛

如果你送土特产品，可以说是老家来人捎来的，分一些给对方尝尝鲜，东西不多，自己又没花钱，不是特意买的。请他收下，一般来说受礼者那种因害怕你目的性太强的拒礼心态，就会得到缓和，欣然收下你的礼物。

2. 暗度陈仓

如果你送的是酒一类的东西，不妨假借说是别人送你两瓶酒，你自己又不喝，故而转送于他的，这样理由也充分，更能拉近关系了。

3. 借马引路

有时你想送礼给人而对方却又与你八竿子拉不上关系，你不妨选送礼者的生诞婚日，邀上几位熟人同去送礼祝贺，那样受礼者便不好拒收了。当事后知道这个主意是你出的时，必然会改变对你的看法，借助大家的力量达到送礼联谊的目的，实为上策。

4. 移花接木

张先生有事要托刘先生去办，想送点礼物疏通一下，又怕刘先生拒绝，驳了自己的面子。张先生的太太碰巧与刘先生的女朋友很熟，张先生便用起了夫人外交，让夫人带着礼物去拜访，一举成功，礼也收了，事也办了，两全其美。看来有时直接出击不如迂回行动更能收到奇效，这就是女性在送礼上的优势了。

　　以上这些都是商务性的送礼，对于亲密的朋友或亲人之间，则无需那么多忌讳。

　　有的时候，送礼只是一种需要，慎重是最基本的，而价值的大小并不重要，在新邻居的门口留下一瓶葡萄酒，给报童送上一副露指手套——礼物来自于有心人。

二、无礼社交大盘点

☞ 故作清高，不喜应酬

社交中的应酬是一门学问，可以拉近距离、联系感情。男人之间的应酬有很多：小张结婚、大李生子、王哥升迁、小许生日……你一定要积极一点，帮人凑份子、请客、送礼，因为应酬是最能联系感情的办法，善于交际的男人一定会抓住它大做文章。

一位朋友生日，有人提议大家去庆贺，你也乐意前行，可是去了以后发现，这么多的人，偏偏来为他贺岁，他们为什么不在你生日的时候也来热闹一番？这就是问题所在，这说明你的应酬还不到位，你的人际关系还欠佳。要扭转这种内心的失落，你不妨积极主动一些，多找一些借口，在应酬中学会应酬。

比如你新领到一笔奖金，又适逢生日，你可以采取积极的策略，向你的朋友或同事说："今天是我的生日，想请大家吃顿晚饭，敬请光临，记住了，别带礼物。"在这种情形下，不管他们过去与你的关系如何，这一次都会乐意去捧场的，你也一定会给他们留下一个比较好的印象。

李辰上班已经快半个月了，与同事的关系却还停留在"淡如水"的阶段，看着其他同事彼此间亲亲热热，李辰真是又羡慕又无奈。这天是周五，行政部的王小姐大声宣布："明天我生日，我请大家吃饭，愿意来的呢，明天下午 3 点，在公司门口会合！"大家听了都非常高兴，叽叽喳喳议论个不停，当然，李辰依旧是被冷落的那一个。"去不去呢？人家又没邀请我！"下班后李辰一直在考虑这个问题，最后一咬牙，还是决定去。第二天，他准时来到公司门口，当他把准备好的礼物送给王小姐时，她明显愣了一下，但马上就笑开了，并对李辰表示了热情的欢迎。那一天他们玩得非常尽兴，李辰还两次登台献艺，办公室里的尴尬气氛就这样打开了，李辰也成功融入这个集体。

如果没有参加这次应酬，李辰可能还得在办公室的"北极地带"继续徘徊，可见应酬确实是联络感情的最好办法，吃喝笑闹间，双方的距离就被拉近了。

重视应酬，一定要入乡随俗。如果你所在的公司中，升职者有宴请同事的习惯，你一定不要破例，你不请，就会落下一个"小气"的名声。如果人家都没有请过，而你却独开先例，同事们还会以为你太招摇。所以，要按约定俗成来办。这是请与不请、当请则请的问题。

重视应酬，还有一个别人邀请，你去与不去的问题。人家发出了邀请，不答应是不妥的，可是答应以后，一定要三思而后行。

对于深交的人，有求必应，关系密切，无论何种场面，都能应酬自如。浅交之人，去也只是应酬，礼尚往来，最好反过来再请别人，从而把关系推向深入。

能去的尽量去，不能去的就千万不要勉强。比如同事间的送旧迎新，由于工作的调动要分离了，可以去送行；来新人了可以去欢迎。欢送老同事，数年来工作中建立了一定的情缘，去一下合情合理；欢迎新同事就大可不必去凑这个热闹，来日方长，还愁没有见面的机会吗？

重视应酬，不能不送礼，人际交往的礼尚往来是建立感情、加深关系的物质纽带。

别人在某一件事上帮了你的忙，你事后觉得盛情难却，选了一份礼品登门致谢，既还了人情，又加深了感情。亲朋同事间的婚嫁喜庆，根据平日的交情送去一份贺礼，既添了喜庆的气氛，又巩固了自己的人缘。像这种情况，送礼时要留意轻重之分，一般情况礼到了就行了，千万不要买过于贵重的礼品。

送礼，讲究的是礼尚往来，今天你送给我，我明天再送给你，所以，不论怎样的礼品，应来者不拒，一概收下。他来送礼，你执意不收，岂不叫人没有面子？倘若你估计到送礼者别有图谋，推辞有困难，不能硬把礼品"推"出去，可将礼品暂时收下，然后找一个适当的借口，再回送相同价值的礼品。实在不能收受的礼物，除婉言拒收外，还要有诚恳的道谢。而收受那些非常礼之中的大礼，在可能影响工作大局和令你无法坚持原则的情况下，硬要撕破脸面不收，也比日后落个受贿嫌疑强，这叫作"君子爱礼，收之有道"。

应酬，是处理好人际关系的法宝之一，嫌应酬麻烦而躲避的男人，会被人说成是不懂得人情世故，处理好应酬的男人必定会受到人们的欢迎。

☞ 自以为是，摆臭架子

有些人，生怕别人看不起自己，总在人前摆着一副高傲的架子。却不知越是这样，别人越会对他皱起眉头。其实，在与他人交往的过程中，大家还是喜欢和那些谦虚谨慎、随和友善的人做朋友。作为一个成熟的男人，一定要学会克制住自己内心的那种自命不凡的高傲，因为只有放下架子，你才能看到这个世界上最真实的自己，才能够得到更多人的认同和友谊。

五代时，骁将王景有勇无谋，凭一身武艺为梁、晋、汉、周四朝效力，做到了节度使，宋初被封为太原郡王，死后被追封岐王。他的几个儿子也和他一样，除骑射之外别无所长。大儿子王迁义跟随宋太祖打天下，功不大，官不高，却自以为了不起，好夸海口，经常抬出他父亲的大名来炫耀，逢人便宣称"我是当代王景之子"。人们听着好笑，都称他为"王当代"。

这样的人在现实生活中还是经常能看到的。具有骄矜之气的人，大多自以为能力很强，很了不起，做事比别人强，看不起别人。由于骄傲，他们往往听不进别人的意见；由于自大，他们做事专横，轻视有才能的人，看不到别人的长处。

男人，尤其是自信的男人，很爱犯的一个错误就是总爱在人前摆摆架子，让人觉得自己是有身份的人，很有学问也很有能力。这种高高在上的感觉让他们很有成就感，却不知自己的自满给对方带来了一种很不舒服的感觉。尤其在第一次见面的时候，过分地抬高自己，会让对方备受压抑，结果可想而知，人家一定会对你敬而远之，想进行更深一步的交流是绝对不可能的。

要想和别人交朋友，首先就要懂得放下自己的架子，用谦卑的心去接近对方、感动对方。即便自己很优秀，也要表现出还有很多地方要向对方学习的姿态。只有这样，交谈的氛围才能更加和谐，也更容易靠近对方的心灵。毕竟，这个世界上没有任何一个人喜欢跟自视清高、自以为是的人打交道。

据说有一位外国人早晨路过一个报摊，他想买一份报纸却找不到零钱。这时他在报摊上拿起一份报纸，扔下一张 10 元钞票漫不经心地说："找钱罢！"报摊上的老人很生气地说："我可没功夫给你找钱。"从他手中拿回了报纸。这时有又一位顾客也遇到类似的情况，然而他却聪明多了。只见他和颜悦色地走到报摊前对老人笑着说："你好，朋友！你看，我碰到了一个难题，能不能帮帮我？我现在只有一张 10 元的钞票，可我真想买您的报纸，怎么办呢？"

老人笑了，拿过刚才那份报纸塞到他手里："拿去吧，什么时候有了零钱再给我。"

第二位顾客之所以会成功地拿到报纸，就是因为他付出了一份尊重，所以打动了人心，尽管他没付 1 分钱，却得到了报纸（当然，有了零钱还是要付的），这是因为人与人之间的关系不能仅仅用金钱来衡量。

按理说，第一位顾客也是愿意付钱的，但是他却没有意识到，由于自己没带零钱会给售报的老人带来找零钱这样不必要的麻烦，也就是说在除了报纸的价值之外，老人还必须向他提供额外的服务。而第二位顾客却清楚地意识到了这一点，并且特别为这一点向老人表示了自己的道歉和感激，而且非常有礼貌和涵养。这种礼貌和尊重使气氛变得十分友好和谐，接下来的协商也会很顺利地完成了。

简简单单买一份报纸，在很多人眼里是一件很平常的事情，但就是从这样一个很平常的事情，我们就可以看出放低姿态对于一个人来说会收到多么大的效果。它能够拉近人与人之间的距离，能够让彼此的交谈更加融洽和谐，还可以在进一步的沟通中达到自己的目的。这就是社交的艺术，你没有必要一味地摆出一副高傲的架子，放下它，也许你将会得到更多。

宋忠友不久前去参加一个非专业性会议，到会六十多人，没人认识他这个处级干部，也没人理他。由于当了几年官，他已经养成了让别人找自己搭话、围着自己转的习惯，当然不会主动去找别人聊天。结果游玩时，别人成群结队，有说有笑，玩儿得很开心，而他却独自一人，玩儿得很乏味。宋忠友这时候才想到，自己真的很少找别人聊天，天天又板着一副面孔，别人当然不会与自己结交。意识到这一点后，他就主动找别人聊，会议结束时也交了几位朋友。

越是摆架子，挖空心思地想得到别人的崇拜，你越不能得到它。能否获得别人的崇拜，取决于值不值得别人尊重，有无虚怀若谷的胸襟。

身处的职位越高，越要求你具备相应的威严和礼仪，不要摆架子、扮"黑脸""翘尾巴"。即便是国王，他之所以受到尊敬，也是由于他本人当之无愧，而不是因为他的那些堂而皇之的排场及其身份、地位。

真正有骨气的人并不看重自己的权力和财富，也不看重那些虚无缥缈的名利；而是用这些权力和财富去为更多的人造福，为更多的人提供便利。架子与权力和金钱无关，一个只会靠端架子摆威风树立自己威信的人，他最终只能成为一个孤家寡人，越活越辛苦，越活越没有意思。

所以，不要再以为摆架子能够为我们赢得更多的尊重，相反它很可能把你打造成一个可怜兮兮的孤家寡人。要想在社交这条路上走得更顺利，一定要学会做一个有谦和力的人。因此，还是先放下你那摆了很久的架子吧！当你真正放低姿态去面对身边的每一个人时，你一定会收获更多的友谊与微笑。

☞ 乖张霸道，唯我独尊

人们可以容忍很多，但不会容忍自大。不管怎样，我们应收敛起那份唯我独尊的霸气，以谦卑、真诚之心去经营生活。不管明天有多么大的成就，那也不过是过眼烟云而已，当我们在这条道路上走得越来越淡定、越来越从容，就一定会收获到人生的那份释然。

要知道，这个世界缺了谁都会照样精彩，这个地球没了谁也不会停止转动。不管你的事业多么成功，不管你把事务处理得多么井井有条、服服帖帖，都不要过高地估量了自己的位置。所以，不管未来会经历什么，还是让我们怀着一颗谦卑的心，要知道这个世界不支持唯我独尊的思想，如果你一味地相信自己的强大，那么总有一天你会在自我陶醉中体味到跌落谷底的痛苦。

男人到了一定岁数，无论是事业，还是财力，都有了不少的积累，这让我们很骄傲和自豪。随着职位在不断地上升，我们的家庭地位也得到了提升。这让我们觉得自己真的很重要，有些人甚至觉得，公司一旦没有了自己就不能正常运转，家里如果没有自己撑着，一定会是一团糟。其实，事情有的时候并不像我们想象的那样，这个世界没了谁都不会受到什么影响，如果有一天我们中的谁消失了，地球还是会该怎么转就怎么转。尽管有时老板总是夸奖你精明能干，但是有一天你离开了，他的公司大概也不会受到什么太大的影响。如果你觉得家里没有你的照顾就会乱七八糟，那不如就做个试验，消失两天看看，当你重新推开家门的时候，或许你就会发现，原来人家的生活可以说是井井有条，甚至多了几分轻松自在。

当然，这不是说我们在这个世界上从此就没有价值了，只是顺便给大家提个醒，当你看到天空辽阔的时候，就想想自己的渺小，当你站在川流不息的人群中时，就想想自己的平凡。是的，即便你认为自己再强大，我们也不过只是个普通人，平平淡淡地生活、开开心心地过日子才是我们追求的目标。我们没有必要一定要把谁压过去，更没有必要端出一副没有我不行的架势。面对人生，谦卑是福，只有懂得谦卑的人，才能在这个世界上不断前进，不断地寻找到属于自己的人生价值。因为我们知道，自己的思想不是什么时候都正确，有些时候过分的自信是一种自负，总是会把我们引向偏离正确轨道的另一个世界。

爱迪生说："有许多事我以为是对的，但是实验之后，我却错了，因此无论对任何事我都没有一种很自信的判定，如果某事临时让我觉得不对，我便可以马上抛弃。"一个男人要具有随时能改变自己错误判断的勇气，这样才能使自己少犯错误。

不要说太过自信的话，这是一条很好的交际原则。假如你能坚持这一条原则，即使将来发现你曾经说过的话有错误时，也不必收回。你应该知道：你所表达的意思或信仰，毕竟还只是你个人的意见和信仰而已，而他人也还保留着他自己的意见与信仰，并且拥有取舍的权利。做到这一点，他人自然不会盯着你的错误不放，而你也不用为自己的面子而坚持错下去，这样一来，自然就避免了陷入唯我独尊的尴尬境地。

如果你的意见所依据的证据越不牢靠，就越容易导致武断和自以为是。过度的肯定，无非是想遮掩对自己意见的些许疑惑。假如你能够摆脱这种想法，就会养成"我和别人是平等的，我不应该用命令式而应该用协商式去和别人相处"的好习惯。

一位著名的心理学家曾经说过，男人和女人都不过是长大的小孩儿。

生理年龄无论有多大，也不可能事事都处理得娴熟自如，大人也会犯和小孩儿同样的错误。因此，我们在有些交际场合中，无意的失误是常有的事。有时不妨"有意破坏"一下自己的形象，拿自己开个玩笑或"揭自己的短"，或许反而能够得到别人的喜爱，同时，还可以调节气氛，让别人觉得你平易近人。

在日常生活中，我们如果抛弃了唯我独尊，会得到意想不到的好处，而凡事逞强好胜的男人，则往往不会受到欢迎。那些姿态高的"强人们"往往由于缺少人情味而让人们敬而远之，正所谓"人外有人，天外有天"，谁也不可能一直是常胜将军。自负的人习惯沉浸于虚无的胜利幻想中，他们往往因为一次成功就自我满足，眼前闪现的永远是早已逝去的鲜花与掌声。他们把别人给予的荣誉看作是理所当然，不能静下心来想一想自己做了些什么，收获了什么。总认为曾经的成功能长久，总认为他人一直会甘拜下风。因此，他们自视清高、目中无人，更有甚者非但自己不思进取，还伺机嘲讽别人的努力，最终会因无法承受长期形成的心理压力，导致心理的扭曲。

唯我独尊的男人往往把自己看得很重，在他们的眼里，没有人可以与自己相提并论。不可否认，很多人确实有才华、有能力，但是他们目空一切、自得自满、不求进步，最终导致了人生的失败。可以说，恃才傲物是他们的显著特征，他们孤芳自赏，不愿与人交流，故步自封，最后难免导致悲剧性结局。

当今时代的竞争就是性格的竞争，具有唯我独尊性格的人即使才华满腹，如不知克服性格缺点的话，也很难成功。我们只有坚定地采取谦卑的态度去经营自己的生活，经营自己的人生，才能搬开前进道路上由自己设置的那颗过于"自我"的绊脚石，才能更和谐地和大家相处在一起，才能真正拥有属于自己的那份从容和幸福。

☞ 无视别人，兀自表现

每个人都想拥有展示自己的舞台，男人都想向世界证明自己是个强者。但是，我们千万不要把注意力集中在展示自己身上，也要多关注一下其他人的感受，尽管表现自己是一件很痛快的事情，但绝对不能因此成为其他人的痛苦和麻烦。

毫无疑问，男人肯定是希望自己的舞台越大越好，希望自己可以在人前人后展示自己的强者之美，告诉身边的每一个人："我是最棒的。"但是这个时候出现了一个问题，那就是有些人总会在这个舞台上忘乎所以，这种"忘我"的境界让他很难意识到观众已经开始紧锁眉头。这是他们在为人处世方面的一个重大失误，他们忘记了在展现自己的同时，也要顾及其他人的感受，这样才能最大限度地获得别人的赞美和认同。

有的人说话，不顾及别人的感受与想法，只是一个人滔滔不绝，说个没完没了，讲到高兴之处，更是眉飞色舞，你一插嘴，立刻就会被打断。这样的人，还是大有人在的。李晓就是这样一个人，只要他一打开话匣子，就很难止住。跟他在一起，你就要不情愿地当个听众。他甚至可以从上午讲到下午，连一句重复的话都没有，真不知道他的话都是从哪来的。每次他找人闲聊，大家都躲得远远的，因为和他在一起实在有点儿害怕。

人与人交往，重要的是双方的沟通和交流。在整个谈话过程中，若只有一个人在说，就不容易与对方产生共鸣，达不到沟通和交流的效果。也就是说，交谈中要给他人说话的机会，一味地唠叨不停就会使人不愿意与你交谈。

每个人对事物的看法各不相同，如果你在与他人交往的过程中，把自己的观点强加给别人，就会引起他人的不满。其实，每个人由于生活经历不同，对事物的认识也会不尽相同，各持己见也是正常现象。但是当他人提出不同意见时，断然否定，而且把自己的观点强加给别人，这样必定会给人留下狭隘偏激的印象，使交谈无法进行下去，甚至不欢而散。当你与他人交谈时，应该顾及对方的感受，以宽容为怀，即使他人的观点不正确，也要坚持与对方探讨下去。

徐茂方是某大学外国语学院的学生会主席，能言善辩，口才极佳。但他有一个特点，凡事争强好胜，常因为一些问题的看法与别人争得面红耳赤，非得争个输赢才肯罢休。他总认为自己说的话有道理，别人说的话没道理。别人的看法和观点，常常被他驳得一无是处。大家讨论什么问题时，只要他在场，他就会疾言厉色，一会儿反驳这个，一会儿又批评那个，好像只有他一个人是正确的，别人都不如他。就这样，他常常会把气氛弄得很紧张，最后大家只好不欢而散。

其实，表现自己并没错。在现代社会，充分发挥自己的潜能，表现出自己的才能和优势是适应挑战的必然选择。但是，表现自己要分场合、分方式，更要适度，别妄乎所以。避免矫揉造作，否则好像是做样子给别人看似的。特别是在众多同事面前，只有你一个人表现得特殊、积极，往往会被人认为是故意造作，推销自己，常常得不偿失。

陈庆刚是一名刚进企业的大学生，在学校的时候他是鼎鼎有名的高材生，所以一进企业就想好好地表现自己一番，得到上司的认同，尽早拥有提升的机会。一次，上司开会和大家讨论下一步的运营方案，陈庆刚觉得施展自己的才华的时候到了，于是他不顾别人在会上夸夸奇谈，按照自己的思路把想法都说了出来。尽管他的陈述很到位，但是大家还是皱起了眉头。会后很长时间，公司没有一个人跟陈庆刚说话，在投票选举新主管的时候，陈庆刚自然因为自己的人缘不够好而落选了。

作为一个初来乍到的人，进入到一个新环境都应该本着尊敬别人向别人学习的原则做事。只有这样，大家才会帮助你，你才能更快地走进集体的圈子。可是陈庆刚在这里就不会为人处世，他急于表现自己，给了别人一种很不舒服的感觉。由此看来，这种只顾着表现自己的行为真的不可取，不但会影响到你的人缘，还很有可能葬送了自己的前程。

除此之外，还有人十分热衷于突出自己，与他人交往时，总爱谈一些自己感到荣耀的事情，而不在意对方的感受。

年已三十的杜涛就是这样一个人，不论谁到他家去，椅子还没有坐热，他就把家里值得炫耀的事情一件一件地向你说，说话的表情还是一副十分得意的样子。一位老同学下岗了，经济上有点紧张，他知道了，非但没有安慰人家，反而对这位同学说："我现在工作还算稳定，每月工资6 000元，就是太忙，赚了钱都不知道怎么花。"这时候他开始显示自己身上的那一身西装，因为很值钱，于是就在朋友面前炫耀："这是我从香港买的名牌西服，你猜一猜多少钱？ 1 800元。"说完后，一脸得意的表情，感觉就好像说："怎么样，买不起吧？"

表现自己虽然说是人的共同心理，但也要注意尺度与分寸。如果只是一味热衷于表现自己，轻视他人，对他人不屑一顾，这样很容易给人造成自吹自擂的不良印象。

总而言之，我们在与别人相处和交往的时候，要多注意别人的心理感受。只有抓住了别人的心理，才能真正赢得别人的赞赏与好感。如果你只知道表现自己，抢风头而不给别人表现的机会，你就会遭到别人的怨恨，使自己陷入尴尬境地。

客观地说，表现自己并不一定是件坏事，何况每个人都有表现自己的愿望。但是，我们一定要注意场合，该收敛的时候收敛，该展现的时候展现。我们不能光想着表现自己，这样必将给自己带来很多不必要的麻烦。做人有时候还是要聪明一些，千万不要让一时的过失，影响到了自己整盘棋子的输赢。

☞ 个性张扬，特立独行

男人可能都认为个性很重要，他们最喜欢做的就是张扬个性。他们最喜欢引用的格言是：走自己的路，让别人去说吧！时下的种种媒体，包括图书、杂志、电视等也都在宣扬个性的重要性。

我们可以看到许多名人都有非常突出的个性：爱因斯坦在日常生活中非常不拘小节，巴顿将军性格极其粗暴，画家梵高是一个缺少理性、充满了艺术妄想的人。

名人因为有突出的成就，所以他们许多怪异的行为往往被社会广为宣传。有的男人甚至产生这样的错觉：怪异的行为正是名人和天才人物的标志，是其成功的秘诀。我们只要分析一下，就会发现这种想法是十分荒谬的。

名人确实有突出的个性，但他们的这种个性往往表现在创作的才华和能力之中。正是他们的成就和才华，使他们特殊的个性得到了社会的肯定。如果是一般人，一个没有多少本领的人，他们的特殊行为可能只会得到别人的嘲笑。

男人为什么那么喜欢谈个性，那么喜欢张扬个性呢？我们先探讨一下男人所张扬的个性的具体内容是什么。

他们张扬的个性有相当一部分是一种习气，是一种希望自己能任性地为所欲为的愿望。男人有许多情绪，他们希望畅快地发泄自己的情绪，不希望把自己的行为束缚在条条框框中，所以男人喜欢张扬个性。

张扬个性肯定要比压抑个性舒服。但是，如果张扬个性仅仅是一种任性，仅仅是一种意气用事，甚至是对自己的缺陷和陋习的一种放纵的话，那么，这样的张扬个性对男人的前途肯定是没有好处的。

大多数男人都非常喜欢引用但丁的一句名言："走自己的路，让别人去说吧！"但作为一个社会中的人，你真的能这么"洒脱"吗？比如你走在公路上，如果仅仅走自己的路而不注意交通规则的话，警察就会来干涉你，会罚你的款。如果你走路时不注意安全，横冲直撞的话，还有可能出车祸。所以"走自己的路，让别人去说吧"这种态度在现实生活中是行不通的。社会是一个由无数个体组成的群体，每个人的生存空间并不是很大。所以，当你想伸展四肢舒服一下的时候，必须注意不要碰到别人。当你张扬个性的时候，必须考虑到你张扬的是什么，必须注意到别人的接受程度。如果你的这种个性是一种非常明显的缺点，你最好还是把它改掉，而不是去张扬它。

男人必须注意：不要使张扬个性成为你纵容自己缺点的一种漂亮的借口。社会需要人们创造价值，社会首先关注的是人们的工作品质是否有利于创造价值。个性也不例外，只有当你的个性有利于创造价值，是一种生产型的个性，你的个性才能被社会接受。

巴顿将军性格粗暴，他之所以能被周围的人接受，原因是他是一个优秀的将军，他能打仗，否则他也会因为性格的粗暴而遭到社会的排斥。

所以，作为男人应该明白：社会需要的是生产型的个性，只有你的个性能融合到创造性的才华和能力之中，你的个性才能够被社会接受，如果你的个性没有表现为一种才能，而只是仅仅表现为一种脾气，它往往只能给你带来不好的结果。

☞ 言而无信，自食其言

人格是一生最重要的资本。要知道，糟蹋自己的信用无异于在拿自己的人格做典当。一个男人，凭着自己良好的品性，能让人在心里默认你、认可你、信任你，那么，你就有了一项成功者的资本。

其实对于很多男人来说，平时最忌讳的就是用欺骗手段来换取成就。因为日久之后，自己的欺骗被对方看破，对方对你的一切，不能无疑，今日你虽真诚待他，对方还是会认为这是你另一种姿态的虚伪，即使你拿出赤心相示，他还是会认为你在做作。所以无诚不信，无信不诚。你要诚，必先要修信，修信乃能立信，立信乃能行诚，因此千万不要有任何一次无礼的欺骗行为。

我们来看看华盛顿与尼克松、克林顿的对比。

华盛顿用小斧头砍倒了他父亲的一棵樱桃树。父亲见心爱的树被砍，非常气愤，扬言要给那个砍树的一顿教训。而华盛顿在盛怒的父亲面前毫不避地承认了自己的错误。父亲被感动了，称华盛顿的诚实比所有樱桃树都宝贵得多。

同样是美国总统，尼克松因在"水门事件"中撒谎败露而被迫引咎辞职，克林顿也因为不光彩的绯闻案中撒谎而险遭弹劾。一位因诚实而受到爱戴和尊敬，两位因撒谎而在政史上留下污点。谁更光耀，可想而知。

那么，想必我们都听说过"狼来了"的故事吧，也知道欺骗会给一个人带来多么大的损失，可是这个世界总是会有人与真理背道而驰，最终只能是欺骗了别人，也害苦了自己。

有位年轻的业务员，忙了整整一年，年终结算，按原定计划，他可以拿到 3 万块钱的销售提成，这位业务人员美滋滋地盘算着，这下可热热闹闹地过个好年了。当他要求公司兑现时，却发现老板支支吾吾，一会儿说公司资金周转困难，一会儿说提成比例的百分点算错了，始终不愿马上兑现给这位年轻的业务人员。刚巧在这时，公司有一笔货款要他去收，差不多也是 3 万块。这位业务员一不做二不休，把钱收了，拒而不交。于是，他和老板由原来的争吵，最后双双动起了拳头，并闹到了派出所。最后的情况可想而知，这位年轻的业务人员因私自侵吞公司的货款，按照有关法律条例，被法院判了有期徒刑，而这位说话不算话的老板，也让客户和他的员工纷纷远离，公司的生意一落千丈，很快就倒闭了。

我们看，原本一个好好公司，因为老板的失信和业务人员对法律的无知，区区 3 万块钱，造成这样的后果实在是可惜。一个人不守信用，就会在人生的道路上处处碰壁。不论是做生意还是交朋友，讲的就是"信义"二字，如果在工作、生活中因为一时的得失而愚弄了对方，那么从此以后就再也不会有人相信你、帮助你了。

《郁离子》中记载了这样一个故事：济阳有个商人过河时船沉了，他抓住一根大麻杆大声呼救。有个渔夫闻声而致。商人急忙喊："我是济阳最大的富翁，你若能救我，给你 100 两金子"。待被救上岸后，商人却翻脸不认账了，他只给了渔夫 10 两金子。渔夫责怪他不守信，出尔反尔。富翁说："你一个打渔的，一生都挣不了几个钱，突然得十两金子还不满足吗？"渔夫只得怏怏而去。不料想后来，那富翁又一次在原地翻船了。有人欲救，那个曾被他骗过的渔夫说："他就是那个说话不算数的人！"于是商人淹死了。商人两次翻船而遇同一渔夫是偶然的，但商人的不得好报却是在意料之中的。因为一个人若不守信，便会失去别人对他的信任。所以，一旦他处于困境，便没有人再愿意出手相救。

这些故事虽然都很老套，但是却告诉我们一个永恒不变的真理，那就是欺骗别人的人，总有一天会自食其果。在这个充满诱惑，而又复杂多变的时代，很多人都因各种各样的原因迷失了自我，他们欺骗着别人，也同时被别人欺骗着。就这样他们不知道该相信谁，甚至对自己都产生了怀疑。还有人坦言："这个世界上我不相信任何人。"可是他们没有意识到，如果人与人之间没有任何的信任可言，那么我们又该怎样生活呢？如果人与人之间没有了真诚，那么整个世界又将是什么样子呢？

有品位的男人应该活在真实里。对于别人，你欺骗得了一时，却欺骗不了一世。中国有句老话叫作"纸里包不住火"，当真相遮掩不住的那一天，自己该多么尴尬。除了脸上过不去以外，以后谁还敢相信你呢？由此看来，欺骗真的是人类的敌人。我们都已成熟，还是保持那个真实的自己吧，不但能够保存你的人脉，还关乎到你的命脉。如果一个人最终连自己都难以相信的话，那么他的命运一定是可悲而遗憾的。

☞ 社交中要戒掉的六个错误

一些男人常常抱怨自己莫名其妙就得罪了人，其实这都是由于他们不小心闯进了社交雷区造成的。因此，年轻的朋友们有必要多了解一下社交中的禁忌，这样才能更好地与人相处。

1. 在任何情况下都不要迁怒于人

社会交往讲究相互关心、相互尊重，如果把怒气发泄在朋友或者同事身上，就是心胸狭窄的表现。其实，在社会交往过程中，这种现象经常可以看到。譬如，某位领导在电话里遭到了上级的批评，满肚子火气没处发，就把秘书叫过来，挑点毛病猛批一顿。迁怒就是把自己的痛苦转嫁到别人身上，这实际上就是损人不利己。

要想建立良好的社交关系，树立良好的个人形象，就必须严禁自己迁怒于人。

①心胸宽广，受得了委屈，不要随便生气发火。

②保持头脑清醒，把不同的事分开对待，不要纠缠不清，不要自己一人受了委屈，也让周围的人跟着遭殃。

③遇事冷静，即使遇到不快的事情，也不要动辄发火。有句话说得好："生气是拿别人的错误惩罚自己。"保持心平气和，这样迁怒于人的可能性就会相对减小。

④尊重别人，尊重别人的感情和自尊。不能因为自己受到伤害，就一定要让别人也跟着受到伤害。

2. 不要开伤人的玩笑

朋友之间、同事之间适当地开开玩笑，是双方关系融洽、互相信任的表现。在社交活动中，善意的玩笑可以活跃气氛，促进交流和沟通。但是，也会发生因为开玩笑而闹僵的事情。开玩笑并不是不可以，关键是要开得适当。

（1）对象

并不是所有人都愿意别人跟自己开玩笑，每个人的习惯和性格都不一样，有些人习惯于同别人开玩笑，有些人则对任何玩笑都反感。最好不要在长辈、上司和女性面前开玩笑。

（2）场合和时间

有些场合和时间是不宜于开玩笑的。譬如，当对方心情极坏的时候，根本没有听笑话的心情，就不要跟他们开玩笑；在庄重的场合，也不应该开玩笑，譬如在丧葬仪式上或在某人失恋的时候。

（3）方式和内容

有些人喜欢开一些低级下流的玩笑，这种玩笑庸俗无聊，不但有损自己的形象，也会招致别人的反感。

3. 不要搬弄是非

俗话说："道人是非者，必是是非人。"当面若无其事，甚至甜言蜜语，但背地里却搬弄是非，说别人的坏话。这种人无论到哪里，都会遭到众人的唾骂。当然，搬弄是非的行为虽然可恶，一些人也确实希望通过背后损人来达到自己的目的。但是，也有一些年轻人涉世未深，他们本来没有害人利己的目的，搬弄是非纯粹是由于无知，由于好奇，甚至有些还是因为嫉恶如仇，对看不顺眼的人和事喜欢发表议论。对于有这种不良习惯的年轻人，更应该多学习做人的基本知识，改掉搬弄是非的坏习惯，做一个正直善良受人欢迎的人。

（1）要正确对待是非

每个人都有自己的缺点，你可能看不顺眼。但是，无论你如何讨厌一个人，都不要背着他在别人面前随意议论。如果你确实对他有意见，最好的处理办法就是委婉地向他提出来，或者干脆闷在肚子里，保持宽容谅解的态度，对任何人都只字不提。

（2）不要相信小道消息

很多人从别人那里听到一些消息，就信以为真，觉得好奇，于是也随着别人一起散布，以为既然已经有人比我先知道，那就没有必要保守秘密了。

（3）应该有同情心

散布流言者，往往对别人的不幸不但没有同情心，反而幸灾乐祸。因此，一定要富有同情心，对不幸的人们给予关心和帮助。

4. 不给别人取绰号

其实，多数人还是希望别人用他们的真实姓名称呼自己，不喜欢别人给自己取绰号。即使是夸奖自己的，很多人也仍然觉得不舒服。所以在社交活动中，应该遵循称呼的礼仪，尽量尊重别人。不要动辄用绰号代替真名。滥用绰号，是对别人的不尊重。因为绰号本身就带有评价人品的意思，而在社会交往中，随便对别人的人品发表看法，是对别人极端的不礼貌。

5. 交谈要文明有礼

交谈是人与人之间交流沟通最主要的方式。因此，如何说话对于建立良好的人际关系，显得极其重要。交谈中除了要讲究谈话技巧之外，还应该了解说话的禁忌。

（1）避免说脏话

在日常生活中，脏话主要是骂人的，而且脏话也多半是在骂人的过程中产生出来的。

（2）避免说气话

气话一般是指赌气泄愤的话。在社交场合，应该保持高度的自控力，避免被不顺心的事或者不顺眼的人激怒。即使心中有火，也不要轻易在别人面前发泄。始终保持平和的心态，耐心与人沟通。气话只会妨碍双方的进一步沟通，既破坏了自己的心情，又容易使矛盾激化。

（3）避免说下流话

有些人喜欢同别人讲黄色下流的故事，专门谈论别人的艳史、绯闻，拿男女关系为谈资，开口不离性。说下流话往往是那些心术不正、缺乏修养的浅薄之徒的嗜好，在社交场合应该杜绝。

（4）避免说怪话

有些人跟人谈话，喜欢"语不惊人死不休"，总爱发表奇谈怪论，阴阳怪气，吓唬别人。其实都是无稽之谈，不足入耳。

社交场合应该使用文明语言，对他人表示尊重和礼貌。俗话说："言为心声"，纯洁的灵魂见诸语言，必然文明、高雅；相反，粗话、脏话、气话等低劣的谈吐，反映的只能是鄙俗狭隘的思想。

6. 言而无信就会寸步难行

言行一致的人才值得信赖。你答应别人的某件事是不是能够兑现，如果不能够兑现，就证明你这个人的可信度太低，那么以后你再说什么，别人就不会相信了。人们检测一个人的可信度，就是通过他的言行是否一致来得出结论的。有信用的人才是值得信任的人。

社会交往中，守信用是一个人最起码的品格。不具备这种品格的人，很容易会被别人"挤出"社交圈。古人说："无信之人不可交"，朋友、同事、上下级、商业合作伙伴之间等所有正常的交际，都应以信用为基础，没有了信用，就会寸步难行。因此，社交第一大禁忌，就是言而无信。

（1）不要随便许诺

轻诺的人最容易失信，因为轻易许诺的人在答应别人某件事的时候，虽然有可能确实想帮助别人，但是，一个人的能力和时间毕竟有限，不是想做什么就能够把什么做成。因此，对于任何人的请求，绝不要没有经过深思熟虑就匆匆接受。一定要认真想一想，这件事的难度究竟有多大，自己的能力是否可以解决这个问题。应该反复权衡事情的难度和自己的能力，考虑清楚以后，再回答别人也不迟。

（2）有个好记性

很多人失信于人，既不是由于爱面子，也不是因为缺乏能力，而常常是因为忘记了自己说过的话。一定要把自己答应的事记下来，写在纸条上，放在显眼的地方。

（3）正确估计自己的能力

有些人失信于人，既不是因为没诚意，也不是因为记不住，而是因为过高地估计了自己的能力。不要为了廉价的面子而丢失珍贵的信用。

总之，一个人在与人交往时不能什么都由着自己的性子来，至少不能触犯社交禁忌，否则你就会在社会上寸步难行。

第四篇

谙熟职场礼仪，提升个人素质

有品位的男人多是职场上的精英，他们谙熟职场上的规则，从他们接受面试的那一刻起，便已将礼节贯彻在每一个工作细节之中，是故，他们的工作看起来总是那么的出色，他们的职业生涯也总是那么的卓越。

一、不得不说的面试规矩

☞ 面试时的基本礼仪

要想面试成功真的不是一件容易的事情，作为求职者，首先必须懂得面试礼仪，谁在面试中表现得体、礼貌周全，谁就容易拿到高分，谁就最先通过，求得理想的职位。你在整个面试过程中表现得专业，才能击败对手，求职成功。

张文涛大学时就听许多师哥师姐感叹就业不容易，所以毕业前就投了很多简历，可都石沉大海，没有结果。后来好容易盼来两家面试机会，自己感觉明明不错，条件也适合应聘的岗位，可就是没通过。张文涛想了好长时间都没发现问题所在，经学校就业中心的于老师指点迷津后，张文涛才知道面试里面有很多学问，有面试礼仪、面试策略等等，这些都是张文涛从没有考虑过的。在于老师的指导和帮助下，张文涛再次面试时心中有了底，心态也非常好，信心十足、面带微笑、语气和缓、应对自如，不但顺利通过面试，还得到面试官赞许的眼光。后来顺利张文涛进入了这家著名的外资公司，在同学中最先找到了适合自己的工作。当初负责招聘的人成了他的同事，并告诉他，正是因为张文涛面试礼仪做得比较周全，才给自己留下了良好的印象，这是他面试成功的重要因素。

那么，面试过程中，我们究竟要注意的基本礼仪有哪些呢？

1. 面试前

①参加面试最好单独前往，一般不应由亲友陪同面试，避免给人留下不独立的印象。最好也不要和朋友一道去，这样会增加你的心理负担，因为谁也不愿在朋友面前丢丑；从另一方面讲，朋友的存在也限制了面试者的自我表现。如果没有朋友在场，可以无所顾忌地宣传自己，而当着一个知道自己底细的人，反而有所顾忌，不能表现真实的自我了。

②参加面试特别要注意遵守时间，一般要提前到达，不要迟到。按时到达才能表现出求职的诚意，给用人单位信任感。

③到达面试地点要主动道明来意，告知接待员你是来应聘的，以便做出安排。应对所有职员保持礼貌，要知道，他们可能成为你的同事。

④进门前先敲门，和面试官礼貌地打招呼。

2. 面试时

①待面试官邀请时才礼貌地坐下，坐的时候要保持笔直。面试坐姿要端正，切忌跷二郎腿或者不停抖动；留意自己的身体语言，要大方得体。跷腿、左摇右摆、双臂交叠胸前、单手或双手托腮都不适宜。

②不要紧张，保持自信和自然的笑容。这样一方面可以帮助你放松心情，令面试的气氛变得更融洽愉快；另一方面，可令面试官认为你充满自信，能面对压力，进而对你留下良好的印象。

③一般来说，求职者在面试时常常会情不自禁地做出一些动作，从这些动作往往可以看出一个人的精神面貌和心理状态。面试官阅人无数，常常从这些小动作中探测你的内心所想，所以求职者面试时切忌一些缺乏自信的小动作。比如：看表，这是缺乏耐心的表现；玩弄圆珠笔或其他物品，面试官会认为你心不在焉；身体前后摆动，说明你紧张和有疑问；搓

手，也是不耐心的表现；手臂交叉，这是一种"守势"；姿势过于舒适，面试官会认为你很傲慢；眼光向下，表示你不相信所听到的；两腿交叉和一只脚不停摆动，表示厌烦和懈怠；脚歪着放，脚尖相对和脚跟分开，这是神经质和紧张的表现。

④应避免把弄衣衫、领带及将手插进裤袋内。

⑤谈话时要与面试官有恰当的眼神接触，给面试官诚恳、认真的印象。点头不可太急，否则会给人留下不耐烦及想插嘴的印象。谈话时切忌东张西望，此举有欠缺诚意之嫌。

⑥回答问题要态度诚恳，不宜过分客套和谦卑。不太明白面试官的问题时，应礼貌地请他重复。陈述自己的长处时，要诚实而不夸张，要视所申请职位的要求，充分表现自己有关的能力和才干。不懂得回答的问题，不妨坦白承认，给面试官揭穿反而会弄巧成拙。语调要肯定、正面，表现信心。

⑦尽量少用语气助词，避免给面试官一种用语不清、冗长、不认真及缺乏自信的感觉。讲错话要补救，在讲错话之后，亦不要放弃，必须重新振作，继续回答其他问题。

⑧面试结束时，求职者应一面徐徐起立，一面以眼神正视对方，趁机做最后的表白，以突显自己的满腔热忱。不论面试效果如何，面试结束离开时勿忘说一声"谢谢"。

其他需要注意的事项还有：不要打断面试官的话，因为这是非常无礼的行为。面试官可能会问你一些与职位完全无关的问题，目的在于进一步了解你的思考能力及见识，不要表现出不耐烦或惊讶，以免给用人单位留下一个太计较的印象。切忌因面试官不赞同你的意见而惊慌失措。部分面试官会故意反对应聘者的意见，以观察他们的反应。

☞ 应针对行业选择面试着装

几乎每一次求职面试，面试官们或多或少都要根据外表对你进行评价。一般而言，面试官评判面试者服装的标准是：协调中显示着人的气质与风度，稳重中透露出可信赖程度，独特中彰显着人的个性。服饰的最高境界是自然协调，如果衣着首先与你的个性、品位不协调的话，就很难与面试的气氛相一致。面试的着装是要郑重一点，但也不必为此而改变你在日常中一贯的形象。要学会从过去你的无数形象中选择与面试相匹配的服装。要相信自己的审美能力和身旁众多"参谋"的审美能力。

作为求职者，除了要防止出现上文所述的着装禁忌之外，应该如何打扮自己取决于你要面试的工作和行业。让我们来看看 8 个职业领域里面试着装的一般原则吧。

1. 创意族
主基调：简约休闲

创意族主要指从事新闻、娱乐、广告、平面设计、动画制作、形象造型等工作的职场人士，在服装的选择上他们的局限性相对其他行业要小。以创意族的职业特点及对美学天生的敏感度，随意转变一下思路，巧妙装扮一下，就能显示出与众不同的感觉。

2. 技术族
主基调：含蓄稳重

实干、沉稳的技术族，在着装上不需要过分准备，只需舒服、干净即可。技术族的人在着装上要体现诚实和稳妥，切忌华而不实。服饰要讲究质地，若有经济能力的局限，则以外观上的大方为原则。避免怪异或过于随便的装扮。

3. 公务员

主基调：保守严谨

一般而言，一套颜色比较保守的西服最适合政府部门的面试。一定不要穿得太花哨，要显得你很有责任心，值得信赖并且很诚实。对于首饰的佩戴、化妆和头发的式样，同样也要保守一点。

4. 人力资源

主基调：职业权威

西服对于人力资源部门的面试同样是最好的选择，因为你必须看起来很专业并且权威，要看起来可以解决任何难题并且值得信赖。面试的时候选择西服，会让面试官在视觉上觉得你是人力资源这个圈子的人。

5. 销售

主基调：正式体面

通常，西服是销售行业面试的制服。你想，谁愿意从一个穿着体恤衫和牛仔裤的销售员那里买东西呢？但是你可以穿得更多彩多样一点，因为有时候你代表的产品和服务会含有某些特殊的因素，比如前卫或者时尚。

6. 汽车行业

主基调：整洁干净

这里是个例外，如果你的指甲里有些污垢或者油腻，你的老板可以理解，当然你还是应该尽量看起来比较整洁，但是穿西服恐怕没有必要。除非你要面试的是高端代理商的职位，在那种情况下，你应该穿得正式一点。

7. 服务行业

主基调：亲切自然

在服务行业中，形象尤其重要，西服对于有些职位比较合适，但也不总是必须的。不过，你总是需要给客人留下一个非常不错的第一印象。因为你代表的是整个公司，而且也许你是顾客第一个见到的人。面试的时候，亲切自然的着装会让面试官感到满意和舒心。

一个求职岗位，你只有一次面试机会，给面试官留下良好的印象就变得格外重要了，所以花点时间和金钱来选择一套合适的面试服装，你就能让老板们在你身上返还投资。

☞ 外企面试的规矩

如果你有进外企的想法，一定做充分的准备，因为外企有其独特的面试规矩。面试前一天，不妨设想一下第二天将会遇到的各种情况，面试官会问什么，你要怎么回答，还有就是你想了解一些什么。

外企以正规严谨著称，所以面试时一定要穿比较正式的职业装——西装，着装不一定是名牌，外企不会看重这些，面试官真正看重的是内在素养。

面试的时候一定要带好简历。如果面试官问你要简历，你把一份纸张精良、制作完美的原版简历送到他面前，他必定会眼前一亮，你的前三分钟印象值便已经直线上升了。

寒暄和问候是至关重要的开场白，所谓"前三分钟定终身"，这是招聘经理们从来都不愿承认的公开秘密。寒暄问候的主要话题可以用天气、交通、办公室附近的建筑物、时事以及近日的热门话题。你的寒暄和问候，不仅能够缓和考场紧张的气氛，还能拉近和面试官的距离。

在面试过程中，你一定要学会发问。如果你除了回答问题一言不发，对方可能会认为你对该企业没多大兴趣或者没有能力提出好问题，招聘经理会认为你反应较慢，不会应酬。外企需要的是头脑灵活的人，所以提前想好要问的问题。

外企不同于国企和私营企业，有着不同的文化背景和职场规则。所以，去外企面试一定要谨记以下六个事项。

①不谈政治。外企讲究自由和民主，不喜欢谈论政治问题，即使谈到也要注意主观感情色彩不要太浓。

②不要冷场。有时面试人员就是故意在考应变能力，尤其是在招销售员的时候。

③不要过多解释或道歉。比如迟到了，说一句抱歉就行了，或者加上真实的原因。不要编故事，往往是越抹越黑。

④不要试图支配招聘人员及话题。有时招聘人员显得比较年轻，你有可能在潜意识里想支配话题，如果一旦真的支配了，他就会觉得不舒服，自然也就没什么好下场了。

⑤不要请求招聘人员帮忙。有人知道招聘人员是自己的校友或者朋友，就说"多谢您帮忙了"，这是很不专业的做法，说这句话只能帮你倒忙。

⑥不要当面询问面试结果。完毕后，说声谢谢就行了。

另外，外企面试还有一些细节需要注意：不要嚼口香糖或抽烟，平常有这种习惯到时要忍着点；喝水最忌讳喝水出声和把水杯弄洒，一定要小心，把水杯放远一点，喝不喝都没关系。还有一点要记住，打喷嚏之前或之后一定要说"Excuse me"。

☞ 迟到——绝对不可原谅

HR：离预定面试时间已经过了半个小时了，请问你什么时候能到？

面试者：哎呀，你们公司到底在哪条路上啊，司机已经带我绕了二十分钟的路了，你们这里真难找……

面试迟到是每个求职者均不愿遭遇之事。不过生活充满了意外，乘错车、交通堵塞、睡过点、临时加班、忘记了……迟到总是有理由的，但是迟到在面试官看来确实不可原谅的。

守时是职业道德的一个基本要求，提前 10 到 15 分钟到达面试地点效果最佳，可熟悉一下环境，稳定一下心神。也不能太过提前，提前半小时以上到达会被视为没有时间观念，但在面试时迟到或是匆匆忙忙赶到却是致命的。如果你面试迟到，那么不管有什么理由，也会被视为缺乏自我管理和约束能力，即缺乏职业能力，给面试者留下非常不好的印象。不管什么理由，迟到是不可原谅的，会严重影响自身的形象，这是一个对人、对自己尊重的问题。而且大公司的面试往往一次要安排很多人，迟到了几分钟，就很可能永远与这家公司失之交臂了，因为这是面试的第一道题，你的分值就被扣掉，后面的你也会因状态不佳而搞砸。

如果路程较远，宁可早到 30 分钟，甚至一个小时。现代城市车辆日益增多，路上堵车的情形很普遍，对于不熟悉的地方也难免迷路。但早到后不宜提早进入面试区域，最好不要提前 10 分钟以上出现在面试地点，因为这样的话，面试官很可能因为手头的事情没处理完而觉得很不方便。外企的老板一般很注意准时，说几点就是几点，一般绝不提前。当然，如果事先通知了许多人来面试，早到者可提早面试或是在空闲的会议室等候，那就另当别论。对面试地点比较远、地理位置也比较偏僻的，不妨先跑一趟，熟悉交通线路、地形，甚至事先搞清洗手间的位置。提前踩点能够让你知道面试的具体地点，同时也了解路上所需的时间。

张先生是一家国际培训机构的高级讲师，有一次，他被公司指派给分公司的培训老师讲课。培训中心比较偏僻，但张先生下榻的饭店距离培训中心不过五分钟的路程，即便如此，他仍然整整提前了半个小时。当时有一个老师就问他，为什么提前这么早到。张先生说："我早到，心里就踏实，就能镇定一下，就更有自信了。我们搞心理培训的人都明白，如果一旦迟到，就很容易心怀愧疚，在课堂上的发挥以及在逻辑思维、语言表达方面都会大打折扣了。

为了防止面试迟到，求职者一定要提前多做些准备，出发前熟记地址，最好到网上查找好公交线路确保准时抵达。但如果真迟到了，也要想好补救措施。如果是复试或者你不知面试人数，保险起见，必须在面试开始前打个电话说明情况，让对方早做准备。这是责任心和尊重的表现，事前打招呼，单位很少计较。在抵达面试地点后，不管迟到多久，也要记住一点：既然来了，就一定要表现好。请在面试前一定要平复焦躁的情绪，擦掉脸上的汗珠，整理凌乱的头发，抚平衣服的褶皱，整理一下应聘思路，然后就当什么都没发生过，面带微笑，自信地走进去。除非面试官询问，切忌主动解释迟到的原因。

面试中有一点需要格外注意，那就是招聘人员是允许迟到的，这一点一定要清楚。如果招聘人员迟到了，求职者千万不要太介意，也不要太介意面试人员的礼仪、素养。作为求职者，你的身份不允许随便指责面试官。如果他们有不妥之处，你应尽量表现得大度开朗一些，这样往往能使坏事变好事。相反，如果招聘人员一迟到，你的不满情绪就流于言表，面露愠色，招聘人员对你的第一印象就大打折扣，甚至导致满盘皆输。从某种程度上来说，面试也是一种人际磨合能力的考查，你得体、周到的表现，自然能够给面试官留下良好印象的。

☞ 接受电话面试应做好准备

如果你曾经面试过多家企业，那么你可能有过一到两次的电话面试的经历。如果你没有，那么你很有可能会尝试到这种更加有效率的方式，因为电话筛选这种方式已经被越来越多的公司所接受。

面试是一件很琐碎的事情，你不知道面试官会提问什么问题，有时候自己的一句无意的话就有可能导致失败。电话面试因为更为新颖一些，给求职者造成的压力和影响也会更大一些。当你希望你的经验与技术能够为你带来一次面对面的面试机会时，有必要确信你在电话中的无礼或者准备不充分不会阻碍你面试机会的出现。

下面这些电话面试的技巧看上去很简单，但是这有助于使你头脑清醒，并提醒你在电话面试中什么是该做的什么是不该做的。记住了这些小技巧，说不定能够帮你赢得一个很珍贵的机会。

技巧1：安静的环境

电话面试，最重要的是要确保一个良好的面试环境，必须要保证安静，这样你就不会被弄得心绪不宁或被打断，而且还要保证电话是畅通的。很明显，你不应该打算在工作的时候接受一次电话面试。如果面试必须在中间休息的间隙进行，那么你应该让自己尽量少地离开办公室。如果在家里闲着，要争取到家人的支持，让你占用电话并且在你面试的时候不会被打搅。把宠物都放到门外面去，并且关上你房间的门。如果你能避免别人在电话呼叫中的等待，最好就这么做。最重要的一点是，不要关掉你的移动电话。

技巧2：清楚的声音

电话面试不是面对面的，只能用说话来交流，所以说话一定要清楚，不要说得太急。感到紧张是很自然的，但是要试着让自己慢慢放松。如果你说得太急，面试者将会很难听懂你的意思。如果你感觉到很紧张，而且在说某些话时无法继续下去，最好停下来，深深地吸一口气，然后说："对不起，请让我再来一次。"应聘人员都有做人力资源的基本素质，没有人会因为这些细微的紧张就下定论，千万不要让紧张的情绪控制住了自己。

技巧3：必备的工具

电话面试的时候，在手边放一支钢笔和一张纸会让你觉得更为保险一些。你可能会在面试的时候记上一点东西，所以要在很容易拿到的地方放上一两支备用的。同时，把你的简历放在正前方，准备一份你要问面试者的问题的清单。另外，你还需要整理出一份你所掌握的技术的列表，连同它们相应的时间和地点，这就让你实力一目了然。这些资料是办公室面试的必带材料，但是在电话面试中，招聘人员也会问到相关问题，所以要把一切准备好。

在你的桌子附近放一面镜子，来提醒你保持微笑。如果在整个电话中，你的面部表情一直是微笑，那么你传递给面试官的是积极乐观的印象。还有一点，尽量不要闹出笑话，因为没有了肢体语言的优势，你的幽默很容易被误解。

技巧 4：思考过的答案

认真听被问到的问题，注意面试者的用词。如果他所用的大部分都是专业术语，那么要让你的答案显示你对那些专业术语是非常熟悉。但同时也要让他知道你可以跟普通人交流，所以不要让你的回答局限于行话之中——面试官除了考察专业知识之外，还要考察你的表达能力。不要急于回答问题，在回答一个问题之前需要花一点时间去思考。但因为面试者不能够看见你，所以需要给他一些口头的暗示，比如："我希望能够给你一个完整的答案，请给我一点时间来整理一下我的思路。"

技巧 5：真诚的感谢

面试礼仪在电话面试中同样适用。千万不能忘记，在面试结束的时候要记得感谢面试者占用了他的时间，连句感谢的话都不说，会让面试官觉得你缺乏基本的礼貌。而且你还要保证面试者有正确的电话号码，以便在接下来的几个星期里能找到你。

电话面试结束后还有一样工作要做，那就是写一份关于面试的简短的感谢信，如果你发电子邮件的话必须在一个小时内发出，如果是发普通信件的话在这一天之内就可以了。在你的感谢信里面，要重申你对占用了面试官时间的感激，同时也可以补充一下面试中没有答好的问题。如果你发现在面试的时候有一个很重要的经历没有被提到，那么这封感谢信将是补充这些附加信息的最好选择。

电话面试在找工作时可能是一种挑战——特别是对于那些没有经历过电话面试的求职者或者第一次找工作的人。但无论哪种形式，只要你的准备足够充分，保持平稳沉着的心态，在电话中对方也会被你的能力和才华所折服。

☞ 要保持足够的真诚

我们先来看看这样两个面试故事。

肖云飞是一所重点大学英语专业的求职者，他在面试中的良好表现使他顺利通过了一家外企的几轮严格考核，列入复试名单。当他再去一所研究所应聘时，研究所领导对他也很赏识，同意与他签约。此时，他面临着两难选择：如果与研究所签约，一旦那家公司同意接收他，他就面临与研究所毁约；如果不与研究所签约，一旦那家公司不接收她，又可能失去去研究所的机会。考虑再三，他还是向研究所领导坦言了自己的想法和处境，希望研究所能宽限一段签约时间。研究所领导听了，对他的坦诚态度给予了肯定，认为诚实守信是必需的美德，并答应他的要求，一旦那家外企的选拔没通过，研究所欢迎他加入。

吴浩大学的专业是机械制造，毕业后到一家条件不错的外企应聘。第一次面试，他凭借自己的能力、素质和自信给面试官留下了良好的第一印象。第二轮面试时，面试官是一位英国人，在谈了一些专业问题之后，想让吴浩用英语与他继续交谈。吴浩知道自己学的是哑巴英语，难以招架面试官，于是坦诚地对面试官说，"虽然我的英语通过了四级考试，但我是一名机械制造专业的学生，因为缺乏英语语言环境，口语不是很好。坦白说，和您进行深入的交流还有些困难，希望我能参加你们的英语培训，培训结束后再和您深入交谈。"这位面试官笑着说了声"OK！"吴浩成功了。

面试就像推销，"商品"就是自己。用人单位招聘考核求职者时，对求职者的素质要求应该说是各有所求、不尽相同的，但是其中有一条是每个单位所一致看重的，那就是诚实守信的品德。面试前要做充分准备，临场回答一定要知之为知之，不知为不知。这个年代，诚实并没有过时，案例中的两位求职者就是用自己的诚信赢得到面试官的青睐。

很多求职者认为完美的表现才能求职成功，因此，面试时要表现得圆滑、老练，不知道的千万不能说不知道，要想方设法"圆"过去。但是你想想，即使一时混了过去，也终有一天会"露馅"。其实，无需把面试想象得多么恐怖、刁钻。虽然面试官有的严肃、有的慈祥，但他们都是本着录取合适人员的态度来的，只要你如实发挥水平就可以了。这和买商品一样，如果有个推销员把一件商品说得天花乱坠，你还敢买吗？

刘伟是一名金融专业的毕业生，非常热爱自己的专业，希望能进银行系统工作。多数面试都是从自我介绍开始，他的体会是：诚实面对自己的优缺点，紧扣专业优势。因为一般的介绍在简历上已经有了，面试官不会太感兴趣，所以更要主动突出介绍自己的性格和专业等优势。他没有过分渲染自己的社会工作成果，也没有拔高自己的成绩水平，而是就自己擅长和熟悉的专业领域，跟主考者交流。另外，刘伟面试前对银行业的专业知识做了精心准备，对其业务和所应聘岗位的现状进行了解，做好"功课"。准备得充分，一方面说明他能力强，另一方面也体现他对所聘岗位的热爱。

百密总有一疏。求职者准备得再好，也不可能预知面试官的所有问题。刘伟面试时，面试官抛出了一个专业上的问题，而刘伟偏偏不记得的那个知识点。当时，他坦诚回答："对不起，我学过，但忘记了。"记得当时面试官对他一笑，没有停顿，也没有责怪。结束后，面试官对他说了一句："同学，你很诚实。"最后，刘伟收到了该单位的录取通知书。

面试中，适当的礼仪是需要的，但老练和圆滑则大可不必。只有真诚的交流，别人才能感受到你的诚意。要知道，诚信永远不过时。

☞ 狂妄自大要不得

为了能在众多求职者当中脱颖而出，很多求职者刻意在面试官面前拿出一副"舍我其谁"的架势，以此证明自己的能力和信心，但结果并不尽如人意。从企业的回应来看，"太能干"也许会给面试官留下狂傲自大的坏印象，从而导致面试失败。

1. 规划过高导致出局

在人才市场举行的招聘会上，国际贸易专业的应届求职者吴宏岩正在应聘某外贸公司"经理助理"一职。他英语口语流利，大学期间参加过多项社会活动，表现出一股生机勃勃、自信满满的劲头。经过数个回合的问答，吴宏岩干练的气质让面试官颇为满意。接着，面试官问吴宏岩两年内的职业规划和薪酬期望。他思索片刻后表示，自己虽是职场新人，然而有很强的学习能力，希望通过努力，两年内进入管理层；至于薪酬，则希望能尽快达到年薪 15 万元。

这句话，让面试官放弃了吴宏岩。

职业规划越来越流行，越来越多的面试官喜欢询问求职者的规划，以此了解公司提供的发展平台是否能满足求职者的职业目标，以及该求职者是否能安心地在某个岗位上长期工作。大多数公司都希望找到能干且稳定的职员，类似"不想做将军的士兵不是一个好士兵"的论调在大部分公司是站不住脚的。而这样的公司一般较难给予员工快速的发展通道和多个岗位的锻炼机会。因此，面试官在听到"年薪 15 万，迅速进入管理层"的职业规划时，反而会被吓退。因为一个助理的职位不可能达到年薪 10 万元的标准，当理想和现实落差较大时，员工一定不会安心做事，最终会选择跳槽。从长远来看，这对企业是很不利的。

若是一家刚刚起步、正处于上升期的公司，一些有理想、有野心和拼搏精神的职员还是比较受欢迎的。但是，即使要表现出自己的优秀和实力，也不妨多谈谈工作思路和业绩创新，少谈职位和薪酬目标。即便谈及，也不要过分超出公司所能提供的发展空间和发展速度。

2. 盛气凌人令人反感

一家长沙建材行业知名公司来上海招聘区域经理、工程部经理、销售经理等多个中高级职位。其中，工程部经理要求 35 岁以下，有 5 年以上行业管理经验。一名中年男子坐下应聘，"你能谈谈你的工作经历吗？"面试官提问，"我在这个行业是很有地位的。"求职者自信地答道。

"哦？具体谈一下。"原本正在看简历的面试官抬起头来，审视了一下眼前的求职者，显示出浓厚的兴趣。

"我在该行业做工程项目 10 多年，可以说，提到我的名字，几乎大家都知道。各零售商、企业我都很熟悉，人脉非常广。仅仅 2009 年，我的销售额就达到 ×× 元。某某返点几千平方米的场地装修建材、某某体育馆几千平方米的地板都是我负责接洽的……"求职者滔滔不绝。此时面试官打断了他："你简历上面写在 ×× 公司工作过，后来又在另外一家公司工作，跳槽的原因是什么？在两家企业分别担任什么职位？"求职者简单回答后，面试官结束了面试。

其实，面试官更想了解对方的工作经历和曾担任过的职位。但是在此人的简历上，工作过程含糊不清，几次更换工作的时间衔接不上。虽然他给出了优秀的业绩事实，但是语气较为傲慢，让人感觉综合素质不高。企业表示，招聘会上鱼龙混杂，爱吹嘘和夸夸其谈的求职者很多，企业一般会对此类人退避三舍，他们更喜欢脚踏实地、谦虚务实的求职者。很多求职者喜欢这样一句求职语："如果你给我一个发挥的空间，我一定能让企业有 N 倍的收益。"这种口号不免有些华而不实,许多企业对此不以为然。

对于求职者来说,很多时候对职位信息、职位要求、工作内容并不清楚,但每次都会表现出自信满怀、游刃有余的样子,这样反而容易弄巧成拙。求职要注意以下两点。

①了解职位信息和用人单位意愿。求职前要先详细了解各个职位的信息,询问用人单位该职位的具体工作内容是什么,了解了公司招聘的意图,再巧妙回答。若公司招聘一个管理培训生或者是储备干部,根据公司对该岗位人员的培养计划,你可以表现出一些特定的能力和自信心,甚至拿出符合职位晋升节奏的职业规划。公司若只是招聘一个助理,那么你只需表现出能胜任职位,能做好本职工作就行了。

②了解行业性质。各个行业对求职者的能力要求也不同,比如对于助理类职位,则喜欢招聘工作稳定、没有野心的女性。在 IT 行业,面试官看重求职者的学历、能力和潜力;而商贸企业受到业务、客户的影响,更看重真诚和稳定;求职者在表现自己不同能力的同时,在态度上不妨低调一些,这样更能让用人单位接受。

☞ 面试结束,怎样提问才合适?

面试官在完成了一切面试工作后,会礼貌地请你回去等候通知。一般来说,你会说声谢谢,然后不卑不亢、一脸镇静地离开考场。但是事实上,你在回家的路上已经在开始焦急不堪,心里盘算着什么时候能够收到回音,等待是最煎熬的。可是,如果你在说声"谢谢"之前再说上一句变被动为主动的话,你的等待就不会那么苦不堪言了。

"我可以得到这份工作吗?"

提出这个问题的求职者都是很有勇气的，一般人很少尝试。但事实上，很多人就是因为在面试结束时勇敢地问了这个问题，最终得到了工作。原因有很多，也许是勇敢的态度打动了老板；也许是这份执著和真实让老板不好意思拒绝。不管如何，大胆地张口说出这句话，你将得到的最坏答复就是"不行"或是"我们需要时间对所有的面试进行综合评估"，而也有可能是最好的答复：刚才你的表现很好，下周一准备上班吧。

"我最晚什么时候能得到回音？"

面试完后，面试官会说一句例行公事的话，"我们需要时间考虑"或是"我如果有意向，我们会打电话通知你的"。这样一来，求职者就只能等待了。为了掌握主动，你可继续你的问题，因为你急切想知道面试的结果。在你的追问下，面试官可能会说："不会有什么回音了。"你或许会心痛，或许会落荒而逃，但至少得到了这位面试官认真而诚实的回答，你也可以重开炉灶，全力以赴地准备下一次面试。

"如果最终您没有在最后期限通知我，我可以联系您吗？"

很多求职者在漫长的等待中，会忍不住联系用人单位。但事先询问一下面试官能不能这样做，可能会更好一些。或许面试官会因为这样的问题恼火，但大部分人会理解求职者的心情。如果面试官对你有意，他会同意这个请求。当然，如果他们对你不感兴趣，他们一般也不会直接拒绝你，但也一定会给出暗示。

"你能否介绍一些其他可能对我感兴趣的人？"

如果你现在已经料定面试失败的结局，不妨问出这个问题。很多事情，只要大胆地去尝试，或许会有一份意外的收获。面试官可能不需要你，但他的一位正求贤若渴的朋友刚好需要你。如果你看起来条件还不错的话，面试官是很乐意帮忙的。在勇敢地问出你的问题后，仔细地记录下可能存在的约定，并对面试官为你多花费精力表示真诚的感谢。

二、不得不提的推销礼仪

☞ 你的形象价值百万

形象就是人的一张名片，形象不好，我们或许就会一次次与机遇擦肩而过。事实上，所有魅力无限的大企业家、行业领袖及政治家等，其言行举止都是经过专门塑造的。

一个对形象注意有加的人，往往会在人群中得到信任，更能在逆境中获得帮助，也必定能够在人生中不断找到成功的机会。因为，他们在用自己的形象、魅力影响着别人，最终成就了真正精彩的人生。

在西方流传这样一句名言——"你可以先将自己打扮成那个样子，直到自己成为那个样子"。使自己看起来更像个成功者，这更有助于我们打开事业的大门，让我们在人群中脱颖而出。例如：在选举时，若是你"像个领导"，人们因此会更愿意投你一票；晋升时，若是你"像个主管"，你更容易得到老板及同事的认可；当然，在推销活动中，若是你更"像个成功的推销员"，客户就会更愿意相信你的公司，也愿意与你洽谈生意。

英国著名学者尼克森表示："人们常用三个词汇描述成功者——性格、能力、形象。这是因为人们已在潜意识中为成功者做好定义，而当今的管理界刻意回避对成功者外在形象的研究，这是背离现代管理思想的"。志在成功的人，倘若只专注于能力而忽视形象，其成功速度必受影响。

我们来看看这个真实的故事，或许会从中受到一些启发。

艾斯蒂·劳达有"化妆品王后"之称，身价高达数十亿美元。此外，她耀眼的形象、无可阻挡的魅力、高贵典雅的气质、不俗的谈吐，更是令人倾慕不已。

艾斯蒂·劳达的教育程度不高，起点也很低，主要是为叔叔研制的化妆品做推销工作。为此，她必须顶风冒雨走街串巷，其中艰辛自不必说，但劳达从未抱怨过。在经过一段时间的历练以后，她积累了一定的人生经验。于是，她建议叔叔研制一些高档化妆品，并开始向上流社会推销。不过，这一措施并没有得到良好收益，劳达很想弄清个中缘由。

于是，在被一名贵妇拒绝以后，她鼓起勇气问道："我很想知道，您为什么要拒绝我的产品呢？是因为我的推销技巧很差吗？"

对方开诚布公但略显尖酸地回答："这与推销技巧无关，而是你的问题。你必须承认，你给人感觉就是档次很低，这又如何让我相信你的产品呢？"

劳达顿有一种受辱之感，但她知道，自己已经找到了问题的根源——产品档次的高低，取决于推销人的档次。她狠下心对自己进行"整容"。于是，她开始模仿名流女性，效仿她们的穿着打扮以及言谈举止。不仅如此，她又意识到，塑造不能仅限于外表，而应更加注重塑造内在美。基于此，劳达有意识地培养自己的自信心，同时也非常注重知识的丰富与提高。一段时间过后，劳达摇身一变，成了一名内涵丰富、举止优雅的迷人女性。她开始走进上流社会，向名媛贵妇们推销自己的产品，并获得了前所未有的成功。

当然，我们要认识到，形象并不单单是指穿衣、外表、长相、发型、化妆等。形象是一个综合概念，是一个人外在魅力与内在魅力的整体体现；形象并不局限于漂亮的脸蛋儿、傲人的身材、醉人的微笑，更包括人生思想、追求抱负、价值观、人生观等。从某种意义上说，塑造形象就是与社会进行沟通，并为社会所接受的一种方式。

某英国企业家坦言："若是你认识昨天的我，那么今天你一定会说，我与昨天简直判若两人。其实，没什么大惊小怪的，因为今天的我，从内到外都经过了精心的设计和塑造。"

作为一名推销人，我们若想更好地被客户所接受、早日登上成功的巅峰，从今日起，你就必须重塑自身的形象，不仅要对自己走姿、坐姿、音调、着装、化妆等进行精心地设计，同时还要最大程度地丰富自己的内涵。如此一来，假以时日，你同样可以散发出迷人的魅力，同让会令人"士隔三日，刮目相看"！请务必记住：不要忽略自己的形象，它价值百万。

我们的形象决定了客户对我们的第一印象，成分约占90%。见到了特殊的人或者到了特殊时刻，你能不能发挥自己的想象力，把自己打扮成一个让客户震撼的形象，让客户接受你的推销技巧，是你本事。

☞ 约见客户大有讲究

我们在约见客户时，一定要弄清"who""when""where"，即约会对象是谁、约见时间是多少、约见地点在哪。不要认为这只是一件很简单的事，这三个要点往往会决定你推销的成败。

1. 确定约见对象
我们必须搞清约见的对象到底是谁，认准有权决定购买的推销对象进行造访，避免把推销努力浪费在那些无关紧要的人身上。在确定自己的拜访对象时，需要分清真正的买主与名义上的买主。

曾有这样一件事：一名推销员与某机电公司的购货代理商接洽了半年多时间，但始终未能达成交易，这位推销员感到很纳闷，不知问题出在哪里。反复思忖之后，他怀疑自己是否一直在与一个没有决定权的人士打交道。为了印证自己的猜测，他给这家机电公司的电话总机打了一个匿名电话，询问公司哪一位先生负责购买机电订货事宜，最后从侧面了解到把持进货决定权的是公司的总工程师，而不是那个同自己多次交往的购货代理商。

能否准确掌握真正的购买决定者，是推销成功的关键。跟没有购买决定权或无法说服购买决定者的人，不管怎样拉关系、讲交情都无助于推销，充其量只能增进友谊罢了。因为在推销过程中，所有的交际都是为了推销，因此没有所谓的"君子之交"。如果推销员弄错"讨好"的对象，就如对牛弹琴，会白白浪费自己宝贵的时间。

弄清谁是真正的买主、谁是名义上的买主，对推销工作的成功和推销效率的提高有重要意义。推销中常碰到的一个棘手问题是推销人员不知道谁有权力拍板成交，有时候会遇上没有决定权的名义上的买主，跟这些人打交道的不幸在于他们不厌其烦地与你交流，但又不会直接告诉你他是个无决策权的人。所以，弄清谁是真正的决策者，抓准关键人物，然后确定约见拜访的对象，对我们来说无疑是很重要的。当然，我们在约见客户时应避免"不见真佛不烧香"。尽管我们认为需辨别真正的买主与名义上的买主，但并不是说要轻视那些有影响力的人物，如助手、秘书之类。这些人没有购买决定权是事实，但不一定没有否定购买的权力和负面影响力。一旦我们得罪了他们，这些人就会在上司面前贬低你的产品、损害你的形象，到头来吃亏的仍然是上门推销的一方。特别是一些大型公司，有些主管常常把接见推销人员的事务全盘委托给自己的下属、秘书或有关接待部门处理，他们一般不会直接与你见面，只有当手下的人将推销的情况汇报给他，使他觉得有必要见你的时候，你才能与主管直接见面。所以，在确定约见对象时，既要摸准具有真正决策权的要害人物，也要处理好相关的人事关系，与那些名义上的买主保持良好的接触，以赢得他们的鼎力支持与合作。

2. 选择约见时间

在日常工作中，千万不要以为只有上门访问的时候才算推销。不少推销员的计划没有成功，原因并不是设想本身有误，也不是主观努力不够，而是由于选择约见的时机欠佳。特别是在进行未曾约定的推销访问时，由于事先没有通知和预约，很可能对方具有决策权的"真正买主"出差在外或正忙于手头工作。这时我们突然上门，会使对方感到措手不及，也容易使推销活动无功而返。

我们要想掌握推销的最佳时机，一方面要广泛收集信息资料，做到知己又知彼。另一方面要培养自己的职业敏感度，择善而行。下面几种情况，可能就是我们拜访约见客户的最佳时间。

①客户刚开张营业，正需要产品或服务的时候。

②对方遇有喜庆之事时，如晋升提拔、获得某种奖励等。

③客户刚领到工资，或增加工资级别，心情愉快的时候。

④节假日之际或厂庆纪念、大楼奠基之际。

⑤客户遇到暂时困难，急需帮助的时候。

⑥客户对原先的产品有意见，对你的竞争对手最不满意的时候。

⑦下雨、下雪的时候。在通常情况下，人们不愿在暴风雨、严寒、酷暑、大雪冰封的时候前往拜访。但许多经验表明，这种时候正是推销员上门访问的绝好时机。因为推销员在这样的情况下上门推销访问，常常会让客户心存感激。

由于访问的准客户、访问目的、访问方式及访问地点不同，最适合的访问时间也不同。若不能确定准确的访问时间，不仅不能达到预期的目的，而且还会令人厌烦。推销员确定访问时间时，应注意如下事项。

①根据被访问对象的特点来选择最佳访问时间，尽量考虑被访者的作息时间和活动规律，最好由被访者来确定或由被访者主动安排约见的时间。我们应设身处地为客户着想，尊重对方意愿，共同商定约会时间。

②根据访问目的来选择最佳访问时间，尽量使访问时间有利于达到访问目的。针对不同的访问对象，应该约定不同的访问时间。即使是访问同一个对象，访问的目的不同，访问的时间也有所不同。如访问目的是推销产品，就应选择客户对推销产品有需求时进行约见；如访问目的是市场调查，则应选择市场行情变动较大时约见被访者；如访问目的是收取货款，就应选择被访者银行账户里有款时约见被访者。

③根据访问地点和路线来选择最佳访问时间。我们在约见被访者时，需要使访问时间与访问地点和访问路线保持一致，要充分考虑访问地点、路线以及交通工具、气候等因素的影响，确保约见时间准确可靠，尽量使双方都方便、满意。

④尊重访问对象的意愿，充分留有余地。在约定访问时间时，我们应该把困难留给自己，把方便让给客户。应考虑到各种难以预见的意外因素的影响，约定时间必须留有一定的余地。除非你有充足的把握和周密的安排，我们不应该连续约定几个不同的访问被访者，以免一旦前面的会谈延长使后面的约会落空。

总之，我们应该加快自己的推销节奏，选择有利时机约见被访者，讲究推销信用，准时赴约，合理安排和利用推销访问时间，提高推销访问的效率。

3. 确定约会地点

在与推销对象接触的过程中，选择一个合适的约见地点，就如同选择一个合适的约见时间一样重要。从日常生活的大量实践来看，可供我们选择的约见地点有客户的家庭、办公室、公共场所、社交场合等。约见地点各异对推销结果也会产生不同的影响，为了提高成交率，我们应学会选择效果最佳的地点约见客户，从"方便客户、利于推销"的原则出发择定约见的合适场所。

（1）家庭

在大多数情况下，可选择对方的家庭作为拜访地点。其中以挨家挨户的闯见式推销最为常见，推销的产品通常为日常生活用品。推销专家认为，如果推销宣传的对象是个人或家庭，拜访地点无疑以对方的居住地点最为适宜。有时，我们去拜访某法人单位或团体组织的有关人士，选择对方的家庭作为上门拜访的地点，也常常能收到较好的促销效果。当然在拜访时，如有与拜访对象有良好交情的第三者或者是亲属在场相伴，带上与拜访对象有常年交往的人士的介绍信函，在这些条件下，选择对方的家庭作为拜见地点，要比在对方办公室更有利于营造良好的交谈气氛。但是，如果没有这些条件相伴，我们突然去某公司负责人家里上门推销访问，十有八九会让对方产生反感和戒备心理，拒你于大门之外。

（2）办公室

当我们向某个公司、集体组织或法人团体推销产品时，一般是往对方的办公室、写字间里跑，这几乎成为一种最普遍的拜访形式。特别是在工作时间，他们始终待在办公室里，处理公务、联系业务，而在其他时间里不容易找到他们。选择办公室作为约见地点，推销双方拥有足够的时间来讨论问题，反复商议促使推销成功。当然，与客户的家庭相比，选择办公室作为拜访地点易受外界干扰，办公室人多事杂，电话铃声响个不停，拜访者也许不止你一个人，或许还有许多意想不到的事发生。所以选择办公室作为造访地点，我们应当设法争取约访对象对自己的注意和兴趣，变被动为主动，争取达成交易。同时，如果对方委托助手与你见面，你还必须赢得这些助手们的信任与合作，通过这些人来影响"真正的买主"做出购买决定。

（3）社交场合

一位推销学专家和公关学教授曾说过这样的话："最好的推销场所，也许不在客户的家庭或办公室里，如果在午餐会上、网球场边或高尔夫球场上，对方更容易接受你的建议，而且戒备心理也比平时淡薄得多。"我们看到，国外许多推销项目常常不是在家里或办公室谈成的，而是在气氛轻松的社交场所，如酒吧、咖啡馆、周末沙龙、生日聚会、网球场等敲定的。对于某些不喜欢社交，又不愿在办公室或家里会见推销人员的客户来说，公园、电影院、茶室等公共场所，也是比较理想的交谈地点。

约见真正的决策者，把握合适的约见时机，根据约见对象选择好约见地点，如果你能做好以上工作，那么你的推销就已经成功了一半。

约见实际上既是接近准备的延续，又是接近过程的开始，只有通过约见，推销人员才能成功地接近准客户，顺利开展推销洽谈。所以在这方面，我们尤应注意，切不可视若儿戏。

☞ 衣着得体，才受客户欢迎

虽说我们身处的推销行业处处以貌取人，衣着打扮品位越好、格调越高的推销员，往往越能占尽先机。但这并不意味着打扮得越华丽越好，对推销员来说，最重要的是打扮适宜得体，这样才能得到客户的重视和好感。

　　适宜的衣着是仪表的关键，所以我们应该注意其服饰与装束。服饰的穿着没有固定的模式，应该根据预期的场合、所推销的商品类型等灵活处理。一般来说，我们穿白衬衣、打领带、配深色西装为宜。若故意穿奇装异服，想以此给你的客户留下深刻的印象是不明智的。再者，我们的衣着应与要走访客户的服饰基本吻合，如果反差太大，你的客户将难于接受你及你推销的商品。要知道，如果一名推销员穿着笔挺的西装、锃亮的皮鞋，珠光宝气地去走访客户，那无疑是自寻绝路。另外，我们的衣着还应与客户所在的场合相一致，譬如说，如果你的推销对象是在工作场所，则穿着应较为正规；如果走访对象是在家中，则穿着应当随便一些；如果你走访的对象是高层管理者，则应注意服饰的品牌、质地。同时，我们也要注重自身的整洁状况和卫生习惯，应经常修理自己的胡须、头发，给人以精神饱满的感觉，不修边幅、邋邋遢遢，就会失去推销机会。

　　那么，对于我们推销人而言，究竟怎样的装扮才能称得上是得体呢？

　　要想做一个专业的推销员，一定要有一个适合自己的着装标准。我们与客户见面时可以穿有领 T 恤和西裤，使自己显得随和而亲切，但要避免穿着牛仔装，以免显得过于随便。如果是去客户的办公室，则要求穿西装，因为这样会显得庄重而正式。在所有的男式服装中，西装是最重要的，得体的西装会使你显得神采奕奕、气质高雅、内涵丰富、卓尔不凡。

　　推销员在选择西装时，最重要的不是价格和品牌，而是包括面料、裁剪、制作工艺等在内的许多细节。在款式上，应样式简洁。在色彩选择上，以单色为宜，建议至少要有一套深蓝色的西装。深蓝色显示出高雅、理性、稳重；灰色比较中庸、平和，显得庄重而得体；咖啡色是一种自然而朴素的色彩，显得亲切而别具一格。

　　另外，西装的穿着还要注意熨烫，口袋里不要塞得鼓鼓囊囊。切忌在西裤上别着手机、大串钥匙，这会破坏西装的整体感觉。

在选择领带时，除颜色必须与自己的西装和衬衫协调之外，还要求干净、平整、不起皱。领带长度要合适，打好的领带尖应恰好触及皮带扣，领带的宽度应该与西装翻领的宽度和谐。

而在选择衬衫时，应注意衬衫的领型、质地、款式都要与外套和领带协调，色彩上与个人特点相符合。纯白色和天蓝色衬衫一般是必备的，注意衬衫领口和袖口要干净。

在着装的搭配中，袜子也是体现推销员品位的细节。选择袜子时，应以颜色为黑、褐、灰、蓝单色或简单的提花为主的棉质袜子为佳。切记袜子宁长勿短，以坐下后不露出脚为宜，袜口不可以暴露在外。袜子颜色要和西装协调，最好不要选太浅的颜色。

鞋的款式和质地也直接影响到推销员的整体形象，黑色或深棕色的皮鞋是不变的经典。无论穿什么鞋，都要注意保持鞋子的光亮，光洁的皮鞋会给人以专业、整齐的感觉。

另外，给推销员的一个建议是，选择服装既不要过于时尚，也不能随心所欲。作为一个推销员，前卫时尚不适合你的身份，也不会对你产生任何积极的作用。建议你采用比较中庸的造型，这样一来，对于追求新颖的年轻消费者看来，你不是太保守；对于思想保守的中老年客户看来，你也是一个可以信赖的人。大方简洁的衣服也许不能给你增色，但至少不会带来负面影响，不会让你看起来是轻狂或者浅薄的，一个循规蹈矩的形象或许能够提升你的信任度！另外，有些年轻的推销员，总是凭着个人喜好，直接穿着喜欢的肥腿牛仔裤或者 T 恤衫去见客户，但这可能会给人一种不稳重的感觉，让消费者不信任。

消费者就是这么挑剔，因为你对他们是陌生人，他们对你的判断，就在见面的头几分钟！

因此，在工作的时候，推销员一定要改掉自己随心所欲的穿着习惯。衣服的选择一定要得体，应该跟你所从事的职业相适应，和你的身份、年龄、气质、场合相协调。

俗话说："佛要金装，人要衣装。"选择一套合宜得体的服装，会让你更有效地推销自己，进而成功地推销产品。可以说，注意着装是成功推销员的基本素养。

☞ 举手投足，要表现出你的修养

我们在拜访客户时，除了要注意自己的仪容和服饰外，还必须注意自己的行为举止。务必要做到举止高雅、落落大方，遵守一般的进退礼节，尽量避免各种不礼貌或不文明的习惯。这对推销员来说很重要，因为客户是不会接受一个举止粗俗无礼的推销员的，即使他的产品再好。

行为举止是一种无声的语言，是一个人性格、修养的外在体现，会直接影响到客户对我们的观感和评价。因此，我们在客户面前一定要做到举止高雅，坐、立、行、走都要大方得体。

首先来说坐相。一些推销员在客户面前总是坐立不安、晃来晃去，结果给客户留下了极不好的印象，他们的推销往往以失败告终。那么怎样才算"坐有坐相"呢？我们到客户家拜访时，不要太随便地坐下，而且在客户尚未坐定之前，我们不要先坐下，坐姿要端正，身体微往前倾，千万不可跷起"二郎腿"。因为这样不但不会让客户觉得你很亲切，反而会觉得你不够礼貌。大体上说，我们在就座时需要注意以下事项，避免引起客户的反感：入座轻柔和缓，至少要坐满椅子的 2/3，轻靠椅背，身体稍前倾，以表示对客户的尊敬，千万不可猛起猛坐，以免碰得桌椅乱响，或带翻桌上的茶具和物品，令人尴尬。

坐下后，不要频繁转换姿势，也不要东张西望，上身要自然挺立，不东倒西歪。如果你一坐下来就像摊泥一样地靠在椅背上或忸怩作态，都会令人反感；两腿不要分得过开，两脚应平落在地上，而不应高高地跷起来摇晃或抖动。

与客户交谈时勿以双臂交叉放于胸前且身体后仰，因为这样可能会给人一种漫不经心的感觉。

再说说站姿。有一位推销员几乎已经成功地说服了他的客户，可是当他们站到办公室的吧台前谈具体事宜时，他的站姿却坏了事：他歪歪斜斜地站在那里，一只脚还不停地点地，好像打拍子一样。这位客户觉得推销员是在表示不耐烦和催促，于是就把这位推销员打发走了。推销员的不雅站姿，使得本该成功的交易一下子凝固了下来，这就是举止无礼的后果。

推销员必须"站有站相"，因为良好的站姿能衬托出高雅的风度和庄重的气质。正确站姿的基本要点是挺直、稳重和灵活。站姿的禁忌是：一忌两腿交叉站立，因为易给人以不严肃、不稳重的感觉；二忌双手或单手叉腰，因为易给人以大大咧咧、傲慢无礼的感觉，在异性面前则有挑逗之嫌；三忌双手反背于背后，给人以傲慢的感觉；四忌双手插入衣袋或裤袋中，显得拘谨、小气；五忌弯腰驼背、左摇右晃、撅起臀部等不雅的站姿，给人懒惰、轻薄、不健康的印象；六忌身体倚门、靠墙、靠柱，给人以懒散的感受；七忌身体抖动或晃动，会给人留下漫不经心、轻浮或没有教养的印象。

而走路姿势对推销员来说也同样重要，因为潇洒优美的走路姿势不仅能显示出推销员的动态美，也能体现出推销员自信乐观的精神状态。人们常说"行如风"，这里并不是指走路飞快，如一阵风刮过，而是指走路时要轻快而飘逸。具体要求是：走路时要抬头挺胸，步履轻盈，目光前视，步幅适中；双手和身体随节律自然摆动，切忌驼背、低头、扭腰、扭肩；多人一起行走时，应避免排成横队、勾肩搭背、边走边大声说笑；不应在行走时抽烟，养成走路时注意自己风度、形象的习惯。

有的推销员问，个人走路与销售业绩有关吗？答案当然是肯定的。因为不养成良好的走路姿势，势必会在推销的过程中给客户留下不好的印象。

除了注意坐、立、行、走的姿势外，推销员还要特别注意千万不要在客户面前做出一些不雅举动，这些不雅举动会使你的形象大打折扣，甚至会损害一桩交易。

在一个不吸烟的客户面前吸烟是一种很失礼的行为，这样做不仅会令对方感到不舒服，还会令他对你"敬而远之"。

搔痒动作非常不雅，如果你当众搔痒，会令客户产生不好的联想，诸如皮肤病、不爱干净等，让客户感觉不舒服。

对着客户咳嗽或随地吐痰，这也是一种应该杜绝的恶习。每一个推销员都应清醒地认识到，随地吐痰是一种破坏环境卫生的不良行为，这种举动本身就意味着你缺少修养。

打哈欠、伸懒腰，这会让客户觉得你精神不佳或不耐烦，客户因而也会对你和你的产品失去兴趣。

高谈阔论，大声喧哗，这种行为会让客户感觉你目中无人。一个毫不顾及旁人感受的人又怎么会为客户提供细致的服务呢？

交叉双臂抱在胸前，摇头晃脑的。这样的举止会令客户觉得你不拘小节，是个粗心的人。

双脚叉开、前伸，人半躺在椅子上。这样显得非常懒散，而且缺乏教养，对客户不尊重，很容易会让客户产生反感。

总而言之，我们的一举一动、一颦一笑都在客户的审视之下，因而不得不加以注意。

作为推销人，我们应随时随地注意自己的言行举止，在平时就要注意纠正自己的不雅行为，这样才能将自己最好的一面展现给客户。

☞ 名片上的门道

名片虽然只是一张小小的卡片，但却是现代社会中人与人交往的重要社交工具，因而围绕着名片也就产生了一些名片礼仪。作为推销人，我们每天要与许多人打交道、交换名片，因此对"名片礼仪"就更要重视，千万不要因为小小的名片而误了大事。

乔·吉拉德是吉尼斯世界汽车销售冠军，在他还未成名前，他曾做过某公司的采购部经理。有一次，他负责采购一批金额约 300 万元的办公设备，本来他已经决定向 S 公司购买了。一天，S 公司的销售负责人打来电话，说要来拜访他。他心想，当对方来时就可以在订单上盖章了。不料对方提前来访，原来是因为对方打听到其公司的子公司打算要更新办公设备，希望子公司需要的各种设备也能向 S 公司购买，所以 S 公司的销售负责人带着一大堆资料，摆满了桌子。当时，吉拉德正有事，于是便让秘书请对方稍等一下，对方等了一会儿，不耐烦地收起资料说："您先忙吧，我改天再来打扰！"也许对方认为他没有决定权吧。

这时，乔·吉拉德突然回来，发现对方在收拾资料准备离去时不小心把他的名片丢在地上，而且上面还留下了非常清楚的脚印。不仅如此，那位销售负责人捡起了他的名片后，随手就塞到了裤袋里。这种失误等于是亵渎他的尊严。于是，他一气之下，便向别的厂家购买了办公设备。

由此可见，不注重名片礼仪，甚至会毁掉一桩生意。因此，我们要重视起名片，并学会恰当使用。大体上说，我们应该做到这样。

1. 递出名片时要恭敬礼貌

递送名片时，我们应该以审慎的态度，恭敬礼貌地递给对方。

在递出名片时，我们切忌采用如下方法：捏住名片的一部分递出去，以指尖夹着名片递出。这两种递法容易将尖利的地方朝向对方，是极不符合礼节的。正确的递法应是手指并拢，将名片放在掌上，用大拇指夹住名片左右两端，恭敬地送到对方胸前；或食指弯曲与大拇指夹住名片左右两端奉上。名片上的名字反向对己，使客户能够清楚地念出自己的名字，并且要走到使对方容易接到的距离递送上去，这才是递送名片的最基本礼貌。

同样，拿出名片时，请不要忘记脸上带着微笑，并且不要慢慢吞吞、拖拖拉拉。因为这会让对方有焦急的感觉，甚至对你的工作产生排斥。

2. 出示名片时不可随便

出示名片时，我们应显得庄重认真，不能采取随随便便的态度。因为初次交往时，客户会凭我们出示名片时的态度来衡量我们的人品，判断是否值得交往。另外外出时，我们应事先将名片放在易于取出的地方，在适当时机顺手掏出，恭敬地递给对方并客气地说："这是我的名片，请以后多加联系。"这必然留给对方一个较好的印象。

3. 接受名片时要有礼貌

客户回赠名片时，我们同样要双手接回名片。接过他人的名片，首先要看，这一点至为重要。而且最好轻声念出持片人的姓名或职务，以示尊重对方。不可接过对方名片不屑一顾、置于一旁，或放在手中玩弄，或随意装入口袋，或交给身旁的他人，也不可放置于下身裤袋里，更不可让名片遗失在桌上或地上。这个小小的失误，很可能让你失去与这个客户做生意的机会。要知道名片是一种"自我延伸"，在某种意义上讲，名片是客户的化身。对名片的不敬和轻视，就是对客户的蔑视。

如果自己在给多人递交名片，对方当场将自己的名片递过来，应立即停止对他人名片的递交，处理好对方的名片后，再继续递交名片，不要左右开弓。

5. 妥善保存好对方名片

保存名片时，必须把别人和自己的名片分开来放，因为如果错把别人的名片递送给对方，将是一件非常失礼的事情，而且也会造成尴尬的场面。

有些推销员喜欢把名片放在西裤的后口袋里，这样固然很方便，但会给人一种不尊重对方的感觉，所以名片还是放在西装上衣口袋比较好。

名片的使用方法可以促成生意，也可以毁掉生意。因此，一定要熟练掌握名片礼仪。

☞ 措辞有礼，满足客户被尊重的需求

人都有渴望被尊重的心理需求，我们一定要记住这一点。我们的语言不仅要求"善谈"，更主要的还要有"礼节"，言谈的有礼与否往往就决定了我们的事业成败，这是一项很重要的基本功。

一个年轻的推销人员走进赵先生的办公室："嗨，老兄！来了解一下我们新推出的红利保险吧！瞧，这正是你需要的。""对不起，我不需要。"赵先生回答说。"别这样一口拒绝我嘛！我了解到你现在钱多得没地方花，存银行利息又少得可怜，做守财奴可不是明智的选择，了解一下吧，老

兄！"接下来这位推销人员熟练地拿出资料，在赵先生面前讲解了一遍，他的解说真的很精彩，赵先生几乎都要动心了，但——"年轻人，谢谢你的精彩演示，但我的答案还是'不'！不仅因为你对我无礼的称呼，还因为你不该说什么守财奴，或许你不知道，我这辈子最讨厌别人说'守财奴'三个字！"

从这个案例中可见，我们一定要注意自己的言谈，只有做到彬彬有礼、言谈有素，才会受到客户的欢迎，所以我们一定要注意以下内容。

1. 打招呼要注意礼节

我们见到客户的第一件事就是向对方打招呼。一个恰到好处的问候，会给客户留下一个良好的印象。问候时，要注意根据客户的身份、年龄等特征，使用不同的称呼。另外，在向客户打招呼时，还要注意和客户在一起的其他人员，必要时需一一问候。因为这些人常常是客户的亲属、朋友、同学或同事。

打招呼时要视客户而定，但不能把客户分为三六九等，应对所有客户一视同仁，都以温和、礼貌、亲切的语气和态度进行交谈。此外，称呼客户时要使用个性化的语言，如对老年客户称"大爷"或"大妈"，对中青年人可称"先生""女士"或"小姐"，对少年儿童可称呼"小朋友""小弟弟""小妹妹"，对外宾可称"先生""夫人""太太""小姐"等等。

若在 20 世纪 80 年代，皮包里揣几包红塔山香烟，到了企业就猛发一气，在那时确实很潇洒，但这一举动如果在 21 世纪的今天，人家会以为你是来自边远地区的乡镇企业，而且也根本不会吸你的香烟。小姐这个称谓在 20 世纪 90 年代初，对年轻女性称呼起来还很时尚，曾几何时，一些地方把三陪小姐也简称为小姐。因此，有些地方的女性不乐意被人称她为小姐，这显然是我们必须注意的。

说到这里不禁想起一个趣事：一位推销员到一高档居民区推销产品，

他询问一位气度儒雅的老人："请问这位大妈，这里的住户都是干什么的？"这位老人慢慢悠悠地答道："大妈老了，什么也不知道啊！"

推销员听出了老人的不悦，但又不明白问题出在哪里。原来，这是一个高级知识分子生活的社区，惯于接受"老师""教授"的称呼，"大妈"这个称呼如何能让她接受。所以，这次询问的失败归咎于称呼不当。

总而言之，我们在与客户交谈时，一定注意打招呼要文明、礼貌、恰当。要做到这一点，就请你务必记住，在打招呼时最好用上"请"和"谢谢"，因为这些词语是人际交往中的礼貌金句。

2. 合理选择交谈的语言

如果客户讲方言，而你又正好熟悉他所讲的方言，你就可以适当用方言与客户交谈，这样既能融洽气氛，又能拉近双方的心理距离，增进双方的感情；如果不熟悉客户的方言，就用普通话交谈，因为不地道的方言可能会在沟通中造成误会；若是同时有多人在场，又并非所有的人都讲同样的方言，最好用普通话交流，千万不要旁若无人地与其中某一位讲方言，让其他人不知所云，颇觉尴尬。

另外，与客户交谈时还要注意使用通俗的语言，通俗易懂的语言最容易被大众所接受。所以，我们在语言使用上要多用通俗化的语句，少用书面化、专业化的语句。如果故意咬文嚼字或使用深奥的专业术语，会令客户感到费解和不悦，这样不仅不能与客户顺利沟通，还会在无形之中拉大与客户的距离。

3. 与客户交谈要注意分寸

与客户交谈时，有的人说到高兴时就忘乎所以，说话没有了分寸。要知道，这不但不礼貌，还非常有损你的专业形象。切记，在交谈中，下面这些敏感的雷区是要小心避免的。

①当客户谈兴正浓时，要倾心聆听，不与客户抢话，不打断客户。

②对于你不知道的事情，不要硬充内行，以免说错了贻笑大方。

③不可在客户面前谈论他人的缺陷和隐私，或贬低自己的竞争对手。

④不可谈论容易引起争执的话题，以免与客户产生冲突。

⑤说话时避免引用低级趣味的例子，以免令客户感到尴尬，或觉得你没风度。

总而言之，说服是一门艺术，我们必须学会面对不同的场合和对象，使用恰当的语言进行说服，这样才能取得最佳的效果。

懂得尊重别人体现出了一个人的修养和品格，简单的道理就是：你尊重别人，别人也会尊重你。所谓爱人者人恒爱之，敬人者人恒敬之。你想让别人接受你的商品，那么首先请让他接受你这个人。

☞ 一定要表现出你的亲和力

在与客户的交往过程中，具有亲和力的人总是能占较多的便宜。亲和力的建立，就是通过某种方法，让客户依赖你、喜欢你、接受你。当客户对你产生依赖、喜欢的时候，自然也会比较容易接受和喜欢你的产品。

生活中，我们也有这种经验，对自己喜欢的人提出的建议，会比较容易接受也比较容易相信。当然，我们对自己所怀疑、讨厌或不信任的人，自然对他们的产品和服务也相对不信任了。

成功人士都具有非凡的亲和力，他们非常容易博取客户对他们的信赖，让客户喜欢他们、接受他们，很容易跟客户成为朋友。

许多的职场行为都建立在友谊的基础上，我们喜欢向我们所喜欢、所信赖的人购买东西，我们喜欢向我们具有友谊基础的人购买东西，因为那会让我们觉得放心。所以，一个人是不是能够很快地同客户建立起很好的关系，与他的业绩具有绝对的关系，这种能力也就是常说的亲和力的建立。

亲和力的建立同一个人的自信心和自我形象有绝对的关系，什么样的人最具有亲和力呢？通常，这个人要热诚、乐于助人、关心别人、具有幽默感、诚恳、值得信赖，而这些人格特质又与自信心有绝对的关系。

人是自己的一面镜子，你越喜欢自己，你也就越喜欢别人，而越喜欢对方，对方也容易跟你建立起良好的友谊基础，自然而然地愿意购买你的产品。实际上他们买的不是你的产品，买的是你的人情，人们不会向自己不喜欢的人买东西。

想一想，在你的工作当中，那些最好的客户、那些最喜欢向你买东西的客户以及你最喜欢买他们产品的人，是不是都是因为你们彼此之间有很好的感觉，你们觉得你们之间就如同朋友一般。正是这种彼此之间亲和力的感觉，造成了大部分成功的销售行为和结果。

世界上最成功的人都是最具有亲和力、最容易跟客户建立良好关系、交上最好朋友的人。至于那些失败的人，因为他们自信心低落、自我价值和自我形象低落，所以他们不喜欢自己、讨厌自己，当然他们看待别人的时候，就很容易看到别人的缺点，也很容易挑剔别人的毛病。他们容易讨厌别人、挑剔别人、不接受别人，自然而然地没有办法与他人建立起良好的友谊。这些人缺乏亲和力，因为他们常常看客户不顺眼，常常看这个世界、看许多人都不顺眼，他们的亲和力低落，因为他们的自信心和自我价值低落，自然工作业绩也就低落。

在推销行业中，"客户转介绍法"之所以会非常有效，关键就在于推销员以这个潜在客户的某位朋友介绍的名义去拜访一个新客户。在这种情况下，这个新客户要想拒绝推销员是比较困难的，因为他如果这样做就等于拒绝了他的朋友。当你以这种名义去拜访一位潜在客户时，在一开始就获得了50%的成功机会，因为你们之间已经存在某种程度的亲和力。

销售大师乔·吉拉德就是使用这种亲和力法则，使自己成了顶尖的汽车销售员，赚取了大量的财富。

他和客户建立亲和力的方法，表面上看起来好像很傻而且挺费钱，每个月他都给至少1～3万个老主顾寄去一张问候卡片，每个月的问候卡片内容都在变化。但是问候卡正面打印的信息却从未变过，那就是"我喜欢你"。"我喜欢你"这四个字每个月都印在卡片上送给了1～3万个客户。

或许有人会怀疑这种方法的有效性，但是乔·吉拉德已经用他的业绩证明了这一点：被他人欢迎，具有亲和力的推销员，才能成为推销高手。

卡耐基曾说过：人类最终、最深切的渴望就是做个重要人物的感觉。这也就是为什么多数人喜欢听奉承话，即使他们知道这些奉承话明明是假的，也仍然百听不厌。

人与人之间的相处，首先必须找出彼此间的"共同点"。人们喜欢同和自己具有相似之处的人交往，不论这种相似性指个人见解、性格特性、嗜好或生活习惯、穿着谈吐等等。越和我们相似的人，彼此之间的亲和力就越高，所谓的物以类聚就是这个道理。

当相似之处愈多时，彼此就愈能接纳和欣赏对方。你喜欢跟哪种人交往？你会不会喜欢结交事事与你唱反调、想法和兴趣都和你迥异的人呢？相信不会。你应该会喜欢结交同你个性、观念或志趣相投的人。你们有共同的话题，对事物有相同的看法和观点，或是有相似的环境及背景，不论如何，你们或多或少有某些相似之处。沟通也是如此，彼此之间的共同点愈多，就愈容易沟通。

利用这种物以类聚的原理来增进彼此间的亲和力的另一种方法，是找出及强调我们与客户之间的类似经历、行为或想法。

举例来说，我们应该多注意客户的一些小细节并且多和客户交谈，找出任何可能与他有相似性的地方。比如说你发现客户戴了一个特别的项链，而你也刚好有个一样或类似的项链，你就可以问她这个项链是在哪里买的，称赞她的项链，并且告诉她你也有一个同样的；可以注意听客户的口音，询问他的家乡，同时告诉他你的某个家人或亲戚也住在那儿。

总之，通过我们敏锐的观察力及与他人相处的热忱，就可以达成良好亲和力的建立。

这些相似之处越琐碎，越能发挥作用。一位曾经研究过保险公司销售业绩报告的研究员发现：如果推销员的年龄、思想、价值观、背景、某些嗜好或习惯等等与客户相似时，这个客户就比较乐意买保险。因为这些微小的相似之处可以产生更强的亲和力。

事实上，我们在销售前，最先把什么给卖出去？那就是我们"自己"。

具有亲和力的人该是怎样的呢？问问你自己："你是喜欢有自信心的人还是喜欢没有自信心的人呢？你是喜欢热情的人还是喜欢冷淡的人呢？你是喜欢爱帮助你的人还是喜欢对你漠不关心的人呢？只要你能够关心客户、乐于助人，能够设身处地为别人着想，那么你也可以成为一个具有亲和力的人。

不管怎样，推销就是一项与人打交道的工作。有亲和力的人，无论在什么情况下都会受人喜欢。所以，推销员在进行产品介绍前，务必要在最短的时间，建立最强的亲和力。

一些朋友认为只有领导者才需要具备良好的亲和力，这其实是很片面的。须知，我们生活在这个纷繁复杂的世界上，每天必须与很多人打交道，作为一名销售人，我们必须具备良好人际亲和力，这会让我们更容易得到客户和同事的认同。

☞ 没有好脾气，就干不了推销

一些有经验的老推销员经常说："没有好脾气就干不了推销。"这种说法倒不难理解。作为推销员，每天要面对不同的客户，可能会遇到各种情况，诸如被人拒绝、被人指责，甚至被人奚落等等，如果没有一个好脾气，恐怕就很难适应推销的工作，更别说打动客户、达成交易了。

其实，"好脾气"就是指与客户商谈时能够适当地控制自己的情绪，不急不躁，自始至终一直以一种平和的语气与客户交谈，即使遭受客户的羞辱也不以激烈的言辞予以还击，反而能报之以微笑。这样一来，客户往往会被我们的态度所打动。因此，好脾气的推销员往往更能创造出卓越的业绩。而一些推销新人，则往往因为不能控制好自己的脾气，得罪了客户，生意自然也就做不成了。

我们应该明白，做推销工作，被拒绝如家常便饭。因此，我们不应乱发脾气，而应时刻保持一颗冷静的心。有些推销新人在愤怒情绪的支配下，往往失去理智，以尖酸刻薄的言辞予以还击，使客户的尊严受到伤害。这样虽然能使心中的怨气得以发泄，但到头来吃亏的还是我们自己，因为这笔交易肯定谈不成了，我们自然也就没有提成。因此，我们一定要学会控制自己的情绪。譬如说，当我们感到精力难以集中，不能清晰地思考问题时；或是心情不悦、烦躁不安时；或是被推销工作压力压得透不过气时；或是想从一项推销任务中得到解脱而进入另一项推销任务时；或是为了见一位新客户而做了大量的工作，但却一直得不到他的订单时，我们就要努力进行自我调节，让自己保持平常心。因为就算我们发泄出来，也是解决不了问题的。

那么，究竟如何消除愤怒情绪、保持心的平静呢？一位资深的保险推销员的做法值得我们学习和借鉴。

这位推销员在刚刚入行的时候，总是不能摆正心态、踏踏实实地工作。他想早日出人头地，但现实与理想之间的差距太大了：要挨领导的骂，要受客户的气，而他的脾气本来就不太好，于是他准备辞职，然后找一份适合自己的工作。

在写辞职信之前，他为了发泄心中的怒气，就在纸上写下了对公司中每个领导的意见，然后拿给他的朋友看。

然而，朋友并没有站在他的立场上，和他一同抨击那些领导的一些错误做法，而是让他把公司领导的一些优点写下来，以此改变他对领导的看法。同时，还让他把那些成功推销员的优点写在本子上，让他以此为目标，奋力拼搏。

在朋友的开导下，他心中的怒火渐渐平息了，并最终决定继续留在公司里，还发誓努力学习别人的长处来弥补自己的不足，做出点儿成绩让自己和他人看看。

从此，这位推销员学会了一种发泄怒气的方法，凡是忍不住的时候，他就把心中的愤恨写下来，读一读，这样心中就平静多了。

无论是顶尖级推销员也好，还是推销新人也罢，谁都会有发怒的时候。但是，少发怒和不随便发怒却是可以做得到的。要想练就好脾气，不随便发怒，必须标本兼治。治本方面，是加强个人修养，包括提高文化素养和道德情操，拓宽心理容量，不为一点小事斤斤计较；治标方面，推销新人们不妨试试以下方法。

①在自己的办公桌上放一张写有"勿怒"二字的座右铭或艺术品，时刻提醒自己不要随便发怒。

②当有人发怒时，仔细观察他发怒的丑态，剖析他因发怒造成的不良

后果，以此作为反面教材，警示自己。

③一旦遇到惹自己动怒的事情，强迫自己想别的愉快的事情，或去做一件令人愉快的事情。

④万一走不开，又怒火中烧时，强迫自己不要马上开口，或者数数，数到十再开口，以缓和情绪、浇灭怒火。

⑤不但要学会自己控制情绪，还要学会接受别人的劝告，将自控和助控结合起来。

坏脾气是推销工作的天敌，推销新人一定要在工作与生活中慢慢磨炼自己，因为只有拥有了好脾气，才能给客户带来好感，才能拥有好业绩。

情绪无常，很容易给人留下不好的印象。为了控制自己开始亢奋的情绪，美国心理学家尤利斯提出了3条有趣的忠告："低声、慢语、插胸"。大家不妨借鉴一下。

☞ 给客户值得相信的感觉

守信历来是人类道德的重要组成部分，即俗话说的"一言既出，驷马难追"。在推销活动中，守信是居于举足轻重地位的。守信就是要求销售人员在市场营销活动中要讲究信用。在当今竞争日益激烈的市场条件下，信誉已成为竞争的一种重要手段。信誉是指信用和声誉，是在长时间的商品交换过程中形成的一种信赖关系。在当今的竞争中，谁赢得了信誉，谁就会在竞争中立于不败之地；谁损害了自己的信誉，谁就终将被市场淘汰。

在推销界流传着这样一个故事：据说有这样一位推销员，他每次登门推销总是随身带着闹钟，会谈一开始，他便说："我打扰您 10 分钟。"然后将闹钟调到 10 分钟的时间，时间一到闹钟便自动发出声响，这时他便起身告辞："对不起，10 分钟到了，我该告辞了。"如果双方商谈顺利，对方会建议继续谈下去，那么，他便说："那好，我再打扰您 10 分钟。"于是闹钟又调到了 10 分钟。

大部分客户第一次听到闹钟的声音，很是惊讶，他便和气地解释："对不起，是闹钟声，我说好只打扰您 10 分钟的，现在时间到了。"客户对此的反应因人而异，绝大部分人说："喂，你这人真守信。"也有人会说："咳，你这人真死脑筋，再谈会儿吧！"

在推销时，推销员最重要的是要赢得客户的信赖，但无论采用何种方法，都得从一些微不足道的小事做起，守时只是其中一个小例子。

在客户的心目中往往会有一种非常明确的既定认识：能够对自己严格要求的人往往也是值得依赖的人。因此，我们必须以严格要求自己的形象去赢得客户的信赖。

对一个推销员来说，赢得客户的信任应当是永远的工作内容。然而，不管你采用什么办法来达到这个目的，都必须从一些微不足道的小事做起。

曾经有一家销售公司规定，推销员每天必须在固定的时间给公司打电话报告工作情况。对于这项规定，很多人不以为然，他们觉得受到了限制。然而，有一个推销员却严格遵守这一规定，"服从命令"是他的一贯作风。有一次，到了汇报工作的时间，他正好在与客户商谈，而且，气氛也相当好，谈判正处于高潮。他实在没机会去打公用电话，而且他也知道附近没有公用电话亭，于是他很有礼貌地对客户说："打扰一下，我能借用一下电话吗？公司规定我在这个时间汇报工作。"

出乎这位推销员的意料，等到这位推销员第二天到公司上班时，同事告诉他那个客户打来了电话，说他是位很难得的年轻人，从未见过像他这样遵守公司规定的推销员，并说决定同他成交。这位年轻的推销员感到非常吃惊——他原本认为这桩生意不会那么顺利，因为他觉得自己只是个刚出道的毛头小伙子，口才也不怎么样，没想到自己的一个小小的举动，却赢得了对方的心。

由此刻见，我们若想成为卓越的推销员，就必须严格要求自己，严格按照计划行事，将计划变成纪律，你必定会在对方的心目中留下一个值得信赖的好印象。

赢得客户的信赖，这是我们最重要的工作。当然，不管你采取什么样的方式方法达到这一目的，都应从一举一动、一言一行中做起，有时哪怕是一件微不足道的小事，也可能使你的信誉倍增。

诚信不仅是做人的准则，也是推销的道德。从某种意义上说，向客户推销你的商品，事实上就是向客户推销你的诚实。吉拉德说："诚实是推销之本。"据美国纽约销售联谊会的统计：70％的人之所以从你那里购买产品，是因为他们喜欢你、信任你和尊敬你。所以，要使交易成功，诚实是最好的策略，不诚实的代价是惨重的。美国销售专家齐格拉对此深入分析道：一个能说会道而心术不正的人，能够说得许多人以高价购买低劣甚至无用的产品，但由此产生的却是3个损失：客户损失了钱，也多少丧失了对他的信任感；推销员不但损失了自重精神，还可能因这笔一时的收益而失去了整个成功的推销生涯；以整个推销来说，损失的是声望和公众的信赖。所以，齐格拉强调："信任是关键"，他说："我坚信，如果你在推销工作中对客户以诚相见，那么，你的成功会容易得多、迅速得多，并且会经久不衰。只顾眼前利益往往以失去更大、更长远的利益为代价。"

因此，在整个推销过程中，我们必须为客户提供优质的商品和周到的服务，使客户对你的商品产生信心并放心购买。在劝说客户购买时，一定要开诚布公地向客户介绍商品的真实情况，一定要实事求是，千万不可夸大事实、隐瞒真相、欺骗客户，那样只能是搬起石头砸自己的脚。

日本山一证券公司的创始人小池 13 岁时背井离乡，在若尾商店当小店员，20 多岁时开小池商店，同时替一家保险公司当推销员。有一个时期，他推销保险很顺利，在 10 多天内就做成了 32 个单子。之后，他发现他卖的保险比别的公司推出的同类型的保险要贵很多，他认为，跟他签约的客户如果知道了一定会感到难受甚至会抱怨。被人看成是冤家对头的滋味不好受，于是，深感不安的小池立即带上合约和定金，整整花了 3 天时间挨家挨户去找客户。然后老老实实跟他们说明，他所卖的保险保费比别人的价格贵，为此请他们解除契约。这种诚实的做法使每一位保户都深为感动。结果，32 位客户中没有一个跟小池解约，同时还加深了对小池的信赖和敬佩。

也许有些人还记得，数年以前，一名奥运金牌运动员的经纪人如何将自己的事业一手毁掉的故事，原因就在于他不诚实。这位名气极大的经纪人颇具野心，他为委托人签下了许多合约，合约上满是各式各样的承诺。正是因为这些"承诺"，厂商才愿意给他长期合同，然而他却无法一一兑现。这名经纪人可以说是自毁长城，尽管他在短期内赚进了大把钞票，但他在体育界却因此声誉扫地。

所以说，作为一个推销员，我们必须树立诚信观念，充分理解客户，尊重客户，处处为客户着想，与客户建立良好的合作关系。这样，你的推销生涯将更加精彩纷呈，你的事业必将蒸蒸日上。

讲信誉是一个人在社会生活中的最基本的法则，在推销活动中，我们能否讲信誉，关系到个人和企业的形象。只有办事讲诚信，我们才能赢得客户的信任和尊重。

☞ 倾听也是一种尊重

在推销过程中，谈话是在传递信息，听话是在接受信息。作为推销中的一方，在听人谈话时，并非只是简单地用耳朵就行，还要用心去理解，并积极地做出反应。

一般来说，在推销的过程中，70%的时间是推销员在讲话，客户只用了30%的时间说话。这种做法有时虽然可以煽动客户的关心和热情，但却不能激发客户下决心时必须有的自信和理智。

一个对你的商品有兴趣的客户，在他觉得有充分的理由之前，他是不会轻易下决心采取行动的。新的营销技能，要诉诸于客户的理智。于是，说话者和倾听者的时间比例应该倒过来，客户说话的时间变为70%，而推销员在提供产品之前，一直当听众。

因为倾听是了解客户需求的第一步。听客户讲出他们的购买意愿是决定采取何种推销手段的先决条件，有时听比说还来得重要一些。倾听客户对推销至少有下面三个好处。

1. 倾听是对别人的一种尊重

当你聚精会神地听对方兴高采烈谈论的时候，客户会有一种被尊重的感觉，从而能够拉近双方的距离。

小徐是一名推销人员，他认为，引导客户谈论他沾沾自喜的发家史，是打开客户话匣子的万能钥匙。他常常利用这一点，与客户建立良好的友谊。

有一次，小徐去拜访陈总——一位非常忙碌而且非常反感推销员的油桶制造商。小徐拿着朋友的介绍信，来到了陈总的办公室。他先向陈总自我介绍一番，又递上了名片和介绍信。陈总却是一脸的不以为然，看了名片和介绍信便把它们丢在桌子上，然后告诉小徐，他已经是今天来的第10位推销员了，桌子上已经堆满了公文。陈总不耐烦地说自己每天坐在办公室里，都要听推销员们吹牛，别的什么事也办不成。他请小徐离开，不要再做无谓的推销了。

小徐仍然不慌不忙地说，只占用一小会儿的时间就可以了，这次只是希望能认识陈总，如果可能，以后有时间见面再谈。而陈总却很不客气地说自己没有时间接见他们这些推销员。

小徐没有办法，就再寻找别的话题。他看到办公室地板上的一些产品，便问陈总这些产品是不是他们公司的，陈总的态度依然冷冰冰。小徐又转而问他从事了这个行业的事情，问他从事了多长时间，又是怎么进入这一行的。

听到这些，陈总的表情就变得不那么严肃了，他开始谈论起自己的往事。他说自己在这个行业已经有将近20年了，18岁时，进入一家公司工作，拼命地干了10年，才混到一个部门主管，还得看别人脸色行事，于是就想办法自己创业。小徐又问他是不是本地人，陈总告诉他，自己不是北京人，而是东北人。小徐一听说他是外地人，就兴奋地说，这样就更不简单了，这又激起了陈总的兴趣。陈总说他17岁就离开了家乡，先去了广东，然后又决定到北京来闯荡。他刚刚创业的时候，身上就只有2万元，而如今，他的公司已经有200万的资本了。

看着地上的油桶，小徐说这一定要靠很特别的技术才能制造出来，然后又问陈总是否介意带他到工厂里去参观一下。陈总很高兴地答应了，兴致勃勃地带他参观了油桶生产工厂。

陈总的冷漠与拒绝，就此被小徐的热情和巧妙的说话技巧化解了，他们在第一次见面时就成了好朋友。

可见，认真倾听别人讲话往往会使推销出现柳暗花明的情况，因为倾听本身就是对别人的尊重。

2. 倾听的同时才会有思考的空间

我们在倾听对方谈话时，会注意客户的喜好与需求，倘若对方有不太了解的地方，再仔细分析，商谈才不会功败垂成。通常客户在商谈的每个阶段，一定有许多想询问的事，包括商品的性能、颜色、尺寸、花样、价格、付款方式等等。我们可以利用在一旁倾听的同时，考虑应如何向他们进行说明，以及如何应付客户对产品的异议，以便增加成交的概率。

3. 找到客户困难点

面对面销售时最令人泄气的问题，莫过于客户冷淡的反应与不屑的眼光，这对我们的信心是一种十分严重的打击。许多客户在问答之中只会应付式地说几句客套话，这是因为担心说出他的需求后，会被我们逮住机会而无法脱逃，所以客户会在与我们应对时尽可能地采用能拖就拖、能敷衍就敷衍的策略。要去除这种困扰，只有想办法让客户开口说话，并且在询问的过程中，令他务必说出心中的想法及核心的问题，才能找到销售的切入点。

基于上述种种好处，我们就不能不注意倾听了，我们应该这样做。

①要努力耐心倾听，去了解客户。心理学家的统计证明，人说话的速度为每分钟 120～180 个字，而听话及思维的速度比讲话速度大约快 4 倍。鉴于这种差距，我们在聆听时，应充分利用这个时速差来用心思考、琢磨客户的说话内容。反之，如果对客户的说话内容听而不闻，而用聆听时的

时速差来想别的事情，那就有可能因此错失推销良机。

作为推销员，我们若是能够耐心倾听对方的谈话，等于告诉对方"你是一个值得我倾听你讲话的人"，这样在无形之中就能提高对方的自尊心，加深彼此的感情，为推销成功创造和谐融洽的环境和气氛。因此，听人谈话应像自己谈话那样，始终保持饱满的精神状态，专心致志地注视着对方。当然，如果你确实觉得对方讲得淡而无味、浪费时间，则可以巧妙地提一些你感兴趣的问题，不露痕迹地转移对方兴趣。

②要虚心地听。推销的一个主要议题是沟通信息、联络感情，而不是智力测验或演讲比赛。所以在听人谈话时，应持有虚心聆听的态度。有些人觉得某个问题自己知道得更多，就断然中途接过话题，不顾对方的想法而自己发挥一通，这同样是不尊重对方的表现。他们急于发言，经常打断对方的讲话，迫不及待地发表自己的意见，而实际上往往还没有把对方的意思听懂、听完。

在一些推销场合，如果你不赞成对方的某些观点，一般应以婉转的语气表示疑问，请对方解释得详细一些。或者说："我对这个问题很有兴趣，我一直不是这样认为的""这个问题值得好好想一想"。即使你想纠正对方的错误，也需在不伤害对方自尊的条件下以商讨的语气说："我记得好像不是这样的……""贵方在以往的推销中似乎是另一种做法……"如此这般，就足以使对方懂得你的意思了。

③要搞清楚客户说话的真正含义。我们在倾听客户说话时，需要了解客户的真正意图，如果只听其话语的表面意思是远远不够的。

听客户谈话时，要能控制自己的感情，不要总想占主导地位。一个总想表现自己的推销人员，绝对不是一个好的听众。

④要有积极的回应，要使自己的倾听获得良好的效果，不仅要细心倾听，而且还要有反馈性的表示。随对方表情而变化自己的表情，并用简单的肯定或赞赏的词语适当地插话等。这样，客户会认为我们在认真聆听，

而愿意更多、更深地讲出自己的观点。要注意不断将信息反馈给对方，以检验自己的理解是否正确，并引导客户谈话的内容。

一般来说，我们在倾听的同时，可以采用以下几种方法做出倾听反应。

①轻轻地点头做出反应表示同意。我们用这种方法表示自己正在听客户的谈话，有时轻轻点几下头表示对客户所传达的信息的赞同或默许。

②我们的目光要注视正在说话的客户，不要做任何动作，也不要说话。这表明我们正专心致志地倾听客户的谈话，并且对客户的谈话表示出浓厚的兴趣，这是对客户的尊重。

③我们偶尔发出声音，用尽量少的言词表示出自己的意思，比如："我了解""是那样""我同意"。使用这种词语，一般表示我们对于客户的话有所了解，或者表示同意客户的看法。

④在客户询问问题或者在客户说话有错误的时候，我们应该做出真实的反应，即把自己了解的真实情况告诉客户。一定要诚恳，即使是由于你的公司或产品的问题，也不应该隐瞒，应该对客户做出合理的解释。这样做，有利于消除客户的怨气，使双方容易沟通。

总而言之，我们若想成为一个好的推销员，首先必须让自己成为一位好的聆听者。

☞ 这些话会让客户觉得你无礼

说话本来是一件最简单的事，但很多推销人员却都因为说话不当而失去了客户。这并不是因为他们说话太多或说话技巧不够好，而是在不该说话的时候说话，或者是说了不该说的话。我们务须牢记，下面这几种话是绝对不能说的。

1. 包含批评的话语

一些推销人员有时讲话不经过大脑，脱口而出伤了别人，自己还不觉得。比如说，见了客户第一句话便说："你家真难找！""这件衣服不好看，一点儿都不适合你。""这个茶真难喝。"这些脱口而出的话语里包含批评。虽然你无心去批评、指责客户，但客户听来却会感到不舒服。

人们常说，"好言一句三冬暖"，也就是说，人人都希望得到对方的肯定，人人都喜欢听好话。在这个世界上，又有谁愿意受人批评呢？推销员每天都与人打交道，赞美性话语应多说，但也要注意适量，否则，让人有种虚伪造作、缺乏真诚之感。不要让客户有这样的感觉："你说那个做推销的，他那一套，嘴巴虽然甜得要命，可是都是假的，这销售公司培训出来的怎么都是一个模式的人，耍嘴皮特行！"这种感觉无形中提醒我们，与客户交谈中的赞美性用语，要出自你的内心，不能不着边际地胡乱赞美。

2. 别和客户议论主观性的话题

"干什么吆喝什么"，与你推销没有什么关系的话题，你最好不要参与议论，比如政治、宗教等纯属主观意识，无论你说的是对是错，这对于你的推销都没有什么帮助。

一些推销人员涉及这个行业的时间不长，经验不足，在与客户的交往过程中，没有主控客户话题的能力，往往是跟随客户一起去议论一些主观性的议题，最后意见产生分歧，然后在某些问题上争得面红脖子粗，但争完之后，一份即将到手的生意就这么告吹了。想想对这种主观性的议题争论，有何意义？所以，有经验的老推销员，在处理这类主观性的议题中，起先会随着客户的观点，一起展开一些议论，但议论中适时将话题引向自己推销的商品上来。

3. 不要卖弄专业术语

吴先生从事寿险时间不足两个月，一见到客户，就一股脑地向客户炫耀自己是保险业的专家，然后就是把一大堆专业术语塞向客户，客户个个听了都感到压力很大，如坠入云雾中，不知所云，反感由此产生，拒绝是顺理成章的事了，吴先生便在不知不觉中错过了大好机会。

4. 不要太过夸口

一些推销人员往往喜欢将自己的商品夸得天花乱坠，事实上这样做是不好的。如果你夸大产品的功能，客户在日后使用产品的过程中，终究会知道你所说的话是真是假。不能因为要达到一时的销售业绩，你就夸大产品的功能和价值，这势必会埋下隐患，一旦纠纷产生，后果将不堪设想。

任何一个产品都有两面性，一面是好的，一面是不好的。作为推销人员理应站在客观的角度，清晰地与客户分析优与劣，帮助客户"货比三家"，才能让客户心服口服地接受你的产品。任何的欺骗和夸大其辞的谎言都是推销的天敌，会使你的事业短命。

5. 不说咄咄逼人的话

一些推销人员常常会说出一些攻击性话题，事实上，无论是对人、对事、对物的攻击词句，都会造成准客户的反感。因为你说的时候是站在一个角度看问题，不见得每一个人都是与你站在同一个角度，你表现得咄咄逼人，反而会适得其反，对推销工作也只能是有害无益。

6. 不要谈论隐私

与客户打交道，主要是要把握对方的需求，而不是一张口就大谈特谈对方的隐私问题，这也是新推销员常犯的一个错误。有些新推销员会说，我谈的都是自己的隐私问题，这有什么关系？就算你只谈自己的隐私问题，不去谈论别人，试问你推心置腹地把你的婚姻、财产等情况和盘托出，能对你的销售产生实质性的进展吗？也许你还会说，如果我们与客户不谈这些，就直插主题，业务势必难以开展，所以谈谈无妨。其实，谈论隐私是毫无意义的，浪费时间不说，更浪费你的推销商机。

7. 别用质疑的口气问问题

在推销的过程中，你很担心准客户听不懂你所说的一切，而不断地质疑对方："您明白吗？""您知道吗？""您明白我的意思吗？"似乎以一种老师的口吻提出这些让人反感的问题。从销售心理学来讲，一直质疑客户的理解力，客户会产生不满，这种方式往往让客户感觉得不到起码的尊重，逆反心理也会随之产生，可以说是推销工作中的一大忌。

8. 枯燥的话题不要讲太多

在推销中有些枯燥性的话题，也许你不得不去讲解给客户听，但这些话题可以说是人人都不爱听，甚至是一听就想打瞌睡。所以，如果一定要讲，建议你将这类话语讲得简单一些，可概括起来一带而过。这样，客户听了才不会产生倦意。如果有些相当重要的话语非要跟客户讲清楚，不要拼命去硬塞给他们，在你讲解的过程中换一种角度，找一些他们爱听的小故事、小笑话来改变一下气氛，然后再回到正题上来，也许这样的效果会更佳。

作为一名推销人员，我们千万要注意推销语言，绝对不说客户不爱听的话，因为说话而伤害客户是一件非常愚蠢的事。

第五篇

掌握餐饮礼仪，主宾其乐融融

有品位的男人是酒宴上的常客，当然，他们不是好饮贪杯，对于他们而言，请客赴宴便是一种礼尚往来。他们重视酒桌文化，知道这种应酬的分量。他们更是将自己的细致周到渗透到了酒宴的每一个细节之中，有这样的男人在场，宴会的气氛总是那样其乐融融。

一、请客做东，你要心中有数

☞ 如何正式发出邀请?

在交往中，因为各种各样的实际需要，我们需要对一定的交往对象发出约请，邀请对方出席某项活动或是前来我方作客。这类性质的活动，被商务礼仪称为邀约。

从交际这一角度来看，邀约实质上是一个双向的约定行为。当一方邀请另一方或多方人士时，不能仅凭自己的一厢情愿行事，而是必须发出邀请并且取得被邀请方的同意。作为邀请者，一定要端正自己的态度，做到礼仪周全，让被邀请者感受到尊重和诚意。作为被邀请者，则需要及早做出合乎自身利益与意愿的反应。因此，不论是邀请者，还是被邀请者，都必须把邀约当作一种正规的商务约会来看待，不可不拘礼节，随意行事。

在一般情况下，邀约有正式与非正式之分。正式的邀约，既讲究礼仪，又要设法使被邀请者备忘，故此多采用书面的形式，以表示自己对被邀请者的重视。非正式的邀约，通常是以口头形式来表现的，相对而言要显得随便一些。

正式的邀约有请柬邀约、书信邀约、传真邀约、电报邀约、便条邀约等等具体形式，适用于正式的商务交往中。非正式的邀约也有当面邀约、托人邀约以及打电话邀约等不同的形式。在商界人士的正式接触中，一般会采取正式邀约，也就是书面邀约。我们来看一下正式邀约的几种形式。

1. 请柬邀约

在正式邀约的诸形式之中，档次最高，也最为商界人士所常用的当属请柬邀约。凡精心安排、精心组织的大型活动与仪式，如宴会、舞会、纪念会、庆祝会、发布会、单位的开业仪式等等，只有采用请柬邀请嘉宾，才会被人视为与其档次相称。如果你邀请对方参加的是一项大型活动，或者对方地位较高，一般宜采用请柬邀约。

目前，在商务交往中所采用的请柬基本上都是横式请柬，自左向右、自上而下行文。除此之外，还有一种竖式请柬，行文则是自上而下、自右而左的。作为中国传统文化的一种形式，竖式请柬多用于民间的传统性交际应酬，因此在这里略去不提。

在请柬的行文中，通常必须包括活动形式、活动时间、活动地点、活动要求、联络方式以及邀请人等项内容。

另外，如果被邀请者的"尊姓大名"没有在正文中出现，则是因为姓名一般已在封套上写明白了。但如果要在正文中再写一次，也是可以的。在正文中，"请柬"二字可以有，也可以没有。

在对外交往中使用的请柬，应采用英文书写。在行文中，全部字母均应大写，应不分段，不用标点符号，并采用第三人称。这是习惯做法。

2. 书信邀约

以书信为形式对他人发出的邀请，叫作"书信邀约"。相较请柬邀约，书信邀约显得要随便一些，故多用于熟人之间。

用来邀请他人的书信，内容自当以邀约为主，但其措辞不必过于拘束。基本要求是言简意赅、说明问题，同时又不失友好之意。可能的话应当打印，并由邀请人亲笔签名。比较正规一些的邀请信有时也叫"邀请书"或"邀请函"。在装帖与款式方面，邀请信均不必过于考究。封套的写作，与书信基本相同。

3. 传真邀约

传真邀约，指的是利用传真机发出传真的形式，对被邀请者所进行的一种邀约。在具体格式、文字方面，做法与书信邀约大同小异。但由于利用了现代化的通讯设备，因而传递更为迅速，并且不易丢失。此外，还有一种电子邮件邀约，其做法基本与传真相似。

4. 电报邀约

电报邀约，即以拍发专电的形式，对被邀者所进行的邀约。电报邀约与书信邀约在文字上，都要求热情、友好、恳切、得体。除此之外，电报邀约在准确、精练方面要求得更高一些，这是由电报这一形式本身决定的。

电报邀约的速度快、准确率高，因此多用于邀请异地的客人。在具体内容上，与书信邀约大致类似。

5. 便条邀约

在某些时候，商界人士在进行个人接触时，还会采用便条邀约。便条邀约，即将邀约写在便条纸上，然后留交或请人代交给被邀请者。在书面邀约诸形式之中，显得最为随便。然而因其如此，反而往往会使被邀请者感到亲切、自然。

便条邀请的内容是有什么事写什么事，写清楚为止。纸张应干净、整洁为好。依照常规，用以邀约他人的便条不管是留交还是代交对方，均应装入信封之中，一同送交。仅一张简简单单的邀请条来来去去，则不甚适宜。

不论以何种书面形式邀约他人，均须做得越早越好。通常应当至少在一周之前到达对方手中，以便对方有所准备。临时发出邀请，尤其是重大活动的邀请，会让对方措手不及，不仅给对方以逼人就范的感觉，而且也是非常不尊重对方的。

为了了解被邀请者对邀约有何反应，许多邀请者在发出书面邀约时，就对被邀请者有所要求，请对方能否到场必须做出答复。通常，类似的规定往往会在书面邀约的行文中出现。例如，要求被邀请者"如蒙光临，请子函告""能否出席，敬请答复""盼赐惠复"等等。

另外，为了确保被邀请者准确无误地将有关信息反馈给邀请者，在书面邀约正文的左下方，循例要将与邀请者联络的具体方式详尽提供给被邀请者，通常包括联络电话号码、传真号码、电传号码、电子邮箱号码（网址）、邮政编码、电报挂号、寻呼机号码、联络地点以及通信地址等。以上这些内容不必一一全部列出，可以根据具体情况从中选择。不过联络或咨询的电话号码这一项，原则上是不能缺少的。

需要注意的是，发出邀请一定要提前，以便给对方时间安排。中国人请客有个不成文的规矩：提前三天通知叫"请"，提前两天通知是"叫"，当天通知为"抓"。也就是说，你要请人吃饭就要事先下帖子或口头通知，让对方有足够的时间来安排准备，而主人的礼貌和诚意如何，也可以从通知的时间上看出来。正式的宴会更不能临时"抓人"凑份子，正确的做法是：请柬应该提前一至两周发出，以便被邀请者早做安排。如果对方因故不能出席，主办方也可以早做调整。

有时候邀请失败并不是因为对方对这个饭局不感兴趣，而是你邀请的方式让对方觉得不恰当，没有受到尊重。因此，要想成功邀请到客人，必须采用正确的方式。

☞ 对邀请做出得体的回应

任何书面形式的邀约，都只有在邀请者经过慎重考虑，认为确有必要之后才会发出的。因此，在商务交往中，商界人士不管接到来自任何单位、任何个人的书面邀约，都必须及时、正确地进行处理。自己不论能不能接受对方的邀约，均须按照礼仪的规范，对邀请者待之以礼，给予明确、合"礼"的回答：或者应邀，或者婉拒。置之不理、厚此薄彼、草率从事都是不礼貌的行为，不仅有损自己的形象，还可能导致双方交恶。

商界人士在接到以书面通知为形式的正式邀约后，必须认定：邀请者是真心实意地希望自己能够接受邀请的。对方所看重的，或许是我方单位的名气和地位，或许是邀请者本人的身份和影响，或许对方单位与我方单位、对方本人与邀请者本人的良好关系，或许是希望能够借此机会增进、发展双方单位或个人之间的关系……不管怎么说，对方邀请我方，尤其是以书面形式正式地邀约我方，基本上都是对我方尊重与友好的一种表示。"来而不往，非礼也"，所以我方在接到邀约后，应当做出积极的反应。

积极反应的第一步，是要尽快答复邀请者自己能否接受其邀请。鉴于同时受到邀请的往往不止一方，为了使邀请者做到对他所发起的有关约会胸有成竹、避免失败，任何被邀请者在接到书面邀请之后，不论邀请者对于答复者有无规定，出于礼貌，都应尽早将自己的决定通知给对方。

对书面邀约进行的答复，通常采用书信的形式。在商务礼仪中，被称为"回函"。回函基本上都需要亲笔书写，以示重视。如果打印回函，则至少应当亲笔签名。所有的回函，不管是接受函还是拒绝函，均需在接到书面邀约之后三日之内回复，而且回得越早越好。

在回函的行文中，应当对邀请者尊重、友好，并且应当对能否接受邀约这一关键性问题做出明确的答复。切勿避实就虚，让人觉得"难解其中味"。如果拒绝，讲明理由就可以了。

回函的具体格式可参照邀请者发来的书面邀约。在人称、语气、措辞、称呼等方面与之不相上下，就算不上失礼。

在商务场合，信用尤其重要。面对正式的饭局邀请，被邀请者必须做到礼仪周全，给对方以应有的尊重，同时又要结合自己的实际情况，对邀请做出合适的回应。在这里，我们必须要注意以下几点。

①做人必须要讲信用，尤其是在职场交际中，失去信用等于失去朋友。答应了不去就是对别人的不尊重、不礼貌。所以，答应了就一定要去。

②应酬是难免的，如果所有应酬都参加会累死自己的，所以一定要适当地推掉一些。至于推掉哪些，就要权衡一下得失了，考虑一下去的话对自己的意义与影响有多大，有没有去的意义与必要。如果有就接，没有就推。

③如果拒绝邀请的话，一定要给出合适的理由。拒绝邀请的最委婉借口就是告知有另一些重要事宜要忙，要说得合情合理，没有漏洞，但不能重复。要让对方感觉到你确实有事在身不方便前来，而不是让对方感到你只是在敷衍。

☞ 拒绝一定要委婉

饭局宴请中，我们必须面对许多选择，但是记住鱼和熊掌不能兼得。在我们面对纷繁的邀请时，要做出两全的决定，这样在交际生活中才会得心应手。

　　活跃于交际场合的你，难免派对邀约不断，在面对各种各样的邀约，其中有的值得你去参加，有的却对你没有什么价值。对有价值的邀约，我们可以选择接受，这样双方皆大欢喜。但是你出于各种原因，对一些邀请不能接受，又不好直说"不去""不参加"，怕伤害对方的自尊心。如何既能够透露内心的真实想法，又不愿表达得太直露，以免刺激对方，这就需要学会拒绝的艺术了。拒绝的方式不得当，不但会显得你很没礼貌，还会伤害邀请你的人。拒绝宴请邀约的技巧有以下几个原则。

1. 学会倾听

　　耐心倾听对方的邀请与要求，即使在对方述讲中途就已经知道必须加以拒绝，也要听人把话讲完。既表达对其尊重，也可更加确切地了解其请求的主要含义。

2. 理由明确

　　做出拒绝时，必须指出拒绝的理由，真诚且符合逻辑的拒绝理由有助于维持原有的关系。

3. 对事不对人

　　一定要让对方知道你拒绝的是他的请求，而不是他本身。这时候就要注意自己的表达了，千万不要让对方产生误会。

4. 直接对话

　　千万不可通过第三方加以拒绝，通过第三方拒绝，只会显示自己懦弱的心态，并且非常缺乏诚意。

5. 真诚相待

把不得不拒绝的理由以诚恳的态度讲明，直到对方了解你是无可奈何，这才是最成功的拒绝。成功地拒绝他人的不实之请可以节省自己的时间与精力，还可以免除由不情愿行为所带来的心理压力。关键在于，拒绝前必须将对方的利益放在考虑之内，才能做到两全。委婉拒绝邀请可以采取以下几种方法。

①彬彬有礼法。当别人邀请你赴宴，而你又不愿去时，可以彬彬有礼地说："我很感谢您的盛情。不过已经有人约了我，所以我今天就没有福气享受您的美意了。"

②不说理由法。在有些场合对某些人说明拒绝的理由，有可能会节外生枝，事与愿违。为减少麻烦，可以不说理由。如遇到推销的人又来邀请你去参加会议，你就可以明确表态："实在对不起，我恐怕帮不上您这个忙。"如果他继续纠缠，就再重复一遍，他就会知难而退。

③答非所问法。把对方提出的问题，用与之不相符的内容来回答。比如你表示自己另有安排，因此不能接受别人的邀请，而对方一定要打破沙锅问到底，而你确实不方便透露具体信息，这时候就可以采用顾左右而言他的方法。

④妥协应付法。当你表示拒绝后，对方还一再纠缠，你就可以采取妥协应付的方法："等我有时间了，一定会参加你们这次活动。"

委婉拒绝的方法远不止这几种，你尽可以采用各种各样的方法。只是一定要记住，无论用哪种方法，都不要损伤他人的自尊心。

☞ 应邀赴宴着装务必得体

赴宴是交际者经常性的活动之一，如何通过正确的着装表现出自己的涵养和魅力可是一门学问，其中有许多值得注意的礼节。

服饰包括穿着、饰物的佩戴等几个方面。服饰是一种文化，从不同的服饰可以看到内在的文化传统。而所谓服饰礼仪，就是人们在穿着打扮应该了解和遵守的惯例与规范。服饰礼仪所起到的主要作用，是为人们的打扮提供一个可参照的标尺。它告诉人们，在各种各样的具体情况下，应该怎样打扮才能得体；针对每一个人，什么样的装扮才是美的，什么样的衣服能够展现自己的魅力。同时，服饰礼仪又在时时刻刻提醒着人们，一个人的穿着打扮并不是个人的私事，而是与对他人是否尊重而密切联系在一起的。

正式宴会的请柬上多注有着装要求，赴宴时应按照要求穿着。如果请柬上没有明确写明着装要求，赴宴时应按照宴会性质和与客人的关系选定例行服装。在欧美等国，参加正式宴会应穿深色西服、白色衬衣、系上领带，配锃亮的黑色皮鞋，这样看起来比较绅士，所以这套装扮可以出席任何隆重的宴会。如果是普通宴会，衣着不必过分讲究，以整齐合体为宜，但也不宜太随意，否则会被视为无礼的表现。

1. 保持个性

世间每一片树叶都不会完全相同，同样，每一个人都具有自己的个性。在着装时，既要认同共性，又绝不能因此而让自己的个性丧失。着装要坚持个体性，具体来讲有两层含义：第一，着装应当照顾自身的特点，尽量要做到衣服合身，扬长避短，这是最基本的。第二，着装应创造并保持自己所独有的风格，在允许的前提下，着装在某些方面应当与众不同。切勿盲目追求时髦，流行什么就穿什么，使个人着装千篇一律，毫无特色可言。

2. 整体协调

正确的着装必须经过全面考虑和精心搭配。人本身是一个整体，因此各个部分不仅要"自成一体"，而且要相互呼应、配合，在整体上尽可能地显得完美、和谐。若是着装的各个部分之间缺乏联系，看起来不是一种风格，那么再完美也毫无意义。着装要坚持整体性，重点是要注意两个方面。其一，要遵照服装本身约定俗成的搭配，例如穿西装时，应配皮鞋，而不能穿布鞋、凉鞋、拖鞋、运动鞋等。其二，要使服装各个部分相互适应，局部服从于整体，力求展现着装的整体之美。

3. 整洁干净

在任何情况之下，人们的着装都要力求整洁，避免肮脏或邋遢，不整洁的着装会让人产生厌恶感。着装要坚持整洁性，应体现下述四个方面。首先，着装应当整齐，不允许又折又皱、不熨不烫。其次，着装应当完好，忌讳有补丁，"乞丐装"在正式场合亦应禁穿。再次，着装应当干净，不应当又脏又臭，令人生厌；以任何理由搪塞应付而穿脏衣，都没有道理。最后，着装应当卫生，要勤于换洗，时刻注意自己的衣服是否有污渍、油迹、汗味与体臭。

4. 着装文明

在日常生活里，不仅要做到会穿衣戴帽，而且要努力做到文明着装。着装的文明性，主要是要求着装大方得体，符合社会的道德传统和常规做法。这里有一点需要特别提醒一下大家，这种场合忌穿过于暴露的服装，诸如袒胸露背和暴露大腿、脚部和腋窝的服装，这是对别人的不尊重，切应忌穿。

5. 讲究技巧

不同的服装有不同的搭配和约定俗成的穿法，例如，穿单排扣西装上衣时，两粒钮扣的要系上面一粒，三粒钮扣的要系中间一粒或是上面两粒；穿西装不打领带时，内穿的衬衫应当不系领扣等等。多知道这样一些技巧，对于自己在宴会场合的出众表现将大有裨益。

☞ 请客吃饭也要分档次

给人送礼，我们一般要考虑礼品的档次，为了挑选到合适的礼品不惜跑遍各大商场。邀请别人吃饭跟送礼一样，也要注意档次的安排，才能起到事半功倍的效果。注意档次并不是说档次越高越好，而是要根据事情的重要程度，不能一概而论。饭局档次安排太高，客人觉得受之有愧，吃着也不踏实，觉得"吃人的嘴软"；档次太低，会觉得看不起他。比如，如果是业务人员请顾客请饭，其实就是普通工作餐；这类就餐不应该过于繁琐，像宴会那样的话会让对方心理压力大；但也不能过于随便，快餐和便餐都是不太适宜的，会让客人觉得你没有诚意。

另外，请客吃饭的档次还要考虑到客人的社会地位和身份。如果对方有一定社会地位，就要特别注意饭店的档次和菜肴的档次了。当然，在事情圆满达成之后，请客人吃饭就可以正规一些，档次也可以适当提高，以示对双方今后合作的感谢和信心。

因此，我们知道决定饭局的档次不是请客者的阶层，而是所要托付之事的轻重。越重要的事情，饭局档次也就越高。而非功利性朋友的聚餐，选择就比较随意，可以选择喜欢的的馆子，更加随意。

人要交际、要交朋友、要办事，请客吃饭是最常用的一种方式了，然而，这请客吃饭的学问可真不少。要是在高档豪华酒店请客，对方一定是地位尊贵之人，通常邀请人越是客客气气、以礼相敬，表示宾主间的关系越远，或地位相差越远，或要办的事越重要；而通常越是熟知的朋友，请客吃饭就越随意，不用拘泥那么多礼节。同样的酒菜在不同档次的酒店，价格也是不同的，酒店档次越高，酒菜的价格越高，请客者就越有大事相求。

说起酒店的饮食，大家想到的不外乎是燕鲍参翅，或者把燕鲍参翅合在一起的佛跳墙之类的菜肴。在酒店行业，评价一个饭局的档次，基本从饭店上的第一道热菜就可看出。凉菜之后，上的第一道热菜基本上决定了本次饭局的档次，正应了那句：好的开始是成功的一半。如果把高档菜放在饭局散场的时候上，那样不仅让客人觉得不受尊敬，还让人觉得请客之人不懂得礼数，做事情不靠谱。

这样说可能有些不够完整。一些普通的小店，去的人多为市井百姓，要是邀请达官显贵去这种地方是不太适合的；确实，花几十元钱也能一醉；花上千元或许还吃不饱，这一点也不奇怪。可是人的内心却是不一样的感觉。

我们经常听到朋友说，坐了一晚上，满桌子的山珍海味，竟然不如一碗热腾腾的面条舒服。之所以有这种感觉，这是因为人们对于吃饭这一本能已经由于社会或利益的需要变成了一种利用的东西。想吃的人吃不到，不想吃的人一定要坐在酒桌边。而请客吃饭，酒菜已经有了很多饮食之外的功能。这菜或许并不适合你，或许你根本就不喜欢吃，再或许你的身体根本就不允许吃，可你要点上，要端在桌子上，这样才能表明你的心意，让自己显得得体。酒也一样，本地的酒既好喝又舒服，可就是因为档次太低，你不能给客人喝，怕会贻笑大方。档次太低，非要几百甚至上千一瓶的酒才显得你诚心，要不，你自己都觉得寒酸。所以，请客吃饭的档次问题，主人和客人都明白，重要的不是吃什么、喝什么，最重要的是档次够不够。

饭局目的不同，开销自然也不同。精明人请客吃饭前都有一个算盘，钱要花得值，铺张不一定能达目的，省钱也不一定丢面子。这就需要自己对饭局的全面把握了。

"看人点菜"虽然显得对客人不一视同仁，但是在饭局上这种做法值得借鉴。最好的招待办法就是吃得有特色，只有让客人满意，才有利于感情沟通，增进公司效益。有些饭局需要讲特色，无论是用当地特色菜招待，还是用家乡风味菜招待，只要你花了心思，这顿饭的收获就有可能达到预期目的。特别是宴请久居异乡的客人时，吃顿纯正的家乡菜，即使没有山珍海味，却能够深深地打动了对方。其实，饭局就是突破对方的心理防线，和对方沟通好感情，家乡情谊做到位了，签成生意和交成朋友的概率也大得多。

总而言之，只有选择合适的档次宴请客人，让客人感觉受到尊重，同时又符合礼数，这样的饭局才能达到请客人的目的。

☞ 熟知男女口味差异

在家庭中，你会发现自己和异性成员有不同的饮食偏好。男的爱吃肉，女的爱吃菜；男人喜欢酒，女人喜欢汤。男女之所以口味不同，是因为生理需求和心理需求有差别。

古语"饮食男女，人之大欲存焉。"说到饮食，男女也有各自的适合与不适合，也有不同的需要。一般来说，男性要求量大、有肉、能吃饱就好。女性就迥然不同了，不仅在意食物的"色，香，味，形"，还要求"在哪吃，比吃什么更重要"。就饮食习惯来说，男人和女人也有差别，男人喜欢肉类，女人偏好水果和蔬菜；男人钟情于烤肉，女人则酸奶蔬菜不离手。从营养需求上，男女的饮食也不同，男生要加，加体力、加精力；女生要减，减岁数、减体重。

人们潜意识里都清楚饮食上男女有别，有普遍的饮食偏向。比如，一男一女同时在餐厅就餐，当服务员上菜时，如果不确定哪个菜是谁点的，一般就会把素菜摆在女人面前，而把肉菜摆在男人面前。

根据科学统计，男性一般吃肉类和面包比较多，而女性吃更多的是蔬菜、酸奶、水果，喝汽水也要挑无糖的那种。女性在吃饭的时候细嚼慢咽，一边聊天一边吃饭，花的时间也要比男性多。曾有个心理学测试，测试者让一批男性和女性志愿者读陌生人的饮食日记，然后依此做出判断。无论男女，他们对那些三餐吃得较少的人都得出一致结论：日记的主人应该是女性，而且在那些女性中，吃得更少的比吃得相对较多的人对自己的外貌、身材更在意。

当今社会，以瘦为美。为了追求美，女性一般吃得比较少，年轻女性跟男性仰慕者一起吃的时候更是如此。女性比男性更热衷于节食减肥，而且对自己的体重和体型更容易不满，正所谓"爱美之心人皆有之"，这一点也不出奇。一项大型调查中，25%体重标准的女性抱怨自己超重，而男性中间却只有8%会觉得自己超重。一般而言，男性更易接受自己的体重和体型，因此饮食的时候更无拘束。在绝大多数女性看来，男人更喜欢瘦削的女人，但实际上只有很少部分的男性承认这一点。

另一个是生理学上的理论支持：绝大多数女性所需的卡路里比男性要少。女性因为运动量很少，体内所需要的能量也比男性要少。对此，建议女性应该多吃全麦食物、水果、蔬菜、低脂牛奶和瘦肉。而男性比女性消耗的热量多，所以当妻子在犹豫要吃甜点还是喝红酒的时候，丈夫可以得意地享用两者。中国人讲究，吃饭八分饱。在世界范围，女性普遍比男性的寿命要长五年左右，其中饮食是一个影响因素。

1. 女人最需要的食物

①牛肉。100克生牛肉里至少有3毫克铁。另外，牛肉的脂肪含量低，既增加能量，又抑制体重。对女性来说，绝对是一种绝佳的能力补充剂。

②甘蓝叶。骨质疏松症是老年妇女易患的一种疾病。食用甘蓝叶，除了能从中摄取到大量的钙、维生素D以外，还能摄取维生素K。食品营养学家表示，维生素K对骨头有很强的保护作用。

③鹅、鸭肉。对于女性而言，最佳肉食当属鹅、鸭肉，这些肉类的脂肪虽不少于畜肉类，但其化学结构因接近橄榄油，不仅无害且有益于心脏，而且有利于女性保持身材。

④番木瓜。这种热带水果所含的维生素C是橙子的2倍，维生素C可以抵御胆囊病。一个中等大小、大约300克的番木瓜，含有188毫克的维生素C，是人体补充维生素C的最佳来源。

⑤亚麻子。富含一种雌激素的化合物，能有效防止乳腺癌。在患乳腺癌妇女的食物中加上亚麻子，调查结果显示，亚麻子非常明显地减慢了肿瘤的增长。

⑥豆腐。豆类蛋白量高的食物能够降低胆固醇，还能将妇女更年期的潮热反应减少到最低程度，同时能使骨骼健壮。所以，豆浆对妇女顺利度过更年期更为有益。

另外，为女人点菜要讲求色彩搭配，宜悦耳、宜清淡、宜养颜、宜乌发、宜润肤、宜少辣多酸、宜少量甜点。

2. 男人最需要的食物

①椰菜。哈佛最近一项研究表明，椰菜（卷心菜等）是最具保护性的蔬菜，如椰菜比萨、椰菜大麦汤、椰菜加土豆等。

②花生酱。早餐时在烤面包片上涂花生酱有助于心脏的健康。研究人

员预测，花生食品可以减少心脏疾病的发作危险。

③沙司。男性食用西红柿、沙司或比萨等食物有助于防止前列腺癌，如番茄大蒜调味汁、意大利式饺子配沙司等。

④牡蛎。2～3只牡蛎就足以提供男性一天所需的锌元素和矿物质，如芥末酱油炸牡蛎、乳脂炖牡蛎肉等。

⑤西瓜：男性到 55 岁时，越来越多的人患有高血压。研究表明，含有丰富钾元素的食物可以减少高血压和中风的发病率。西瓜含有大量的钾元素（664 毫克），这比香蕉或一杯橘子汁的含量还要高。

鉴于男女在饮食习惯上的不同，在请客的时候，一定要照顾到两方的差异，既要满足男客人的需要，又要照顾到女客人瘦身美容的需要。

☞ 懂一些西方饮食文化

世界文明发展至今，不仅中国有着丰富的饮食文化，西方文明也孕育出了自己独特的饮食文化。正所谓一方水土养一方人，在"吃饭"这个问题就能看出来了。

餐饮产品由于地域特征、气候环境、风俗习惯等因素的影响，会出现在原料、口味、烹调方法、饮食习惯上的不同程度的差异。正是因为这些差异，餐饮产品具有了强烈的地域性。中西文化之间的差异造就了中西饮食文化的差异。

1. 法国人的饮食口味

作为举世皆知的世界三大烹饪王国之一，法国人十分讲究饮食。在西餐之中，法国菜可以说是最讲究的。法国人用餐时，两手允许放在餐桌上，但却不许将两肘支在桌子上。在放下刀叉时，他们习惯将其一半放在碟子上，另一半放在餐桌上。法国人讲究吃，而且舍得花钱去吃。法国人不爱吃无鳞鱼，也不爱吃辣味的菜肴。他们一般都喜欢吃略带生口、鲜嫩的美味佳肴。法国人一般都乐于喝生水（自来水），不习惯喝开水。法国人在饮食嗜好上有如下特点。

①火候：注重烹调火候，讲究菜肴的鲜嫩，强调菜肴的质量。

②口味：一般喜肥、浓、鲜、嫩，偏爱酸、甜、咸味。

③食品：主食为米饭或面粉，爱吃点心；副食爱吃肥嫩猪肉、羊肉、牛肉，喜食鱼、虾、鸡、鸡蛋及各种肠子和新鲜蔬菜，偶尔也愿品尝些新奇的食物，如蜗牛、蚯蚓、马兰等；喜用丁香、胡椒、香菜、大蒜、番茄汁等作为调料。

④制法：对煎、炸、烧、烤、炒等烹调方法制作的菜肴偏爱。

⑤菜谱：很欣赏红烧鳜鱼、宫保肉丁、脆皮炸鸡、炒虾球、银芽鸡丝、菠萝火鸡、拔丝苹果等风味菜肴。

⑥水酒：对酒嗜好，尤其爱饮葡萄酒、玫瑰酒、香槟酒等，一般不能喝或不会喝酒的人也常喝些啤酒。他们常用的饮料还有矿泉水、苏打水、橘子汁以及红茶或咖啡等。

⑦果品：法国人爱吃水果，尤其对菠萝格外偏爱，苹果、葡萄、猕猴桃等也是他们爱吃的。此外，还喜欢葡萄干、糖炒栗子等干果。

2. 德国人的饮食口味

德国人是十分讲究饮食的。在肉类方面，德国人最爱吃猪肉，其次才是牛肉。以猪肉制成的各种香肠，令德国人百吃不厌。德国人在用餐时，有以下几条特殊的规矩：其一，吃鱼用的刀叉不得用来吃肉或奶酪；其二，若同时饮用啤酒与葡萄酒，宜先饮啤酒，后饮葡萄酒，否则被视为有

损健康；其三，食盘中不宜堆积过多的食物；其四，不得用餐巾扇风；其
五，忌吃核桃。

3. 加拿大人的饮食口味

加拿大人比较偏爱法式菜肴，并以面包、牛肉、鸡肉、土豆、西红柿
等为日常之食。从总体上讲，他们以肉食为主，特别爱吃奶酪和黄油。加
拿大人重视晚餐，他们有邀请亲朋好友到自己家中共进晚餐的习惯。受到
这种邀请应当理解为是主人主动显示友好之意。

4. 俄罗斯人的饮食口味

俄式菜肴口味较重，喜欢用油，制作方法较为简单。口味以酸、甜、
辣、咸为主，酸黄瓜、酸白菜往往是饭店或家庭餐桌上的必备食品。俄式
菜肴在西餐中影响较大，一些地处寒带的北欧国家和中欧南斯拉夫民族人
们日常生活习惯与俄罗斯人相似。俄式菜肴的名菜有：什锦冷盘、鱼子
酱、酸黄瓜汤、冷苹果汤、鱼肉包子、黄油鸡卷等。

俄罗斯人用餐之时多用刀叉，他们忌讳用餐发出声响，并且不能用匙
直接饮茶，或让其直立于杯中。通常，他们吃饭时只用盘子，而不用碗。
参加俄罗斯人的宴请时，宜对其菜肴加以称赞并尽量多吃一些，俄罗斯人
将手放在喉部，一般表示已经吃饱。

5. 东欧人的饮食口味

东欧国家人的饮食习惯大体相似。在饮食禁忌方面，东欧人主要吃酸
黄瓜和清蒸的菜肴。东欧人在人际交往中非常喜欢请客吃饭。在宴请客人
时，东欧人有不少的讲究。一是忌讳就餐者是单数，他们认定此乃不吉之
兆。二是在吃整只的鸡、鸭、鹅时，东欧人通常讲究要由在座的最为年轻
的女主人亲手操刀将其分割开来，然后逐一分到每位客人的食盘之中。三

是不论饭菜是否合自己的口味，客人都要多吃一点，并要对主人的款待表示谢意。四是口中含着食物讲话，在东欧人看来，是很粗鲁的。

☞ 吃西餐必知的规矩

作为一个进餐者，无论是客人还是主人，在餐桌上应表现出良好的修养，这是人人知晓的道理。为了不致遭到周围人的笑话，或不使大家因你而感到难堪，我们应对餐桌上的一些规矩有所了解，这样我们在准备和享用西餐时方能从容应付，得体大方。

1. 姿态

首先，在餐桌上，规范的姿势非常重要。例如，坐姿应保持稳定，不能前后摇摆。可以这样想象：你背后藏着一只小老鼠，一只小猫卧在你的膝盖上——应腰板挺直，膝盖放平。无论男女，用餐时跷起二郎腿都不美观而且失礼。再者，将腿跷起，餐巾就不能平放在腿上，衣服也容易被弄皱。另外，移动腿部，稍不留意就会碰到桌子，使桌上的餐具摇晃而惹出意想不到的麻烦。众多难堪而令人不快的情景，大都因这类不合宜之举而造成。

应避免的类似举动还有：把腿张成八字形、伸伸懒腰、松松裤带、摇头晃脑、伸展双臂做体操等等，这些姿势都很失礼、不雅观。

在美国或英国，当一只手用餐时，另一只手可以放在膝盖上。而在欧洲大陆就不同了，两只手都要保留在桌面上。但要注意：不能用手臂支撑身体、靠在桌子上，也不能双手交叉在胸前，只是把手腕轻轻搭在桌上。手指要自然平稳地放在桌上，不可在桌上乱弹或玩耍餐具。

还需注意：即使坐在椅子上时间过长，腿脚感到不适，也不可把鞋脱掉；胸部与桌子的距离要适当，不可太近也不可太远。

2. 进餐

用餐时，一般右手拿刀或勺，左手拿叉，杯子要用右手来端。身体不要过于接近餐盘，要用餐具把食物送到嘴里，而不要把盘、碗端起，谁也不会来抢你盘子里的食物。

中国人讲究细嚼慢咽，西方人是吃完一口再送上一口。食物送入口中应闭嘴咀嚼，口腔里有食物时，切忌再塞进食物或饮用酒及其他饮料。食物入口之后，一般情况下应顺势咽下。即使遇到不合口味的食物，例如过辣或过咸的，也应保持镇静，尽量让食物迅速入肚，然后立刻喝些葡萄酒或饮料来帮助缓解，千万不可"哇"的一声吐出，这样不雅观且让在座的其他人为你而难堪。但遇到特殊情况，例如确认食品有腐烂异味等，我们当然不可咽下，必须吐出，但处理时要从容稳妥，大可不必惊慌失措，用餐具或餐巾等物遮掩着从嘴里取出即可。必要时也可示意，然后离席到卫生间等处解决。

进餐时，忌讳口中或体内发出声响，除正常的刀叉、碰杯及谈话之声外，其他怪癖、令人讨厌的声音都应避免。用餐时或饭后不可打嗝儿、吧唧嘴。打饱嗝，西方人是绝对忌讳的，认为同在桌上放屁一样叫人恶心，是一种失礼的表现。但如果你已习惯或控制不了自己，不小心还是打了饱嗝的话，应立即对周围的人说声"对不起"或"抱歉"等，以求大家的谅解。

切忌在杯子上留下污迹。在喝饮料之前和之后应用餐巾把嘴擦净，只是擦净而已，不需要在嘴上使劲抹。在这里特别提醒一下女士注意：避免口红沾在餐巾上，最好在餐巾里再垫上一块小的餐巾纸。

如不想饮用葡萄酒，可以客气地说："我不喝酒，谢谢。"不要用手盖住杯口。如果服务员或主人向你敬酒，你想继续饮用，可以礼貌地谢谢他的敬酒服务，而不必挪动杯子，也不必将酒杯递给对方或高高举起。一般来讲，杯子留在原处，倒方便了他人的服务。另外，以下几点也需注意。

①在进汤类食物时，应避免发出抽吸的声音。如果温度较高，可稍等片刻再享用，不可举盘直接倒入口中。

②食用面包切记：不可用面包来沾盘子里的汤（特别是有身份或讲究的女士更要避免此种举动）；面包要放在专用的小盘或者桌布上，不应放在进餐盘的盘沿上；用黄油抹面包，在一块小的面包上抹上少许黄油，用手掰开食用，切勿用刀去切或者用牙去咬；面包只在进汤或头盘菜时食用。

③谈话时，应将刀叉放在盘子上。手里握着刀叉时，切勿指手画脚地谈论，也不要将刀叉竖起，这会让人感到胆战心惊，而且的确有对自己或他人造成伤害的危险。

④在桌上切勿放肆地大笑或大声喧嚷。

⑤不可在桌上当众化妆、补妆或整理衣饰，这应在卫生间里完成，而不是在饭桌上。

⑥不要用自己的餐具为他人夹菜、舀汤或选取其他食物。

⑦不可毫无掩盖地当众剔牙，应把一只手放在嘴前，用此来掩盖住你从嘴里剔出的食物。剔牙时一定要用牙签，切不可用手指或刀叉等。

⑧吃西餐时相互交谈是很正常的现象，但切不可大声喧哗、放声大笑，也不可抽烟。尤其在吃东西时应细嚼慢咽，嘴里不要发出很大的声响，更不能把叉刀伸进嘴里。至于拿着刀叉做手势在别人面前挥舞，更是失礼和缺乏修养的行为。

⑨吃西餐还应注意坐姿。坐姿要正，身体要直，后背不可紧靠椅背，一般坐于座椅的四分之三即可。不可伸腿，不能翘起二郎腿，也不要将手臂肘放到桌面上。

总之，西餐既重礼仪，又讲规矩。只有认真掌握好，才能在就餐时表现得温文尔雅，颇具风度。

☞ 点菜需遵循的规则

点菜不仅要注意礼节，还要注重各种冷热、荤素、菜品的有效搭配，同时记得不要超出自己的预算！很多人在点菜方面没有足够的经验，结果点得不到位，也会闹出不少笑话，惹出了不少尴尬的场面。

杜少斌是位地道的四川人，他在厦门一家公司上班。有一次，公司派他负责一批重要客户的接待工作。这批客户来自上海，却点明要品尝一下"有厦门特色的川菜"。于是，杜少斌带他们来到较有名气的"巴蜀风"。他想，既然吃川菜，那就要充分体会它的麻辣香浓，于是他大力推荐了这家酒楼口味最为麻辣的"麻婆豆腐"。结果，满桌的上海客人对着这盘"麻婆豆腐"面露难色。杜少斌这才明白过来，"有厦门特色的川菜"就是"不辣的川菜"啊！

所以，点菜时必须了解有多少位客人，有多少种口味，尽量做到对他们的要求了如指掌。有的人要吃肥肉，有人只想来点青菜；湖南人要吃辣，上海人想吃甜，点菜的人必须掌握，这些基本的要领。最好在点菜前问问对方是否有忌口。

虽然菜谱上美食众多，点菜却让人头疼不已，如何恰当点菜才能让食客人人满意、费用合理又有益健康呢？如果只是为了果腹，几个知心朋友在一起相聚，那随便找个餐馆要几个菜就是了，要有荤有素搭配。但如果是稍微正式的场合，面对尊贵的客人，点菜就需要一些技巧。要想成为点菜高手，还需要按照下列步骤来操作。

1. 冷盘

中国人的习惯是在宴饮之时都会先点几个凉菜开胃。其实，凉菜还有调味的作用，能在不同热菜的间隔期起到"爽口"作用。

冷盘并不是主菜，因此点小碟比较丰富实在。一般冷盘凑双数，8 位以内客人可点 6 道冷盘，10 位以内点 8 道，超过 10 位一般要点 10 道，甚至 12 道冷盘。以 10 道冷盘为例，可以按照主荤（肉类）两道、主素两道、半荤（海鲜类）两道、特色冷盘两道、水果两道来点。

主荤一般可选择鸡、鸭、牛肉等，鸡或鸭通常选其一；主素选择余地比较大，各种凉拌蔬菜最适宜夏天吃，如凉拌黑木耳、牛拌蔬菜、海藻、豆制品类都可以；半荤通常选择海鲜类，海鲜有季节性，"安全"点菜最重要，可选择凉拌海蜇皮、鱼饼、鱼丸、鱼鲞类；水果选当令的，新鲜且价格便宜；特色冷盘一般选择酒店推荐的特色小菜，但是要避免与其他冷盘原料重复，所以，特色冷盘可以先点。

2. 主菜

主菜是宴席上的主角，安排好合适的主菜，饭局就成功了一半。主菜在口味上的安排要注意以下几点。

一餐中的菜肴总要有咸有淡、有酸有甜，才不至于令味蕾过于疲惫。此外，再配一道酸辣菜，可以用来提神醒胃。

一般按照一桌十人的规模，宴请的主菜包括：主食、汤、鱼、蟹、虾、贝类、肉类、小炒、特色菜、蔬菜、点心、甜品等，大概 12 道菜。点菜的次序可按此顺序，一般就不会遗漏或重复菜肴了。

不提倡太油腻的肉类菜品，可以点牛肋骨、炭烤猪颈肉、蝴蝶骨（排骨）等低脂肉类。还可以点本地鸡、烤鸭、乳鸽等；蔬菜也要考虑时令，四五月点空心菜，六七月点南瓜，十月份选择余地就更大了。夏天可选择冰镇、凉拌蔬菜。

3. 主食

吃完菜后该上主食了。人们的生活条件变的越来越优越，但总吃细粮也是有害健康的。了解饮食时尚的人，必然会想到健康饮食，粗粮在宴会上自然成了人们的新宠儿。

在现实生活中，人们常常会在菜肴上完后才吃主食，往往不要米饭，而是吃饺子或点心等，这种做法其实是有害健康的。菜肴上齐之后，人们基本上感觉饱了，主食几乎可有可无，而长期省略主食必然会带来一系列富贵病。用含肉、含盐、含油或含糖的饺子、点心之类当主食，很难起到米饭和馒头等淡味主食的作用。因此，如果不喝酒的话，应在热菜开始上桌之时吃一小碗饭，与菜同品，滋味无穷。

很多人喜欢在宴席上品尝一些精致的小点心。各种酥香小点、抛饼、炒饭、油炸食品，由于油脂过高、纤维含量极低，不能起到平衡营养素和保护健康的作用。如果宴席上有红薯、玉米或者杂粮饭，都是很好的选择。

☞ 排座上的讲究

中国饮食文化博大精深，座次是其中很重要的一部分。在座次安排上，中西方有着不同的观念：中国人以男士为大，西方人以女士优先；东方人夫妇坐隔壁，西方人男女对座；东方人尊左为大，西方人则尊右为大。中餐安排座次的原则是"尚左尊东""面朝大门为尊"，家宴首席为辈份最高的长者，末席为辈份最低者。宴请时需要看客人中有无外国人，如有的话，则要考虑到西方的座次排列观念。

大致来讲，若是圆桌，则正对大门的为主客，主客左右手边的位置则以离主客的距离来看，越靠近主客位置越尊，相同距离则左侧尊于右侧，成语中"虚左以待"就是这个意思。若为八仙桌，如果有正对大门的座位，则正对大门一侧的右位为主客；如果不正对大门，则面东的一侧右席为首席。如果场合较为隆重，桌与桌间的排列讲究首席居前居中，左边依次二四六席，右边为三五七席，根据主客身份、地位、亲疏分坐。

如果是请客人，你应该提前到达，然后在靠门位置等待，欢迎宾客并为来宾引座。如果你是被邀请者，那么就应该听从东道主安排入座。特殊情况下，如果你的领导出席宴会的话，你应该将领导引至主座，请客户最高级别的坐在主座左侧位置。除非这次招待对象的领导级别非常高，你需要另外考虑座次。

现代较为流行的中餐座次礼仪是在继续传统与参考国外礼仪的基础上发展而来的。借西方宴会以右为上的原则，第一主宾就坐于主人右侧，第二主宾在主人左侧或第一主宾右侧，根据具体情况灵活变通。

斟酒上菜由宾客右侧进行，先主宾，后主人，先女宾，后男宾。酒斟八分，不可过满。上菜顺序依然保持传统，先冷后热。热菜应从主宾对面席位的左侧上；上单份菜或配菜席点和小吃先宾后主，上全鸡、全鸭、全鱼等整形菜，不能头尾朝向正主位。

这些程序看起来稍显复杂，但不仅可以使整个宴饮过程和谐有序，更使主客身份得以体现和感情交流。因此，餐桌上的中餐座次礼仪可使宴饮活动圆满周全，使主客双方的都能保持心情愉快。

宴请时，还需要考虑每张餐桌上的具体位次，因为这其中也有主次尊卑的分别。排列位次的基本方法有四条，往往会同时发挥作用。

①主人大都应面对正门而坐，并在主桌就坐。

②举行多桌宴请时，每桌都要有一位主桌主人的代表在座。位置一般和主桌主人同向，有时也可以面向主桌主人。

③各桌位次的尊卑，应根据距离该桌主人的远近而定，以近为上，以远为下。

④各桌距离该桌主人相同的位次，讲究以右为尊，即以该桌主人面向为准，右为尊，左为卑。

中餐座次左为尊，一般主宾在主人的左手边。但是在国际礼仪中，座次的安排也很有讲究，值得我们特别注意。

1. 较小型或非正式餐会中餐座次

招待客人进餐时，必须判断上、下位的正确位置。以下座位是上位：窗边的席位、里面的席位上、能眺望美景的席位上。

安排中餐座次时，请客人先入座；和自己的领导同席时，请领导在身旁的席位坐下，你应站在椅子的左侧，右手拉开椅子，而且不发出声响。

另外，预订场地时，应交待店方留好的位置，避免选择厕所旁或高低不平的角落。

2. 正式或大型宴会

正式或大型宴会一般都排席位，也可只排部分客人席位，其他人员只排桌次或自由入座。宴会席位主要是根据出席人员礼宾次序安排的，同时还要综合考虑政治地位、语言使用、宗教信仰和专业领域等诸方面。

如遇主宾身份高于主人，为表示对他的尊重，可以把主宾安排在主人的位置，而主人则坐在主宾位置，第二主人在主宾的左侧。有女宾时，中餐座次习惯把女方排在一起，即主宾坐男主人右上方，主宾夫人坐女主人右上方。按照国际一般惯例，不安排夫妇坐在一起，通常是将男女掺插安排，以女主人为准，主宾在女主人右上方，主宾夫人在男主人右上方，主宾带夫人，而主人的夫人又不能出席，通常可请其他身份相当的妇女做第二主人。如无适当身份的妇女出席，也可以把主宾夫妇安排在主人的左右两侧。

如使用长桌，一桌 6 人、10 人或 14 人时，男女主人可坐在餐桌两端的传统位置上。如果一桌 8 人或 12 人时，男女主人宜坐在长桌两端。如使用圆桌，译员一般安排在主宾的右侧；使用长桌时，也可以安排在主宾与主人的对面。译员不上席时，则坐在主宾和主人的身后。

虽然看起来是简简单单的排排座位，但里面却是大有学问，如果安排不好，出了错误，则会贻笑大方，甚至得罪宾客，导致饭局的失败。

二、觥筹交错，不要失了体面

☞ 吃要有吃相

吃，要有吃相，但吃得"漂亮"却不是一件很容易的事。例如，当几个人围坐在餐桌旁准备就餐时，有人手拿筷子敲打碗盏或者茶杯；主人尚未示意开始，有人就已经狼吞虎咽起来；不等喜欢的菜肴转到自己跟前，就伸长胳膊跨过很远的距离甚至离座去夹菜；喝汤时"咕噜咕噜"、吃菜时"叭叽叭叽"作响；用餐尚未结束，自己的饱嗝已经连连打出，等等，这些现象都是缺乏修养的表现。那么，怎样的吃相才算"雅"呢？

在入座之后，一面做好就餐的准备，一面可以和同桌的人随意进行交谈，以创造一种和谐融洽的用餐气氛。不要旁若无人、兀然独坐，更不要眼睛紧盯着餐桌上的食物，显出一副迫不及待的样子，也不要无意识地摆弄餐具。

主人招呼后才开始进餐。一次夹菜不宜过多，吃完之后再取。不要对不合口味的菜显出为难的表情，而应当礼节性地品尝一点。吃东西时不要大声咀嚼，喝汤时不要弄出声响，碗筷刀叉不要碰得叮当响，更不要用匙子去刮碗底。吃东西时，嘴里的残渣不要往桌上、地上乱吐，应把这些东西集中放于一处，以便主人饭后打扫，也不至于影响周围人的食欲。

在餐桌上，不要嘴里含着食物大声说话，弄得饭菜乱喷，这是粗俗的行为，是应酬场合之大忌。作客吃饭时，不要用自己的筷子在菜盘里挑挑拣拣、拨来拨去，即使是小孩这样做也会让人生厌，在家里吃饭也要杜绝这种习惯。请人在家里吃饭时，最好使用公匙、公筷，实行分餐。在酒宴上碰杯时，主人和主宾先碰，也可以同时举杯示意，但不必逐一碰杯。祝酒时，不要交叉碰，以免形成十字架，令某些人士不悦。

当主人或主宾致辞时，其他人应暂停进餐，专心倾听。特别是当主人和主宾前来敬酒时，被敬者要起立举杯，双眼注视对方并与之碰杯，互祝美意。

在宴席上要控制酒量，以免失去自制力而失言、失态，成为笑柄。不要极力劝酒，不要以喝酒论英雄，这样不但伤身还伤感情。

出席宴会要谨慎小心，注意周围环境，控制自己的动作，以免不小心发生意外情况，如打碎餐具或打翻酒水等。

在主人家吃过正餐后，饭后喝茶、吃水果的座次可随便选择，不必过于拘礼。

宴会结束后，如果没有其他事情，应向主人表示感谢，然后告辞离开。

☞ 学会正确地使用中餐餐具

中餐的餐具品种多样，比如说有筷子、碗、汤勺、菜碟、汤盅，还有牙签、杯子、酒盅之类的。很多人认为使用餐具还不简单，其实正确的使用不仅是指能够用这些餐具吃饭，还必须符合一定的利益要求，表现出自己的涵养。在这里，我们主要介绍一下经常出现问题的餐具的使用。

1. 筷子

筷子是中餐最常见的餐具之一。使用筷子的时候，通常必须成双使用。用筷子取菜、用餐的时候，要注意下面几个小细节。

①不论筷子上是否残留着食物，都不要去舔。用舔过的筷子去夹菜，是不是有点倒人胃口？

②和人交谈时，要暂时放下筷子，不能一边说话，一边像指挥棒似地舞着筷子。

③不要把筷子竖插放在食物上面。因为这种插法，只在祭奠死者的时候才用。

④严格筷子的职能。筷子只是用来夹取食物的，用来剔牙、挠痒或是用来夹取食物之外的东西都是失礼的。

⑤不要用筷子的尾端布菜。在给别人布菜是不要把筷子调过来用尾端，很不卫生，看起来也缺乏美感。还是应该用专用的新筷子布菜。

另外，使用筷子有以下一些禁忌。在正式场合，千万不要犯了这些禁忌。

①忌挥筷。在夹菜时，不能把筷子在菜盘里挥来挥去、上下乱翻，遇到别人也来夹菜时，要有意避让，谨防"筷子打架"。

②忌迷筷。不要在夹菜时，筷子持在空中，犹豫不定取哪道菜。

③忌粘筷。在就餐过程中，即使很喜欢某道菜，也不要似筷子粘住了菜盘，不停地夹取。

④忌敲筷。在等待就餐时，不能坐在餐边，一手拿一根筷子随意敲打，或用筷子敲打碗盏或茶杯。

⑤忌掷筷。在餐前发放筷子时，要把筷子一双双理顺，然后轻轻地放在每个人的餐桌前；距离较远时，可以请人递过去，不能随手掷在桌上。

⑥忌叉筷。筷子不能一横一竖交叉摆放，不能一根是大头，一根是小头。筷子要摆放在碗的旁边，不能搁在碗上。

2. 勺子

勺子在就餐中的主要作用是舀取菜肴、食物。在使用的时候，有些细节还是要注意的。

用筷子取食时，也可以用勺子来辅助。一般情况下，尽量不要单用勺子去取菜。用勺子取食物时，不要过满，免得溢出来弄脏餐桌或自己的衣服。在舀取食物后，可以在原处暂停一下，等到汤汁不会再往下流时，再移回来享用，这样比较保险一些。

暂时不用勺子时，应放在自己的碟子上，不要直接放在餐桌上，或是在食物中"立正"。用勺子取食物后，要立即食用或放在自己碟子里，千万不要再倒回原处。而如果取用的食物太烫，不可用勺子舀来舀去，也不要用嘴对着吹，可以先放到自己的碗里等凉了再吃。不要把勺子塞到嘴里，或者反复吮吸、舔食。这样会给人留下不好的印象。

3. 碗

碗分为大碗、小碗、中碗等，每种都有不同的用途。中餐的碗可以用来盛饭、盛汤，进餐时，可以用手捧饭碗就餐。拿碗时，用左手的四个手指支撑碗的底部，拇指放在碗端。吃饭的时候，饭碗的高度大致和下巴保持一致。

4. 盘子

中餐的盘子有很多种，稍小点的盘子叫碟子，主要用于盛放要吃的食物，使用方面和碗大致相同。用餐时，盘子在餐桌上一般要求保持原位，且不要堆在一起，这样显得不美观。

在这里需要重点介绍一种用途比较特殊的盘子——食碟。食碟在中餐里的主要作用，是用于暂放从公用的菜盘中取来享用之菜肴。使用食碟时，一般不要取放过多的菜肴在食碟里，那样看起来既繁乱不堪，又好像是贪吃不厌，十分不雅。不吃的食物残渣、骨头、鱼刺不要吐在饭桌上，而是应该放在食碟的前端。取放时要注意，不要直接从嘴吐到食碟上，而要使用筷子夹放到碟子前端。如食碟放满了，可示意让服务员换一个新的食碟。

5. 水杯

水杯主要用来盛放清水、汽水、果汁、可乐等饮料。一般情况下，不要用来盛酒，盛酒要有专门的酒杯。不要倒扣水杯，这样显得没有礼貌。另外，喝进嘴里的东西不能再吐回水杯，可以吐到洗手间的水槽里。

6. 汤盅

汤盅是用来盛放汤类食物的。用餐时，使用汤盅有一点需注意的是：将汤勺取出放在垫盘上并把盅盖反转，平放在汤盅上就表示汤已经喝完。

7. 餐巾

在较为正式的场合，中餐用餐前，会为每位用餐者上一块湿毛巾。餐巾的作用是只能用来擦手，擦手后，应该放回盘子里，由服务员拿走。有时候在正式宴会结束前，会再上一块湿毛巾。和前者用途不同的是，餐巾只能用来擦嘴，却不能擦脸、抹汗。

8. 牙签

吃了肉或者纤维丰富的蔬菜后，常常需要剔牙，这时候就用到牙签了。但是，尽量不要当众剔牙。非剔不行时，也要注意形象，用另一只手掩住口部，剔出来的东西不要当众观赏或再次入口，也不要随手乱弹、随口乱吐，要多为身边的客人着想一下。剔牙后，不要长时间叼着牙签，更不要用来扎取食物。

看吧，小小的餐具要注意的东西还真是不少。学会正确使用餐具，将会让你成为宴会上的绅士。

☞ 学会使用西餐餐具

　　不同国家、地区的菜肴，在用餐时借助的餐具往往大不相同。有的餐式要用筷子，有的餐式要用刀叉，有的则需要直接以手来取食。

　　使用刀叉进餐，是西餐的最重要的特征之一。学习西餐礼仪，而不系统学习刀叉的使用，自然难成正果。实际上，刀叉的正确使用对不少中国人而言，是想做而又不会做的。

　　除了刀叉之外，西餐的主要餐具还有餐匙、餐巾等等，下面将分别进行系统介绍。至于西餐桌上出现的盘、碟、杯、水盂、牙签等餐具，用法与中餐大同小异，在此将不再赘述。

1. 刀叉

　　刀叉，是对餐刀、餐叉两种餐具的统称。二者既可以配合使用，也可以单独使用。不过，在更多情况之下，刀叉是同时配合使用的。因此人们在提到西餐餐具时，喜欢将二者相提并论。

　　学习刀叉的使用，主要是要掌握刀叉的区别、刀叉的用法、刀叉的暗示等三个方面的问题。

　　（1）刀叉的区别

　　在正规一点的西餐宴会上，通常讲究吃一道菜要换一副刀叉。也就是说，吃每道菜时，都要使用专门的刀叉。既不可以胡拿乱用，也不可以从头至尾只用一副刀叉。

　　享用西餐正餐时，在一般情况下，出现在每位用餐者面前的餐桌上的刀叉主要有：吃黄油所用的餐刀、吃鱼所用的刀叉、吃肉所用的刀叉、吃甜品所用的刀叉等等。这些刀叉不但形状各异，更重要的是其摆放的具体位置各不相同，掌握后一点，对于正确地区分它们尤为重要。

吃黄油所用的餐刀，没有与之相匹配的餐叉。刀叉的正确位置，是横放在用餐者左手的正前方。

吃鱼所用的刀叉和吃肉所用的刀叉，应当餐刀在右、餐叉在左地分别纵向摆放在用餐者面前的餐盘两侧。餐叉的具体位置，应处于吃黄油所用餐刀的正下方。有时，在餐盘左右两侧分别摆放的刀叉会有三副之多。要想不拿错，一点也不困难。关键是要记住，应当依次分别从两边由外侧向内侧取用。

吃甜品所用的刀叉应于最后使用，一般被横向放置在用餐者面前的餐盘的正前方。

（2）刀叉的使用

使用刀叉，一般有两种常规方法可供借鉴。其一叫作英国式，要求在进餐时始终右手持刀、左手持叉，一边切割，一边叉而食之，通常认为此种方式较为文雅。其二叫作美国式，具体做法是先右刀左叉，一口气把餐盘里要吃的东西全部切好，然后把右手里的餐刀斜放在餐盘前方，将左手中的餐叉换到右手里，再来大吃一顿，这种方式比较省事。

在以刀叉用餐时，不论采用上述哪一种方式，都应注意以下五点。

①在切割食物时，不可以弄出声响。

②在切割食物时，要切记双肘下沉，而切勿左右开弓。那样做，一是有碍于人，二是"卖相"不佳。搞不好，还有可能使正在被切割的食物"脱逃而去"。

③被切割好的食物应刚好适合一下子入口。切不可叉起之后，再一口一口咬着吃。应当叉着吃，不能用刀扎着吃。

④要注意刀叉的朝向。将餐刀临时放下时，不可刀口外向。双手同时使用刀叉时，叉齿应当朝下；右手持叉进食时，则应叉齿向上。

⑤掉落到地上的刀叉切勿再用，可请侍者另换一副。

（3）刀叉的暗示

使用刀叉可以向侍者暗示用餐者是否吃好了某一道菜肴，具体方法如下。

①如与人攀谈应暂时放下刀叉，做法是将刀叉刀右、叉左，刀口向内、叉齿向下，呈汉字的"八"字形状摆放在餐盘之上。意思是此菜尚未用毕。但要注意，不可将其交叉放成"十"字形。西方人认为，这是令人晦气的图案。

②如果吃完了或是不想再吃了，则可以刀口内向、叉齿向上，刀右叉左地并排纵放，或者刀上叉下地拼排横放在餐盘里。这种做法等于告行侍者，请他连刀叉带餐盘一块收掉。

2. 餐匙

品尝西餐时，餐匙是一种不可或缺的餐具。学习餐匙的使用，应重点掌握其区别、用法两大问题。有时，餐匙也叫调羹。

（1）餐匙的区别

在西餐的正餐里，一般会至少出现两把餐匙，形状不同、用途不同，摆放的位置也有各自的位置。

一把个头较大的餐匙叫作汤匙，通常被摆放在用餐者右侧的最外端，与餐刀并列纵放。

另一把个头较小的餐匙则叫作甜品匙，在一般情况下，应当被横向摆放在吃甜品所用刀叉的正上方，并与其并列。如果不吃甜品，用不上甜品匙的话，有时也会被个头同样较小的茶匙所取代。

一定要记住，上述两种餐匙各有各的用途，不可相互替代。

（2）餐匙的用法

使用餐匙，有下述几点必须予以高度重视。

①餐匙除可以饮汤、吃甜品之外，绝对不可直接舀取其他任何主食、菜肴。

②已经开始使用的餐匙，切不可再放回原处，也不可将其插入菜肴、主食，或是"直立"于甜品、汤盘或红茶杯之中。

③使用餐匙时，要尽量保持其周身干净清洁，不要动不动就搞得"色彩缤纷""浑身挂彩"。

④餐匙取食时，动作应干净利索，切勿在甜品、汤或红茶之中搅来搅去。

⑤用餐匙取食时，务必不要过量，而且一旦入口，就要一次将其用完。不要一餐匙的东西，反复品尝好几次。餐匙入口时，应以其前端入口，而不是全部塞进嘴去。

⑥不能直接用茶匙去舀取红茶饮用。

3. 餐巾

在西餐餐具里，其貌不扬的餐巾是一个发挥多重作用的重要角色。以下，将主要介绍一下餐巾的铺放和餐巾的用途等两个方面的问题。

（1）餐巾的铺放

西餐里所用的餐巾，通常会被叠成一定的图案，放置于用餐者右前方的水杯里，或是直接平放于用餐者右侧的桌面上。面积上有大、中、小之分，形状上也有正方形与长方形之别。

不论是大是小，还是哪一种形状，餐巾都应被平铺于并拢的大腿上。使用正方形餐巾时，应折成等腰三角形，并将直角朝向膝盖方向。若使用长方形餐巾，则可将其对折，然后折口向外平铺，打开餐巾，并将其折放的整个过程应悄然进行于桌下，切勿临空一抖，吸引他人注意。

在外用餐时尤其要注意，一定不要把餐巾掖于领口、围在脖子上、塞进衣襟内，或是担心其掉落而将其系在裤腰上。

（2）餐巾的用途

在正餐里，餐巾发挥的作用主要有如下几条。

①用来服装保洁。将餐巾平铺于大腿之上，主要目的是为"迎接"进

餐时掉落下来的菜肴、汁汤，防止搞脏自己的衣服。

②用来擦拭口部。在用餐期间与人交谈之前，应先用餐巾轻轻擦一下嘴，免得自己"满嘴生辉""五光十色"。但又不要乱涂抹，搞得"满脸开花"。女士进餐前，亦可以餐巾轻印一下口部，以除去唇膏。以餐巾揩口时，最好只用其内侧。通常，不应以餐巾擦汗、擦脸，擦手也要尽量避免。特别要注意，不要用餐巾去擦餐具，那样做等于向主人暗示餐具不洁，要求换一套。

③用来掩口遮羞。在进餐时，尽量不要当众剔牙，也不要随口乱吐东西。非这样做不可时，应以左手拿起餐巾挡住口部，然后以右手去剔牙，或是以右手持餐叉接住"出口"之物，现将其移到餐盘前端。倘若这些过程没有遮掩，是颇为失态的。

④用时间来暗示。在用餐时，餐巾可用以进行多种特殊暗示。最常见的暗示又分三种。其一，是暗示用餐开始。西餐大都以女主人为"带路人"。当女主人铺开餐巾时，就等于是在宣布用餐可以开始了。其二，是暗示用餐结束。当主人，尤其是女主人把餐巾放到餐桌上时，意在宣告用餐结束，请各位告退。其他用餐者吃完的话，亦可以此法示意。其三，是暗示暂时离开。若中途暂时离开，一会儿还要去而复返，继续用餐，可将餐巾放置于本人座椅的椅面上。见到这种暗示，侍者就不会马上动手"撤席"，而会维持现状不变。

4. 餐具使用的礼仪

吃西餐时，必须注意餐具的排列和摆放位置，不可随意乱取乱拿。正规宴会上，每一道食物、菜肴即配一套相应的餐具（刀、叉、匙），并以上菜的先后顺序由外向内排列。进餐时，应先取左右两侧最外边的刀叉。每吃完一道菜，将刀叉合拢并排置于碟中，表示此道菜已用完，服务员便会主动上前撤去这套餐具。如尚未用完或暂时停顿，应将刀叉呈八字型左右分架或交叉摆在餐碟上，刀刃向内，意思是告诉服务员，我还没吃完，请不要把餐具拿走。

使用刀叉时，尽量不使其碰撞，以免发出大的声音，更不可挥动刀叉与别人讲话。

☞ 斟酒的讲究

斟酒俗称为倒酒，不要觉得倒酒是轻而易举的事情，实际上，饭局之上无小事。任何一个看起来无关紧要的行为都有可能成为影响饭局成败的因素。因此，斟酒一定要讲究方式方法，操作要符合要求。

1. 斟酒的方位

与上菜不同，上菜在左，但斟酒在右，酒只需斟至酒杯容量的 2/3 即可。大多数宴会只用一种酒。中式宴会从开始上冷盘即开始饮酒，西餐的波尔图酒随奶酪或甜食一起上桌，酒瓶置于男主人面前，酒杯或可与酒同时上桌，或可在布置餐时预先摆好。男主人坐在自己的椅子上，先为右侧客人斟酒，然后自己斟一杯，再把酒瓶按顺时针方向递给左侧客人各自斟酒。

2. 斟酒的顺序

倒酒时，应先斟一些给主人品尝，主人表示满意后，再从主人的右方起依次给客人斟酒（女士、老人优先）。倒酒时，应让每位客人都能看到酒的标签。但是，由于宴会的规格、对象、民族风俗习惯不同，斟酒顺序也应灵活多样。宴请亚洲地区客人时，如主宾是男士，则应先斟男主宾位，再斟女宾位，最后为主人斟酒，以表示主人对来宾的尊敬。如为欧美客人斟酒服务时，则应先斟女主宾位，再斟男主宾位。

3. 斟酒的方法

把酒瓶商标展示在宾客面前，道"请用酒"，当客人应允后，要利用手腕的力量，把酒液慢慢地注入酒杯中，当酒倒至七成满时，随手腕向上转动抬起瓶口，这样瓶口上附带的酒水就不至于向下滴酒。斟酒时，瓶口要对准杯口，但不要搁在酒杯口上，这样做，既不卫生，也容易把杯口刮出毛口或碰翻酒杯。

4. 斟酒要适量

红酒、白酒每杯以 7～8 成为宜，不得斟得太满，否则容易溢出。但也不能斟得太少，产生误解。酒席、宴会过程中，有的宾客不胜酒力，可按本人要求酌情斟酒。啤酒由于泡沫较多，斟倒时不要过快，份量以泡沫齐杯口为宜。

5. 斟酒的时机

一个时机是宴会前的斟酒，如果顾客点用白酒、红葡萄酒、啤酒时，在宴会开始前五分钟之内将红葡萄酒和白酒斟入每位宾客杯中（斟好以上两种酒后就可请客人入座，待客人入座后，再依次斟啤酒）。另一个是指宴会进行中的斟酒，如用冰镇的酒或加温的酒，则应在宴会开始后上第一道热菜前依次为宾客斟至杯中。宴会进行中的斟酒，应在客人干杯前后及时为宾客添斟，每上一道新菜后要添斟，客人杯中酒液不足一半时也要添斟。客人互相敬酒时，要随敬酒宾客及时添斟。

如果有多种酒，应该讲究酒水的顺序，先红酒、再白酒、后啤酒（饮料）。祝酒词后，至各桌祝酒时，来宾应起立举杯。碰杯时，要目视对方致意。在主桌没有起立祝酒前，其余各桌不要抢先祝酒，更不要大声劝酒。饮酒不得超过本人酒量的三分之一。人多的时候，不要频繁地逐个客人敬酒，这样会使客人应酬不迭、难以承受。一般情况下，由主人代表大家敬一次酒就可以，热情过度反而不好。

☞ 喝好酒宴上的第一杯酒

好的开端是成功的一半。宴会上的第一杯酒好比一场演出的开场，能否吸引住观众，对后面的宴饮影响很大。中国人对餐饮是非常重视的，就是饮酒也有不少礼仪规范。了解并掌握这些规则和习俗，不仅能使你在酒桌上挥洒自如、表现得体，更能显出你良好的修养和出色的交际能力。

第一杯酒一定要包含祝福，夺得开场彩，为的是后面的饭局能够顺畅进行下去。这一杯是后面的基础，即使不想拼酒，也要努力为后面的欢愉场面打下基础。因此，第一杯酒要区别不同情况，以礼待之，一般情况下不要拒绝。

如果是在庄重的外事场合，第一杯酒不但要表现出自己的礼貌，而且必须注意来客的身份及风俗习惯。祝酒既要体现应有的热情，让对方感觉到自己的诚意，又要不卑不亢，绝不能强人所难，自己喝多少就一定要对方陪饮多少。这样不但不能达到热情接待的目的，也不会给客人造成强人所难的负面效应。要饮酒有度，热情有度，把握尺度展现风度。

在商务宴请的场合，第一杯酒就关系到后来宴会发展的形势。那么，这杯酒既要让客人尽兴，又要表现出自己的涵养。要有大家风范，不论会谈气氛怎样不愉快，都要尽地主之谊，以大局为重。因此，祝酒时既要热情有度，又不能与来宾拼酒，以免造成来宾的反感，对之后的正式会谈造成不良的影响。敬酒一定要有理有据，表现得体，这样才能达到自己的目的。

如果是普通场合，如家宴、喜宴、庆典宴，第一杯酒虽然不必考虑宴会上的商战规则，但同样表现出宴会的主题、表达出主人的盛情以及对来宾光临的期盼与欢迎。如果是友人小酌，大可不必拘泥于形式，随便找个喜欢的饭馆，点喜欢喝的酒，越是实在、体贴，越能使人感到亲切，也越能开怀畅饮。

充满感情、礼仪得体，这是对第一杯酒的要求，第一杯酒喝得好，那么后面的敬酒当然会顺畅得多。喝酒就是为了活跃气氛，在餐桌上，除了要喝好这第一杯酒，还要注意遵循一定的酒桌原则。按照这些原则来喝酒，就会让开场的热闹和谐延续到最后。

1. 众欢同乐，切忌私语

在聚会上，由于个人的兴趣爱好、知识面不同，话题尽量不要太偏。应尽量多谈论一些大部分人能够参与的话题，得到多数人的认同。避免唯我独尊，天南海北，神侃无边，出现跑题现象，而忽略了他人。特别是尽量不要与人贴耳小声私语，给人一种神秘感。

2. 瞄准宾主，把握大局

大多数聚餐都有一个主题。赴宴时，首先应环视一下在座各位的神态表情，分清主次。不要单纯地为了喝酒而喝酒，而失去交友的机会，更不要让某些哗众取宠的酒徒搅乱东道主的意思。

3. 语言得当，诙谐幽默

酒桌上可以显示出一个人的才华、常识、修养和交际风度，有时一句诙谐幽默的语言，会给客人留下很深的印象，使人无形中对你产生好感。所以，应该知道什么时候该说什么话，语言得当、诙谐幽默很关键。

4. 劝酒适度，切莫强求

别把酒场当战场，总想着变着法劝别人多喝几杯，认为不喝到量就是不实在。有时过分地劝酒，会将原有的朋友感情完全破坏。

有调查显示，超过 60% 的人对频繁劝酒表示反感。随着社会的进步，越来越多的人都觉得聚会时要喝好别喝倒。

☞ 西餐中的饮酒礼仪

西餐和中餐有着不同的规矩和礼仪，那么在西餐中，我们该如何喝酒呢？

通常是由服务员负责将少量酒倒入酒杯中，让客人鉴别一下品质是否有误。只须把它当成一种形式，喝一小口并回答"很好"。接着，侍者会来倒酒，这时，不要动手去拿酒杯，而应把酒杯放在桌上由侍者去倒。

正确的握杯姿势是用手指轻握杯脚。为避免手的温度使酒温增高，应用大拇指、中指和食指握住杯脚，小指放在杯子的底台固定。

喝酒时，绝对不能吸着喝，而是倾斜酒杯，像是将酒放在舌头上似的。轻轻摇动酒杯让酒与空气接触以增加酒味的醇香，但不要猛烈摇晃杯子。

此外，一饮而尽、边喝边透过酒杯看人、拿着酒杯边说话边喝酒、吃东西时喝酒、口红印在酒杯沿上等，都是失礼的行为。不要用手指擦杯沿上的口红印，用面巾纸擦较好。

正式的西餐宴会上，酒水是主角，酒与菜的搭配也十分严格。一般来讲，吃西餐时，每道不同的菜肴要搭配不同的酒水，吃一道菜便要换上一种酒水。

西餐宴会上的酒水一共可以分为餐前酒、佐餐酒、餐后酒三种，各自又拥有许多具体种类。

餐前酒别名叫开胃酒，显而易见，是在开始正式用餐前饮用，或在吃开胃菜时与之搭配的。餐前酒有鸡尾酒、味美思和香槟酒。

佐餐酒又叫餐酒，是在正式用餐时饮用的酒水。常用的佐餐酒均为葡萄酒，而且大多数是干葡萄酒或是半干葡萄酒。有一条重要的讲究，就是"白酒配白肉，红酒配红肉"。这里所说的白肉，即鱼肉、海鲜、鸡肉，需要和白葡萄酒搭配；红肉，即牛肉、羊肉、猪肉，要用红葡萄酒来搭配。这里所说的白酒、红酒都是葡萄酒。

餐后酒指的是用餐之后，用来助消化的酒水。最常见的是利口酒，又叫香酒。最有名的餐后酒，则是有"洋酒之王"的白兰地酒。

不同的酒杯饮不同的酒水。在每位用餐者面前桌面上右边餐刀的上方，会摆着三四只酒水杯。可依次由外侧向内侧使用，也可以"紧跟"女主人的选择。一般来说，香槟杯、红葡萄酒杯、白葡萄酒杯以及水杯是不可缺少的。

在较为正式的场合，饮用酒水颇为讲究。常见的饮酒规矩之中，斟酒、祝酒、干杯应用得最多。

①斟酒。酒水应当在饮用前再斟入酒杯。除主人与侍者外，其他宾客一般不宜自行为他人斟酒。侍者斟酒时要道谢，如果男主人亲自斟酒时，宾客则应该端起酒杯致谢，必要时还需起身站立，女士则欠身点头为礼。

②敬酒。敬酒也称祝酒，往往是宴会上不可少的。敬酒时，主人一般都会有祝酒词。在他人敬酒或致词时，其他在场者应一律停止用餐或饮酒。

③干杯。干杯时，需要有人率先提议。提议者应起身站立，右手端起酒杯或用右手拿起酒杯后，以左手托扶其杯底，面含微笑，真诚地面对他人。在主人提议干杯后，即使你滴酒不沾也要起身，拿起酒杯装装样子，以示对主人的尊敬。

④香槟只喝一半。西餐用来干杯的酒，讲究只用香槟酒，而绝对不可以啤酒或其他葡萄酒滥竽充数。饮香槟干杯时，应饮去杯中一半为宜，当然也要量力而行。

⑤只敬酒不碰杯。还有一点要注意：在西餐宴会干杯时，人们只是祝酒不劝酒，只敬酒而不真正碰杯的。使用玻璃杯时，尤其不能碰杯。

⑥不能离开座位去敬酒。在西式宴会上，是不允许随便走下自己的座位，越过他人之身，与相距较远者祝酒干杯，尤其是交叉干杯，更不允许。

⑦酒度适量。不管是在哪一种场合饮酒，都要有自知之明，并要好自为之，保持风度，遵守礼仪。

☞ 容易让人失去体面的小细节

吃中餐很有讲究的，尤其是正式场合，规矩很多。中餐非常重视礼节，几千年来已形成了一套传统，其中表现伦理美、形式美的一些规律一直沿用到现在。从何时举筷、何时落筷到何时离席等细节，都不能掉以轻心、大而化之，而应该注意每一个细节。

①上桌后不要先拿筷，应等主人邀请、主宾动筷时再拿筷。筷子不要伸得太长，更不要在菜盘里翻找自己喜欢的菜肴，应先将转台上自己想吃的菜转到自己眼前，再从容取菜。

②已经咬过的菜不要放回盘子里，应将其吃完。冷盘菜、海味、虾、蒸鱼等需要蘸调料的食物可自由调味，但切记勿将咬过的食物再放进调料盘中调蘸。

③主人向客人介绍自家做的拿手菜或名厨做的菜，并请大家趁热品尝时，不得争抢，应首先礼让邻座客人后，再伸筷取食。

④好的吃相是食物就口，不可将口就食物。食物带汁，不能匆忙送入口，否则汤汁滴在桌布上，极为不雅。

⑤餐桌上不要有敲碗筷、咬筷等不雅动作。

⑥当其他客人还没吃完时，不要独自先离席。在宴会餐桌，进餐速度快慢不要依个人习惯，而应适应宴会的节奏，等大家都吃完，主人起身，主宾离席时再致谢退席。

⑦饭吃完了就不能再夹菜吃。

⑧吃饭吐骨头或皮的时候，不可以直接吐在桌子上，要吐在手里然后放在桌子上，而且不能堆得到处都是，要放在自己碗旁边，等吃好饭后收在自己碗里。

⑨不可以用筷子指着别人，尤其是用筷子指着别人说话。

⑩遇有意外，如不慎将酒、水、汤计溅到他人衣服，表示歉意即可，不必恐慌赔罪，反使对方难为情。

⑪如欲取用摆在同桌其他客人面前的调味品，应请邻座客人帮忙传递，不可伸手取物。

⑫如系主人亲自烹调食物，勿忘予主人赞赏。

⑬食毕，餐具务必摆放整齐，不可凌乱放置。餐巾亦应折好，放在桌上。

⑭主食进行中，不宜抽烟。如需抽烟，必须先征得邻座的同意。

⑮如餐具坠地，可请侍者拾起。

⑯在餐厅进餐，不能抢着付账，推拉争付极为不雅。倘系做客，不能抢付帐。未征得朋友同意，亦不宜代友付帐。

⑰进餐的速度宜与男女主人同步，不宜太快，亦不宜太慢。

⑱餐桌上不能谈悲戚之事，否则会破坏欢愉的气氛。

千万不要忽视这些小小的细节，因为从这些小动作中是可以看出一个人的素质的。因此，我们在吃饭的同时注意自己的言行举止，表现出有良好的餐桌礼仪。

☞ 酒桌上最惹人反感的五种人

一场成功的饭局受很多的因素影响，点菜的技巧、宴会现场的布置、喝酒的气氛等等，一个环节出现漏洞就有可能导致整个宴会的失败。除了这些客观因素，还有一些个人因素影响着饭局的成败。有的人不懂礼貌，没大没小；有的人哗众取宠，总是故意表现自己；还有的人拼命喝酒劝酒，不把所有人喝倒不罢休。下面我们来看看在饭局中最讨厌的五种人。

1. 不懂规矩，没大没小

饭局上有自己的规矩，必须按规矩来办事。即使几个特别铁的好友一起吃烧烤，大块吃肉，大杯喝酒，大声喧哗，甚至划拳猜火柴棍，这样非正式的场合也要按规矩来。谁给谁倒酒，谁先敬谁酒，谁能使唤谁，这些都是酒桌上的"潜规则"，如果你不遵守，随性而来，到头来是要吃苦头的。如果在正式场合，酒场成为宾客交际的舞台，更要讲究酒场的规矩。正式宴会有各种各样的规矩，有些规矩属于硬指标，有些规矩约定俗成，有些规矩带有地域色彩。所以说，吃好一顿饭，其实并不容易。从另一个方面来讲，酒场的冲突与意外，多数因为不按规矩行事。很多人找不准酒场的位置，该敬的不敬，该让的不让，不该说的乱说，好像他成了酒场的中心，一切围着他转。这种人只会让人觉得不懂事，没见过世面，而且这种行为严重破坏酒场的和谐气氛。

2. 嗜酒如命，没完没了

有些人特别爱喝酒，见了酒就兴奋，在酒桌上敬起酒来缠住人不散。

这种人喝酒只图自己开心，他们就想着一直喝下去，永远不散场。如此一来，本来已经到了散场的时间，他们还舍不得离去，非得喝多喝醉才肯罢休，这样会让其他人觉得兴致全无，好好的一场饭局落得个这样的收场。虽然，多数时候这种人并没有多少恶意，没完没了地闹酒也是为了大家尽兴，甚至还有为东道主捧场的心理。在他们看来，不那么"热情"的话，酒场便失去了意义，就达不到应有的效果。即使他们的动机无可厚非，实际结果往往适得其反。假如是跟几个特别要好的朋友聚会喝闲酒，虽然反感这种没完没了的人，出于彼此的情谊可以得过且过。但是到了正式或比较正式的场合，大家都是表现得体的绅士淑女，这种没完没了缠酒的人，不仅会败酒场兴致和情绪、令人心生厌恶，而且自己也丢人现眼，在众人心中留下不好的印象。

3. 不分前后，哗众取宠

酒场是社会的缩影，讲究规矩的重要环节就是讲秩序，要有谁先谁后、先来后到的意识。如果缺乏这样的意识，就可能出现阻塞混乱的局面。敬酒应该称得上酒场的第一要务，先敬谁后敬谁与谁先敬谁后敬都是有讲究的，当然也难免出现失误。只要不是故意出风头，一般情况下都能够得到众人的理解和原谅。然而，有些人天生爱表现，一到酒场上就找不到北，不按规矩出牌。按酒场规矩轮不到他说话敬酒，应该耐心等待一会，可他偏偏越位、越轨，分不出酒场主次，甚至抢到主陪、副陪与主客前面出酒，还装模作样地总结概括，让人觉得这种人哗众取宠、没有涵养。还有的人特别没有眼色，别人正在敬酒说话，他目中无人地插话敬酒，干扰破坏别人的酒场程序，弄得当事人很尴尬很恼火。对于这种不分前后、哗众取宠的人，相信没有人会喜欢的。

4. 不尊重女士

酒场上的男女交往比平时相对随便些，尤其几杯酒下肚，在酒精的刺激下，有的男人就放下了应该有的礼貌，表现得有些粗鲁和暧昧，讲些上不得台面的段子。如果遇到本来就外向的女士们，也许不会太介意。只要不伤大雅，只要女士们没有直接抗议斥责，酒桌上的言谈随意一些也没什么不好。但是有的人偏偏越过这条界线，喝点酒就不管不顾，只求自己嘴上痛快，不看女士脸色与态度，脏话荤话顺嘴流。有的女士碍于面子不好发作，只能沉闷不语或转移视听。面对这种情形，他们就变得更大胆了，说不准借着酒劲动用肢体语言，妄图揩点"豆腐"吃。公众场合下，女士们十分注重脸面，即使面对捂着眼睛从指缝看世界的女人，也要注意场合与分寸，不能脱去斯文的外衣，充当酒流氓酒无赖。不然的话，就要犯众怒了。

5. 不自量力，贪多酒醉

多与少是指喝酒的量，这里面至少两个层面：一是喝酒人能喝多少，二是与人一次喝多少。俗话说，人贵有自知之明，君子喝酒喝而有度。这句话从理论上可以实行，但到了酒场上就很难做到。毕竟酒场上要考虑很多因素，决定喝酒多少的是人，但又不是人。从上面两个层面引伸，有的人没有酒量的概念，不知道深浅，他们坐到酒场上不用劝酒自动喝，直到喝多喝醉。人喝醉了有不同的表现，有的人醉酒后喜欢找茬闹事，将酒场搅合得乱七八糟。酒场上还有意中人，他们把自己的快乐建立在别人的痛苦上，在酒场上专门找软柿子捏，明知人家喝不了或喝不多，千方百计、挖空心思地劝酒，就为看人家笑话。被劝酒的人实在不胜酒力，表现出醉酒特征，他还不依不饶，不把人家送进医院誓不罢休。这种人不仅没有礼貌，简直就是用心险恶。酒桌上如果碰到这种人，一定要想办法远离。